Über Rede in Vers und Prosa

SLOVO
Slavistische Studien

Herausgegeben von Andreas Ohme und Nicole Richter

Band 1

PL ACADEMIC RESEARCH

Ulrich Steltner

Über Rede in Vers und Prosa

Die Funktion der Formensprache im Roman Doktor Shiwago

Bibliografische Information der Deutschen Nationalbibliothek
Die Deutsche Nationalbibliothek verzeichnet diese Publikation
in der Deutschen Nationalbibliografie; detaillierte bibliografische
Daten sind im Internet über http://dnb.d-nb.de abrufbar.

Umschlagabbildung: © Franziska Junge

Gedruckt auf alterungsbeständigem, säurefreiem Papier.
Druck und Bindung: CPI books GmbH, Leck

ISSN 2363-815X
ISBN 978-3-631-72770-6 (Print)
E-ISBN 978-3-631-72771-3 (E-PDF)
E-ISBN 978-3-631-72772-0 (EPUB)
E-ISBN 978-3-631-72773-7 (MOBI)
DOI 10.3726/b11410

© Peter Lang GmbH
Internationaler Verlag der Wissenschaften
Frankfurt am Main 2017
Alle Rechte vorbehalten.
PL Academic Research ist ein Imprint der Peter Lang GmbH.

Peter Lang – Frankfurt am Main · Bern · Bruxelles · New York ·
Oxford · Warszawa · Wien

Diese Publikation wurde begutachtet.

www.peterlang.com

Für Sarah

Vorwort

Boris Pasternak gehört seit Ende meiner Schulzeit zu den russischen Lyrikern, die ich mit Begeisterung immer wieder gelesen habe. Seine Gedichte waren für mich von einem geheimnisvollen Zauber und sind es noch. Kennengelernt habe ich Pasternaks Dichtung durch seinen Roman *Doktor Shiwago*, weil ich 1962/63 in der Abschlussklasse des „Staatlichen Aufbau-Gymnasiums" zu Bad Neuenahr darüber meine Jahresarbeit im Fach Russisch zu schreiben hatte. Der Roman, 1957 zuerst in italienischer Sprache erschienen, war wegen der Vorgänge um den Nobelpreis 1958 lange in aller Munde geblieben. Er verursachte keinen literarischen, sondern einen handfesten politischen Skandal mit Folgen. Erst später, als ich während des Studiums der Slavischen Philologie einigermaßen in das Metier der Literaturwissenschaft hineingefunden hatte, befiel mich bei der Lektüre des *Doktor Shiwago* ein ungutes Gefühl. Die Meisterschaft des Lyrikers war nur im Abschlusskapitel zu spüren. Der 16 Kapitel umfassende lange Prosateil erschloss sich dagegen ästhetisch nicht oder doch nicht in gleicher Weise, wie ich es von den Meistern der russischen Prosa aus dem 19. Jahrhundert bis hin zu Andrej Belyj gewohnt war und wie es eigentlich von dem erfahrenen Literaten Pasternak zu erwarten gewesen wäre. Noch später wurde mir klar, dass ich mit dem Ungenügen an dem Roman nicht allein stand, ebensowenig mit dem Reiz, ihm wissenschaftlich ‚beizukommen'. Die wissenschaftliche Literatur zu *Doktor Shiwago* umfasst mittlerweile nämlich ein völlig unüberschaubares Areal. Wenn ich mich dennoch entschlossen habe, einen eigenen wissenschaftlichen Zugang zu den Aporien dieses Romans zu finden, so geschieht das nicht nur aus gewissermaßen nostalgischen Gründen, sondern auch und in erster Linie, um mit einem möglichst *form*bestimmten Ansatz die *funktionelle* Seite des Romanganzen herauszuarbeiten, eines Ganzen, das eben aus Prosa *und* Versen besteht. 2018 jährt sich der Nobelpreis für Boris Pasternak zum sechzigsten Mal. Der Jahrestag gibt mir den Anlaß, mich dem Roman noch einmal zuzuwenden.

Mein Dank gebührt zuerst Andreas Ohme, der mich in vielen Gesprächen einerseits ermuntert hat, dem von mir eingeschlagenen Weg zu folgen, der andererseits aber auch ein kritischer Leser meines Textes gewesen ist. Sodann danke ich Christine Fischer vor allem für die grundlegende Korrektur der ersten Fassung meiner Interlinear-Übersetzung der *Gedichte des Jurij Shiwago*. Gundel Große schließlich hat mein Manuskript mit dem unverstellten Blick einer Literaturwissenschaftlerin kritisch beurteilt, deren Hauptinteresse gerade nicht auf der russischen Literatur oder gar auf Pasternak gerichtet ist. Auch ihr gilt mein herzlicher Dank, ebenso Jakob Steltner für seine technische Hilfe. Dass meine Abhandlung eine neue literatur- und sprachwissenschaftliche Reihe eröffnet, empfinde ich als Vertrauensbeweis von Seiten der Herausgeber, denen ich dafür aufrichtig danken möchte.

Jena, im Mai 2017   Ulrich Steltner

Inhaltsverzeichnis

1. Einführung 11

2. Pasternaks Bemühen um die narrative Prosa 15
   Kunst und Geschichte 16
   Gedankliche Vorbilder 18
   Der Wert der Lyrik 19
   Einfachheit und Klarheit 24

3. Die Prosa des *Doktor Shiwago* 31
   Die Narration 32
   Figuren, Erzähler, Autor 37
   Themen und Motive 48

4. *Doktor Shiwago* im Urteil der Zeit 57
   Das Politikum 57
   Das ästhetische Problem 62

5. *Doktor Shiwago* und die Romankunst
   des 20ten Jahrhunderts 71
   Der realistische Roman 73
   Symbolismus 76
   Doktor Shiwago in Hinblick auf Henri Bergsons Zeit-Auffassung ... 80
   Spiegelungen, Doppelroman, Selbstreferenzialität 85
   Übermensch, Neuer Mensch, positiver Held 94

6. Die Funktionalisierung des 17. Kapitels 99

Der Zyklus 99

Variabilität und Artifizialität 104

Der Vorgang: Narration, Pointe und Moral 118

„Lyrisches Ich" und dargestellte Welt 125

Prosarede, Versrede und das funktionelle Ganze des Romans 141

7. Schlussbetrachtung 151

**Anhang: *Die Gedichte des Jurij Živago*
in deutscher Übersetzung** 155

Literaturverzeichnis 187

Namenverzeichnis (ohne Pasternak, Boris) 195

1. Einführung

> Das Leben hörte auf, eine poetische Bagatelle zu sein, und begann, wie ein schroffes und finsteres Märchen zu gären in dem Maße, wie es Prosa wurde und sich in eine Tatsache verwandelte.
>
> *Shenja Lüvers' Kindheit*

Boris Pasternaks 1958 erschienener und per Nobelpreis geadelter Roman *Doktor Shiwago*[1] hat sich offenbar zu einem Roman für Literaturwissenschaftler entwickelt, wenn man den Umfang der Sekundärliteratur ermisst. Das Echo der Leser seinerzeit war dagegen zwiespältig, einerseits die gesteigerte Aufmerksamkeit für eine politische Sensation, andererseits das Desinteresse am Roman selbst:

> In any case Pasternak, the man of the news, the target of all foreign correspondents and photographers in Russia, figured so frequently in the headlines of dailies and weeklies, that thousands bought his book in obedience to the herd instinct, with no intention of reading it, while other thousands opened it in the hope of finding some sensational attacks on the Soviet regime. (Slonim 1959, 214)

Erst die Verfilmung machte *Doktor Shiwago* in dem Sinne populär,[2] dass nun wenigstens die Handlungsträger und bestimmte Handlungsmomente wahrgenommen wurden. Gelesen hatten ihn tatsächlich wohl die wenigsten. Auch die Kritiker hatten Probleme mit einem Roman, der in einem lyrischen Kapitel endet,[3] der auch ohne diesen Gedichtteil hybride Züge aufweist und der in keiner Schublade unterzubringen ist.

---

1   Im Folgenden wird bei der Transliteration der russischen Namen die ISO-Umschrift benutzt, nach der sich für Живаго das graphische Äquivalent *Živago* ergeben würde. Da aber in der Sekundärliteratur unterschiedlich verfahren und meist mehr oder weniger aussprachenah *transkribiert* wird, entstehen Varianten, deutsch *Shiwago* oder *Schiwago*, englisch *Zhivago*, oder französisch *Jivago*, so dass wegen der erforderlichen korrekten Zitierweise eine gewisse Uneinheitlichkeit nicht zu vermeiden ist. Wegen der Lesbarkeit wird in meinem fortlaufenden Text die deutsche Variante *Doktor Shiwago* verwendet.

2   Es lassen sich vier Verfilmungen nachweisen, und zwar 1959 (Fernsehfilm) Brasilien, Regie: unbekannt; 1965 USA, Regie: David Lean; 2002 Großbritannien / USA / Deutschland, Regie: Giacomo Campiotti; 2006 (Fernsehserie) Russland, Regie: Aleksandr Proškin. Filmtitel jeweils wie der Roman.

3   Nach der Nomenklatur des Romans gliedert er sich in zwei „Bücher (knigi)" und siebzehn „Teile (časti)", die ich hier durchgängig um der Klarheit willen als „Kapitel" bezeichne.

Diese Sperrigkeit des Romans den Rezipienten gegenüber könnte als Zeichen für Modernität verstanden werden. Der Roman fordert quasi heraus, sein Geheimnis aufzudecken und sein Rätsel zu lösen. Ein Geheimnis kann man wohl unterstellen, v.a. sofern das letzte Kapitel, die Sammlung der Gedichte, nicht einfach als Beigabe aufgefasst wird, wie es z.b. in den Verfilmungen fast notwendig der Fall gewesen ist. Die neuere Sekundärliteratur bemüht sich gerade um dieses Geheimnis, indem sie immer andere verborgene innere Korrespondenzen per Dekonstruktion zusammenstellt.[4] Jedenfalls lässt sich schließen, dass der Roman auf dieser abstrakten Beschreibungsebene ein ‚modern(istisch)es' oder gar postmodernes Aussehen hat, ganz gegen die immer wieder geäußerte Meinung, vor allem der zeitgenössischen Kritik, er sei altmodisch-realistisch und nutze das Muster russischer Romane der zweiten Hälfte des 19. Jahrhunderts.

Um dem Geheimnis auf die Spur zu kommen, möchte ich einen anderen Weg gehen, als beispielsweise den Roman unter einem bestimmten Prinzip zu dekonstruieren. Ich möchte die innere Konsequenz des *Doktor Shiwago* aufdecken, besser gesagt: *eine* mögliche innere Konsequenz, die sich aus der augenfälligen Teilung in zwei Redeformen, nämlich *Vers* und *Prosa*, sowie den damit konventionell verbundenen Gattungsmustern *Gedicht* und *Roman* ergibt. Das metaphorisch so bezeichnete ‚Geheimnis' entsteht offenbar doch zuerst aus dem ins Auge fallenden Paradoxon eines insgesamt *Roman* genannten Großtextes, der sozusagen einen (anderen) „Roman" und eine Gedichtsammlung enthält. Es geht mir keinesfalls um eine texthermeneutische Interpretation des Romanganzen, sondern es geht um die Konsequenz einer *Struktur,* die selbstverständlich am Ende auch eine Bedeutung hat oder der ein Sinn zugewiesen werden kann.

Dabei ist die Frage nach der Ästhetik nicht unerheblich; denn *Doktor Shiwago* hat eine Funktion innerhalb des Bereichs der Wortkunst, der Schönen Literatur. So beinhaltet „altmodisch-realistisch" ein Werturteil, das auf Kontextualisierung beruht. Ein Gleiches gilt für das Epitheton „modernistisch" und andere mögliche Urteile. Es kommt also darauf an, den gesamten Roman in allen seinen Teilen als ‚Text' in Kontexte zu stellen, die seine Struktur erhellen und bedeutsam werden lassen.

In theoretischer Hinsicht stütze ich mich auf Erkenntnisse, die seit den 1920er Jahren bis in die 1970er hinein gewonnen wurden und die schlagwortartig mit den Namen „Phänomenologie", „Formalismus" oder „Strukturalismus" verbunden sind. Ich bin mir bewusst, dass der Rückgriff auf Konzepte, die seit dem ersten

---

4   Vgl. explizit Smirnov 1996. Korrespondenzen dieser Art werden z.B. zu den Ausdrucksformen des „Lichts" beschrieben (Zehnder 2015), zur Architektonik der Zahl „Vierzehn" (Tiupa 2012), zum Prinzip der „Mimikry" (Witt 2000a / 2000b), zum Gestaltungsmoment des „Fensters" (Beker 1993) u.a.m.

Drittel des 20. Jahrhunderts eine Rolle spielen, als ,Mut zum Rückschritt' denunziert werden kann. Da sich aber die Literaturwissenschaft der letzten Dezennien in einer Weise verändert hat, die im Ergebnis zuweilen deutlich mit Lehren des 19. Jahrhunderts korrespondiert, auf jeden Fall aber die Literatur in ihrem Kunstcharakter vernachlässigt, scheint es mir angebracht zu sein, den Schlachtruf „Zurück zu den Sachen" gewissermaßen wieder aufzugreifen und zu einer definierten und dem Gegenstand angemessenen Ordnung zurückzukehren. Es geht mir um beschreibbare und vor allem *wirkungsmächtige* Sachverhalte.

,Text' verstehe ich hier prinzipiell als *Werk* im Sinne von Roman Ingarden, d.h. als eine sprachliche Äußerung, die zunächst subjektiv „aufgefasst" werden muss, um danach die Gründe für gerade diese Auffassung in Bezug auf den Anlass, eben das *Werk*, reflektieren zu können und sein sprachlich fixiertes Konzept, sein „Schema", zu „erfassen". (Ingarden 1972) Daraus folgt selbstverständlich auch, dass ggf. zwei einander entgegengesetzte Auffassungen auf ein und denselben Grund zurückzuführen wären.

In Bezug auf eine bestimmte Sorte von Kontexten bietet Ingarden die Metapher vom „Leben des Kunstwerks" an. (Ingarden 1968) Es geht um die sich wandelnde Auffassung eines literarischen Werks im Verlaufe der Zeit, und zwar so, dass die im Werk schematisch festgelegten Züge jeweils anders „konkretisiert" werden. Eine solche Konkretisation beinhaltet sensu stricto mehr als nur das philologische Verstehen. Sie hat den irrationalen Anteil des Gesamtgefüges zu berücksichtigen oder anders: sie hat das Werk auch ästhetisch „zur Anschauung" zu bringen. Das Ästhetische könnte geradezu als Relevanzkriterium gelten, um rein philologische Zuweisungen, die mit dem Erkenntnisvergnügen des Wissenschaftlers verbunden sind, von echten (,naiven') Rezeptionserlebnissen zu unterscheiden. Ich meine z.B. das Vergnügen, eine innere Logik beschreiben oder bestimmte Konsequenzen dekonstruieren zu können oder eben eine Struktur bzw. deren Sinn zu entdecken.

In der Praxis ist es schwierig, diese Grenze genau zu ziehen, weil das Relevanzkriterium der ästhetischen Wirksamkeit nur in Bezug auf das je vorliegende Werk intersubjektiv verhandelt werden kann. Allein im Werk sind die Anlässe für die jeweilige Konkretisation aufzufinden. Die Subjektivität des Vorgangs einer ästhetischen Auffassung erschwert, den Wert des Erfassten zwischen Erkenntnisvergnügen und Rezeptionserlebnis wirklich abzuwägen. Unter diesem Gesichtspunkt wären im Übrigen alle Vertextungsstrategien, wie etwa die Eigentümlichkeiten der Gattung Roman, intertextuelle Bezüge oder Ähnliches, einer Prüfung zu unterziehen. Allen ist selbstverständlich ein ästhetisches Potenzial eigen, das konkretisiert werden muss. Rezeptionell gesehen, sind auch sie Kontextphänomene, obwohl sie normalerweise anders eingeordnet werden.

Auch wenn Pasternak behauptet hat, er schreibe den Roman einfach so, „im schlechten Sinne hausgemacht",[5] steht *Doktor Shiwago* in der literarischen Tradition. Er ist Teil des Systems literarischer Strategien, die zur Literatur überhaupt, zur *russischen* Literatur, zum 20. Jahrhundert etc. gehören. Gerade der russische *Roman* hat ein besonderes Prestige und damit als Gattung in der russischen Literatur einen besonderen Anspruch. Dass sich *Doktor Shiwago* dem System alles andere als einpasst, belegen die Schwierigkeiten, die der Roman seinen Lesern bereitet hat und die oben den Ausgangspunkt meiner Argumentation gebildet haben.

Hier werde ich konkret ansetzen und einerseits eine geeignete Auswahl aus den gängigen Strategien insbesondere der ersten Hälfte des 20. Jahrhunderts treffen, um die Stellung des Romans im literarischen Gefüge seiner Zeit zu erhellen. Darauf aufbauend, möchte ich andererseits den auffälligen Schlussteil des Romans, *Die Gedichte des Jurij Shiwago (Stichotvorenija Jurija Shiwago)*, in das Gefüge des Romans einordnen. Zuvor wird aber in groben Zügen der Weg zu betrachten sein, der den Lyriker Pasternak letztlich zu diesem Roman geführt hat. Und selbstverständlich muss der Roman in seinen Grundzügen erfasst werden. Damit wird die Möglichkeit geschaffen, weitergehende Fragen der ästhetischen Wirkung und der Rezeptionsverläufe, insbesondere der Sinnzuweisungen und der Bewertungen, zu erörtern. Dabei scheint mir eine gewisse Pedanterie in Bezug auf theoretische Vorannahmen angebracht, wenn nicht sogar gerechtfertigt und also hoffentlich entschuldbar zu sein, weil ich zwischen texthermeneutischer Interpretation und bisweilen phantasmagorischer Dekonstruktion, quasi zwischen Scylla und Charybdis, einigermaßen nüchtern Kurs halten möchte.

---

5   Brief vom 2. April 1955 an den Literaturkritiker N. P. Smirnov. (Pasternak 5, 536).

2. Pasternaks Bemühen um die narrative Prosa

Den Weg Pasternaks zur Literatur und dann weiter innerhalb der Literatur kennzeichnen deutliche Wendepunkte, Wegmarken sozusagen, jenseits derer er zu etwas Anderem findet. Pasternak selbst spricht von „Metamorphosen".[6] Er beginnt mit der Musik. In die futuristischen Kreise wird er als Komponist eingeführt. Er studiert Jura und dann Philosophie, wendet sich alsbald der Literatur zu, erregt mit seiner wortmagischen Lyrik Aufsehen und findet schließlich die entsprechende Anerkennung. Er gibt sich damit sichtbar nicht zufrieden. Von 1914 bis 1923 erscheinen vier Gedichtbände.[7] Erst 1925 werden vier Erzählungen aus den Jahren 1915–1924 in einem schmalen Sammelband[8] herausgegeben, und zwar *Shenja Lüvers' Kindheit (Detstvo Ljuvers), Die Apelleslinie (Il tratto di Apelle,* später unter dem Titel *Apellesova čerta), Briefe aus Tula (Pis'ma iz Tuly)* und *Luftwege (Vozdušnye puti).*[9] Vom Ende – vom Roman – her betrachtet, sind es Vorübungen, die sich als Spuren auch in *Doktor Shiwago* wiederfinden. Dennoch ist es auf den ersten Blick eine ganz andere Prosa, die Pasternak später in Bausch und Bogen verdammt, ebenso wie seine im ,expressionistisch-futuristischen' Stil der Zeit geschriebene und 1931 erschienene Autobiografie *Der Schutzbrief (Ochrannaja gramota).* Zu Pasternaks Lebzeiten erscheinen aus seiner belletristischen Prosa seit 1933 lediglich einige Fragmente in Zeitschriften, wie beispielsweise Teile aus *Der Anfang des Romans über Patrick (Zapiski Patrika)*[10] unter anderem in der *Literaturnaja gazeta* (1938).[11] Seine ,zweite' Autobiografie,

---

6   *Ochrannaja gramota.* In: Pasternak 4, 227; dt. Ü.: *Der Schutzbrief.* In: Werkausgabe 2, 385.
7   *Bliznec v tučach (Zwilling in den Wolken).* Mo. 1914, *Poverch bar'erov (Über den Barrieren).* Moskau 1917, *Sestra moja – žizn' (Meine Schwester das Leben).* Moskau 1922, *Temy i variacii (Themen und Variationen).* Berlin 1923.
8   *Rasskazy (Erzählungen).* Moskau 1925.
9   Die deutschen Titel folgen den Übersetzungen Pasternak in der *Werkausgabe.* (2015f.), obwohl manches schon Ende der 1950er Jahre in der alten Bundesrepublik übersetzt worden war, allerdings unter sperrigen oder sogar irreführenden Titelvarianten wie z.B. *Ljuvers Kindheit* bzw. *Lüvers Kindheit* oder *Geleitbrief* bzw. *Zum Geleit.* Im Übrigen gibt es mittlerweile eine russische Gesamtausgabe von Pasternaks Werken in 11 Bänden (Moskau 2003–2005), die mir aber für die intensive Arbeit nicht zugänglich war.
10 Wörtlich *Patricks Aufzeichnungen;* deutsche Fassung unter dem genannten Titel in Pasternak 1986, 120–192.
11 Alle bibliografischen Angaben zu den russischen Originalen folgen dem Kommentar in Pasternak 4, 826.

eigentlich das Vorwort zu einer 1956 geplanten Ausgabe seiner Lyrik, wird zu Lebzeiten nur im Ausland, z.B. in der alten Bundesrepublik, unter dem Titel *Über mich selbst* (Frankfurt a.M. 1959), gedruckt.[12]

Kunst und Geschichte

Nach anderen Versuchen in Prosa, die die Öffentlichkeit nicht erreicht haben, deren Manuskripte z.T. verloren gegangen sind und die ich hier nur der Vollständigkeit halber erwähnen möchte, beginnt Pasternak kurz nach dem Krieg, in der allgemeinen Aufbruchsstimmung, mit seinem Roman. Im November 1945 schreibt er an Nadežda Mandel'štam, nachdem er von seinen Shakespeare-Übersetzungen berichtet hat:

> Ich habe ein bisschen was neues Eigenes geschrieben, aber jetzt möchte ich mehr – einen Roman in Prosa, der die Zeit unseres ganzen Lebens umfasst, nicht so sehr künstlerisch als vielmehr inhaltlich.[13]

Auffällig ist die Bezeichnung „Roman in Prosa". Sie steht angeblich auch unter dem Titel einer frühen Manuskriptfassung und taucht auch in der Überschrift der ersten Publikation von *Gedichten aus dem Roman in Prosa „Doktor Shiwago"* im Jahre 1954 auf. (Pasternak 1954) Dazu lässt sich manches denken: Es ist ein expliziter Hinweis des Lyrikers Pasternak auf das andere Metier, die Prosa. Sodann hat Pasternak vor dem Krieg einige narrative Versepen geschrieben, im Russischen sogenannte „Poeme (poėmy)", von denen er sich abgrenzt und die er gesprächsweise auch „Romane in Versen" nennt. (Gladkov 2002, 159) Und schließlich gibt es Aleksandr Puškins berühmten „Roman in Versen (Roman v stichach)" *Evgenij Onegin*, der eigentlich als „Poem" bezeichnet werden könnte und der in dieser merkwürdigen Formulierung „Roman in Prosa" vielleicht eine intertextuelle Patenschaft zu übernehmen hat, ohne dass sich daraus auf die Schnelle mehr denn künstlerische Koketterie oder Reverenz vor Russlands berühmtestem Dichter entnehmen ließe.

---

12 Im Original *Ljudi i položenija*, unter dem eher entsprechenden Titel *Menschen und Standorte* in Pasternak 1986, 307–366.

13 <November 1945>; Pasternak 5, 435. Wenn nicht anders vermerkt, werden Texte bzw. Äußerungen von Pasternak im Folgenden nach der zugrundegelegten Übersetzung wiedergegeben. Auf die Originalstelle wird wegen der besseren Auffindbarkeit per nachfolgendem Klammerausdruck verwiesen, also: (Shiwago 2011, <S.>; Pasternak 3, <S..>). In Ausnahmefällen wird auch der Wortlaut des russischen Originals zitiert. Das Gleiche gilt ebenso für andere russische Autoren.

Merkwürdig mutet die Gegenüberstellung „künstlerisch" vs. „inhaltlich" an. Sie wird im Fortgang der Arbeit an *Doktor Shiwago* in den Briefen immer wieder variiert. Im Frühjahr 1946 teilt Pasternak wiederum Nadežda Mandel'štam mit, er schreibe Prosa „über unser ganzes Leben von <Aleksandr> Blok bis zum gegenwärtigen Krieg"[14]. Auch diese Formulierung lässt vermuten, dass es die „Kunst" ist, die für Pasternak die „Geschichte", d.h. die „Historie" konturiert. In einem Brief an seine Cousine Ol'ga Frejdenberg heißt es, er habe eine „große Prosa" angefangen, in die er das Allerwichtigste aus *seinem* Leben einbringen möchte, das, „woraus aller Wirbel in meinem Leben entstanden ist".[15] Gut ein halbes Jahr später schreibt er ihr schließlich:

> Eigentlich ist das meine erste wirkliche Arbeit. In ihr möchte ich Russlands historisches Bild in den letzten fünfundvierzig Jahren behandeln, und zwar mit einem schweren, traurigen und detailliert ausgearbeiteten vielseitigen Sujet, wie bei Dickens oder Dostoevskij, – diese Sache wird Ausdruck meiner Anschauungen über Kunst, über das Evangelium, über das Leben des Menschen in der Geschichte und vieles andere sein. Der Roman heißt einstweilen „Knaben und Mädchen".[16]

Auch hier sind die „Anschauungen zur Kunst" die erste Nennung. Es mag Zufall sein, aber angesichts einer seit Anfang der 30er Jahre fortdauernden Situation, in der die Kunst mit dem Dogma des Sozialistischen Realismus politisch reglementiert wird bzw. werden soll, macht die besondere Aufmerksamkeit einen ganz eigenen Sinn. Auch waren gewisse Lockerungen während des Krieges gerade erst brüsk zurückgenommen und die vom Sieg über Nazi-Deutschland geprägte Aufbruchsstimmung war gedämpft worden, und zwar in dem berüchtigten Erlass des ZK der KPdSU vom 14. August 1946 *Über die Zeitschriften „Zvezda" und „Leningrad"*.[17] Die neuerlichen Restriktionen erlangten unter dem Namen des verantwortlichen ZK-Sekretärs Andrej Ždanov traurige Berühmtheit. Das Motiv der Kunst im Roman lässt sich auch mit weiteren Merkmalen oder ganzen Merkmalskomplexen des Kontextes der ersten Häfte des 20. Jahrhunderts verbinden. Davon wird im 3. Kapitel noch die Rede sein.

Der Roman, an dem er arbeite, sei nicht zum Druck bestimmt, jedenfalls nicht in der Gegenwart, erklärt Pasternak seiner Cousine Ol'ga Frejdenberg, mit der ihn ein besonderes Vertrauensverhältnis verbindet, im Herbst 1948:

---

14 26. Januar 1946; Pasternak 5, 448.
15 1. Februar 1946; Pasternak 5, 449.
16 13. Oktober 1946; Pasternak 5, 453.
17 Text unter URL http://www.hist.msu.ru/ER/Etext/USSR/journal.htm [am 11.3.2015].

Und noch mehr, ich schreibe ihn überhaupt nicht als Kunstwerk, obwohl es in einem weiteren Sinne Belletristik ist als das, was ich früher gemacht habe. Aber ich weiß nicht, ob auf der Welt Kunst übrig geblieben ist und was sie noch heißt.[18]

Für die „wenigen, die ihn schätzen", schreibe er diesen Roman als einen „langen großen Brief". Diese Brief-Metapher in Bezug auf Prosa verwendet Pasternak schon Anfang der 20er Jahre, als er über „den Anfang [...] eines großen Romans", offenbar Fragment geblieben und später unter dem Titel *Shenja Lüvers' Kindheit* veröffentlicht, schreibt:

Ich habe mich so zu schreiben entschlossen, wie man Briefe schreibt, und nicht so, wie es gegenwärtig üblich ist. Ich werde dem Leser alles eröffnen, was ich denke, ihm zu sagen denke, und mich aller technischen Effekte enthalten, die außerhalb seines Gesichtsfeldes fabriziert und ihm in fertiger Form dargeboten werden, hypnotisch, usw. Ich habe mich solcherart entschlossen, die Prosa zu entmaterialisieren [...].[19]

Diese Metapher am Beginn und am Ende seines schöpferischen Weges bleibt insofern erstaunlich, als seine frühe Prosa, den *Schutzbrief* eingeschlossen, alles andere denn frei von „technischen Effekten" ist. Pasternak schwebt offenbar eine Prosa vor, die ihn subjektiv bleiben lässt, wie eben einen Briefeschreiber, die aber ohne die notwendig technische Seite der eigentlich doch per se ‚subjektiven' Lyrik auskommt. Zudem stammt die Äußerung aus einer Zeit, da die „Spürbarkeit (oščutimost')" des Sprach-*Materials* gerade der Prosa sowie die „Verfahren (priëmy)", es spürbar zu machen, durch die den Futuristen nahestehende russische „Formale Schule" propagiert werden. Davon setzt sich Pasternak mit seiner „Entmaterialisierung" deutlich ab.

Gedankliche Vorbilder

Von Interesse mag weiter sein, dass Pasternak dennoch hinsichtlich der literarischen Kunst einige Vorbilder nennt. Ich halte sie auf den ersten Blick nicht für intertextuell besonders relevant, sondern sie bezeichnen eher Gefühlsmomente

---

18 29. Juni – 1. Oktober 1948; Pasternak 5, 467.
19 <Sommer> 1921; Pasternak 5, 122. Brief an Vjačeslav P. Polonskij, 1926–1931 Chefredakteur von *Novyj mir*, damals noch u.a. Leiter des literarischen Zentrums *Dom pečati* in Moskau. Vgl. *Bol'šaja Sovetskaja Ėnciklopedija (Große Sowjet-Enzyklopädie)*; URL http://bse.chemport.ru/polonskij_vyacheslav _pavlovich.shtml [21.4.2015] Polonskij war entschiedener Gegner Majakovskijs und des LEF. In der zitierten Ausgabe der Sowjet-Enzyklopädie aus den 70er Jahren wird er idealistischer Neigungen hinsichtlich der Beurteilung von Literatur geziehen. Pasternaks Berührungspunkte zu diesen Anschauungen liegen im Positiven (Idealismus) wie Negativen (Majakovskij / LEF) auf der Hand.

des in aller Regel sehr emotionalen Briefeschreibers Pasternak, – Gefühlsmomente, die allerdings mit dem ‚Gefühlsraum' der entstehenden Prosa verbunden sind. In der Einordnung des Romans in die Muster des 20. Jahrhunderts werde ich darauf noch einmal zurückkommen. Hier mag die Darstellung des gedanklichen Kreises genügen, in dem sich Pasternak bewegt. Wie oben zitiert, nennt er Charles Dickens und Fedor Dostoevskij, und nicht etwa Lev Tolstoj, den er eigentlich besonders verehrt. An anderer Stelle teilt er mit, der Roman werde „dem Geiste nach etwas Mittleres zwischen den Karamazovs und Wilhelm Meister" sein. Der Protagonist sei ein Mensch, der „gewissermaßen die Resultante zwischen Blok und mir (und eventuell sowohl Majakovskij als auch Esenin) bildet".[20] Acht Jahre später schreibt er der gleichen Adressatin, die offenbar mittlerweile in Deutschland lebt:

> Ich möchte Ihnen in deutschen Maßeinheiten einen Begriff von dem Roman geben, besser: von seinem Geist. Es ist die Welt eines Malte Brigge und der Prosa eines [Jens Peter] Jacobsen. Sie ist der strengen sujetgebundenen Ernsthaftigkeit und dem Märchenalltag von Gottfried Keller untergeordnet, wenn das überhaupt denkbar ist, und als Zugabe auf Russisch: sie ist stärker der Erde und der Armut, den miserablen Umständen und dem Kummer angenähert. Eine sehr traurige, sehr Vieles umfassende und sehr einfache Sache voller Lyrik.[21]

Der Wert der Lyrik

„Voller Lyrik" meint gewiss nicht nur Shiwagos Gedichte, die den Roman als 17. Kapitel abschließen werden. In den Briefen rücken die Gedichte aber sichtbar in den Vordergrund. Sie sind also auch in seinem Bewusstsein offenbar weder bloße Marginalie noch flüssig verfasste Beigabe zu einer von ihm hart erkämpften Prosa.

Hinter dem Ganzen verbirgt sich ein innerer Zwiespalt des Dichters Pasternak, eine Art Seelenqual:

---

20 16. März 1947; Pasternak 5, 460f. Brief an die Biologin Selma [Zel'ma] F. Ruoff.
21 10. Dezember 1955; Pasternak 5, 540. In einem ähnlichen gedanklichen Kreis argumentiert Pasternak in einem Brief an Renate Schweitzer vom 14. Mai 1959, in dem er von Gottfried Kellers „unoffizieller Originalität" und „seiner hinter einem groben Realismusdünkel steckenden Märchenhaftigkeit in Zivil" schreibt, die ihm mehr zusagen als „alle Wildheiten E.T.A. Hoffmanns", aber: „[W]as wäre Dostoievsky und vielleicht auch Dickens ohne Hoffmann!" Schweitzer 1963, 81.

In der Aprilnummer der Zeitschrift *Znamja* sollen zehn meiner Gedichte aus dem Roman *Shiwago* gedruckt werden, die in der Mehrzahl in diesem Jahr geschrieben worden sind. Ich trage sie bei Besuchen vor, und sie bringen mir viel Freude. Es könnten ihrer nicht zehn, sondern zwanzig oder dreißig sein, wenn ich mir gestatten würde, sie zu schreiben. Und sie schreiben sich bei Weitem leichter als die Prosa, aber nur die Prosa bringt mich jener Idee des Unbedingten näher, die mich stützt und die in sich sowohl mein Leben beschließt als auch die Verhaltensnormen und so weiter und so fort. Die Idee schafft jenen inneren Bau der Seele, in dessen einer Etage sich das unsinnige und ohne dergleichen schändliche Verseschreiben unterbringen lässt. Ich brenne darauf, mich alsbald von diesem Prosa-Joch zu befreien für das Gebiet, das mir zugänglicher ist und in dem ich mich vollständiger ausdrücken kann.[22]

Der inhärente logische Widerspruch zwischen der geschätzten Prosa, die das „schändliche Verseschreiben" legitimiert, und der lästigen Prosa, die als Joch empfunden wird, als Einengung gegenüber einer Lyrik, die einen „vollständigeren" Ausdruck erlaubt und leichter von der Hand geht, lässt sich nicht lösen und hängt von der Interpretation der Äußerung ab. Die Ausdrucksweise mittels Paradoxa scheint zudem eine Eigenart auch von Pasternaks mündlichen Äußerungen gewesen zu sein. (Vgl. Gladkov 2002, 97, passim) Da ich die Äußerung angesichts des „Romans in Prosa", der dennoch mit einem Kapitel in Versen abschließt, für wesentlich halte, möchte ich den Widerspruch kurz diskutieren.

Pragmatisch gesehen, hat Pasternak auch die bloßen Verdienstmöglichkeiten im Blick, wie aus dem weiteren Text des Briefes geschlossen werden kann, d.h. es geht um die Sicherung seiner materiellen Existenz. Er übersetzt deswegen beispielsweise Shakespeares Dramen und Goethes *Faust*. Ansonsten bindet der Roman alle seine Kräfte.

Das erklärt allerdings nicht die Bemerkung, er könne sich in der Lyrik vollständiger ausdrücken. Angesichts seines bedeutenden und originellen lyrischen Werks sind gewisse Selbstzweifel in Bezug auf die Prosa wohl nachvollziehbar. Pasternak hat einen Ruf zu verlieren. Aber die zu beobachtende Besessenheit, die ihn seit seiner Jugend um die Prosa ringen lässt, hat wahrscheinlich noch andere Wurzeln, die beispielsweise in der ‚Allgemeinbedeutung' der Prosa und ihrem Prestige im 20. Jahrhundert zu suchen sein werden. Zumindest erreicht der Roman breitere Leserkreise als die Lyrik, obwohl in Russland traditionell die Lyrik auch im 20. Jahrhundert bei Weitem populärer war als z.B. in Deutschland. Nach der Erinnerung seines Verehrers Aleksandr Gladkov äußerte sich Pasternak folgendermaßen:

---

22 20. März 1954; Pasternak 5, 528. Brief an Ol'ga Frejdenberg.

„Ich würde viel darum geben, der Autor von *Die Neunzehn* (*Razgrom*) oder *Zement* (*Cement*) zu sein. Ja, ja, schauen Sie mich nicht so verwundert an. Verstehen Sie doch, was ich sagen möchte. Große Literatur existiert nur im Zusammenwirken mit einer großen Leserschaft."[23]

Hinter der im Zentrum der oben zitierten Briefstelle stehenden „Idee des Unbedingten (ideja bezuslovnogo)" verbirgt sich des Weiteren eine Auffassung, die allein schon in der äußeren *Form* des Ausdrucks auf den Philosophen Vladimir Solov'ev verweist. Das „Unbedingte / Absolute (bezuslovnoe)" ist geradezu ein Zentralbegriff in Vladimir Solov'evs „Gottmenschentum (bogočelovečestvo)":

Religion, allgemein und abstrakt gesprochen, ist die Verbindung von Mensch und Welt mit dem *absoluten* Prinzip und dem Mittelpunkt alles Seienden. Wenn man die Realität eines solchen *absoluten* Prinzips anerkennt, so ist klar, daß dann von ihm her alle Interessen, der ganze Inhalt des menschlichen Lebens und Bewußtseins, bestimmt werden müssen, daß alles Wesentliche im Tun, Erkennen und Schaffen des Menschen von ihm abhängen und zu ihm in Beziehung stehen muß. Akzeptiert man diesen *absoluten* Mittelpunkt, so müssen alle Punkte des Lebenskreises in gleichen Radien mit ihm verbunden werden. Erst dann kommen Einheit, Ganzheit und Übereinstimmung in Leben und Denken des Menschen, erst dann verwandelt sich all sein Handeln und Leiden im großen und im kleinen Leben aus ziel- und sinnlosen *Erscheinungen* in vernünftige, innerlich notwendige *Geschehnisse*.[24]

Die Auffassung hat mit einer etwas anderen Zielrichtung im Symbolismus eine große Rolle gespielt. Es geht um das „Unbedingte" bzw. das „Absolute", wie im Deutschen begrifflich gängiger ist. Das Absolute ist aus Sicht der Künstler nur über die Kunst zu erreichen, oder besser: es kann nur mittels Kunst erfahren bzw. weitergegeben werden. Dem symbolistischen Künstler kommt die Rolle eines Priesters des Absoluten zu. Aber auch Solov'ev meinte, die „Künstler und Dichter müssten wieder zu Priestern und Propheten werden, um mit überirdischer Kraft die Erde umzuschaffen." (Tetzner 2013, 214):

Die endgültige Aufgabe der vollkommenen Kunst ist es, das absolute Ideal nicht nur in der Vorstellung, sondern auch in der Tat selbst zu verwirklichen, – sie muß unser tägliches Leben durchgeistigen, verwandeln. (Solowjew 1953a, 188f.)

---

23 Gladkov 2002, 125. *Die Neunzehn* (*Razgrom*) (1928), Roman von Aleksandr Fadeev; *Zement* (*Cement*) (1925) Roman von Fedor Gladkov. Der Dramatiker Aleksandr Gladkov fungierte 1941/42 während der vorübergehenden Evakuierung der Moskauer Schriftsteller nach Čistopol' als eine Art selbsternannter ‚Eckermann' von Pasternak, indem er die Gespräche mit Pasternak oder besser: dessen Monologe notierte.
24 Solowjew 1978, 537f. Im russischen Original steht anstelle von „absolut" durchgängig der Ausdruck „bezuslovnyj (unbedingt)". (Kursiv des Ausdrucks *absolut* von mir, andere Hervorhebungen in der zitierten Übersetzung).

Für Pasternak spielt neben dem religiösen Aspekt, der schließlich im *Doktor Shiwago* auch motivisch bedeutsam wird, das lebensphilosophische Moment in der Spannung zwischen Wirklichkeitsauffassung und künstlerischem Handeln eine stärkere Rolle. Das „Priestertum" zeigt sich letztlich nur implizit. Dem möchte ich hier nicht weiter nachspüren, weil es nicht um Pasternaks Denkweg geht, sondern allein um seinen Roman und letztlich dessen ‚Passform', wenn ich so sagen darf, im Gefüge der literarischen Kunst des 20. Jahrhunderts. Eines sei allerdings schon an dieser Stelle festgehalten. Ein russischer Schriftsteller, der im Lande selbst, in der Sowjetunion, seine Kunst, zumal seine Prosa, als Ausdruck des Unbedingten bzw. Absoluten versteht und nicht als Widerspiegelung der Wirklichkeit in revolutionär-utopischer Perspektive, begibt sich in Gefahr, und sei es nur die Gefahr, schweigen zu müssen. Natürlich sah es im März 1954 – dem Datum des Briefes – ein Jahr nach Stalins Tod, für einen Moment so aus, als würde sich (wieder einmal) „alles wenden". Dem war nicht so. Und es ist gewissermaßen konsequent, dass *Doktor Shiwago* im Lande selbst erst 1988 herausgegeben werden durfte.

Es erscheint schließlich merkwürdig, dass ausgerechnet die epische Prosa den Schriftsteller Pasternak der *Idee des Absoluten* näher bringt oder sie adäquat ausdrücken lässt, während die formensprachlich viel artifiziellere Lyrik demgegenüber offenbar weniger zu leisten im Stande ist. Die Symbolisten waren einst anderer Meinung. Insbesondere die Lyrik erlaubte, den Bau bzw. die Bewegungen der „Seele", das innere *mare tenebrarum,* nicht nur abzubilden, sondern seine Bewegungen nachvollziehen zu lassen, d.h. dem Rezipienten zu suggerieren oder in ihm nachschaffend hervorzurufen. In Pasternaks kryptischer Äußerung sieht die Sache etwas anders aus. Stichwort ist das „Leben". Pasternak sagt selbst, dass die genannte „Idee" ihn „stützt und […] in sich sowohl *mein Leben* beschließt als auch die Verhaltensnormen". Die Lyrik, das „Verseschreiben", erscheint nur als Ableitung von etwas Umfassenderem. Die Lyrik ist in dem von der „Idee" bestimmten „Bau der Seele" wohl verankert, aber die Prosa fängt das Umfassendere, quasi den ganzen „Bau der Seele", ein und damit die dahinter liegende Idee einer göttlichen Wahrheit, die sich im *Leben* offenbart.

Tetzner kommentiert Solov'evs Auffassung, dass Kunst Verklärung heiße: „Folgerichtig definiert Solowjew vollkommene Schönheit als »geistige Körperlichkeit« (Verklärtheit), während sie in ihrer Vergänglichkeit nur »reine Nutzlosigkeit« […] sei." (Tetzner 2013, 214) In Pasternaks mehrfach geäußertem Ungenügen seiner eigenen Artifizialität gegenüber lässt sich wohl wiederum Solov'evs Philosophem erkennen.

Ich diskutiere diese kryptische und widersprüchliche Äußerung hier vor allem deswegen, weil Pasternak in Bezug auf die schriftstellerische Profession angeblich die Metapher von „Leinwand" (gleich „Prosa") und „Etüde" (gleich „Gedichte") gebraucht hat, wie von Elena Pasternak mitgeteilt wird, eine Metapher, die auch das Verhältnis der 16 Kapitel in Prosa des *Doktor Shiwago* zu dem letzten 17. Kapitel in Versen zu beschreiben geeignet ist. (Pasternak, Elena 1993, 99) So ähnlich äußert sich auch Shiwago, worauf die Verfasserin explizit hinweist. Aber Shiwago ist Arzt und nur nebenbei Schriftsteller. Zudem wird aus seiner Feder allein eine Sammlung von Gedichten überliefert. Und wenn man genauer hinschaut, ist es der Erzähler, der über Jurij (Jura) Shiwago und seine literarische Obsession in der folgenden Weise urteilt:

> Jura war ein guter Denker und schrieb hervorragend. Schon in seiner Gymnasiastenzeit hatte er davon geträumt, Prosa zu verfassen, ein Buch der Lebensbeschreibungen, in das er wie verborgene Sprengkörper das Umwerfendste von dem einbauen konnte, was er gesehen und durchdacht hatte. Aber für solch ein Buch war er noch zu jung, daher gab er sich mit dem Schreiben von Gedichten zufrieden wie ein Maler, der sich lebenslang auf Studien zu einem geplanten großen Gemälde beschränkt.
> Er verzieh seinen Gedichten die Sünde ihrer Entstehung um ihrer Energie und Originalität willen. In diesen beiden Eigenschaften, Energie und Originalität, sah er die Vertreter der Realität in den Künsten, die er im übrigen für gegenstandslos, müßig und überflüssig hielt. (Shiwago, 85; Pasternak 3, 67)

Das Problem einer solchen autobiografischen Zuweisung liegt auf der Hand, auch wenn sich eine Verbindung zu dem oben angeführten Zitat aus der Korrespondenz mit Ol'ga Frejdenberg nicht leugnen lässt. Die Geringschätzung seines eigenen lyrischen Œuvres durch den alten Pasternak und die altklugen Überlegungen des jugendlichen Shiwago haben miteinander nichts gemein, außer natürlich den psychophysischen Urheber. Das Erste wäre ggf. psychologisch in Bezug auf Pasternak, kunsttheoretisch in Bezug auf die Situation usw. zu klären, das Zweite funktional, d.h. in seiner Funktion für das Werk.

Beispielsweise geht es um die Motivation dieses Urteils. Man könnte meinen, dass der Gymnasiast Shiwago nicht weiß, wovon er redet. Er ist tatsächlich zu jung. Am Ende bleiben nämlich genau seine Gedichte übrig. Sind sie weniger Wert als Shiwagos verstreute Anschauungen zum „Leben", die ‚kunstlosen' Äußerungen zur „Realität"? Jeder Leser kann das prüfen und eigene Schlüsse ziehen. Gleichzeitig motiviert die Behauptung des Erzählers den Gedichtteil als solchen, seine schlichte Entstehung, wenn auch nicht seine Funktion als „17. Kapitel" und Abschluss des „Romans". Darüber hinaus kann seine Behauptung wie ein *Understatement* aufgefasst werden, das die Gedichte von Vornherein in einem bestimmten Licht erscheinen lässt, ihnen eine Leseanweisung voranstellt usw.

Die dezidierte Verbindung zur Biografie Pasternaks zerstört diese Funktionalität und ist des Weiteren geeignet, auch die unbestreitbar vorhandene und ästhetisch wirksame bloße Suggestion zu zerstören, Shiwago und Pasternak seien ‚identisch'. Über dieses Merkmal der Fiktionalisierung der Biografie, der programmatischen Vermischung von „Kunst" und „Leben", wird noch zu reden sein. Sie gehört ja auch zur Jahrhundertwende und damit fiktiv zum jungen Shiwago, der die Künste à la Solov'ev „für gegenstandslos, müßig und überflüssig" hält und seine Gedichte nur als Ausdruck von *realer* „Energie" und „Originalität", also Ausdruck des „Lebens", akzeptiert. Im Übrigen scheint für einen angehenden Arzt diese Sicht zweifellos angemessen, d.h. motiviert zu sein, auch jenseits des zur Jahrhundertwende gehörenden kontextuellen Merkmals einer speziellen Kunstauffassung.

Einfachheit und Klarheit

Etwas anderes hängt für meine Begriffe produktionsästhetisch ebenfalls mit dem Komplex *Prosarede* vs. *Versrede* zusammen, und zwar das immer wieder geäußerte Bemühen um Einfachheit und Klarheit. Es mutet wie ein Zugeständnis dem herrschenden Dogma des Sozialistischen Realismus gegenüber an, hat aber sicher auch andere Ursachen, insbesondere wenn man gerade auf bestimmte Gedichte der späten Lyrik schaut. Ich denke an solche aus der Sammlung *In den Frühzügen (Na rannich poezdach)* (1947) oder, vielleicht plausibler, weil hinsichtlich Anpassung an das erwähnte Dogma unverdächtig, an ein Gedicht wie *Nobelpreis (Nobelevskaja premija)* (1959),[25] das es wegen des Skandals um die Preisverleihung an Pasternak zu einiger Berühmtheit gebracht hat und das so ähnlich wie die genannte Sammlung ‚einfach' und ‚klar' genannt werden kann:[26]

> Ich bin verloren, wie ein Tier in der Treibjagd.
> Irgendwo sind Menschen, Freiheit und Licht,
> Aber hinter mir der Lärm der Meute,
> Für mich gibt es keinen Weg nach draußen.

---

25 Zur literaturwissenschaftlichen Einordnung des Gedichtes vgl. Steltner 1993, 180f. Pasternaks literarischer Konkurrent Nabokov veröffentlichte dazu eine Parodie, abgedruckt bei Hughes 1989, 154.

26 Pasternak 2, 128. Interlinearübersetzung von mir. Zwei nachschaffende Übersetzungen (Rolf-Dietrich Keil und Elke Erb) mit zwei zusätzlichen Strophen, die in der hier verwendeten fünfbändigen russischen Ausgabe fehlen, finden sich in Pasternak 1996, 488–491. Vgl. auch URL http://www.planetlyrik.de/boris-pasternak-gedichte-und-poeme/2010/10/ [27.04.2015].

Dunkler Wald und Ufer des Teiches,
Stamm der umgestürzten Tanne.
Überall ist der Weg abgeschnitten.
Komme was da kommen mag, egal.

Was für Gemeinheit habe ich denn begangen,
Bin ich ein Mörder und Missetäter?
Ich habe die ganze Welt zum Weinen gebracht
Um die Schönheit meines Landes.

Aber dennoch, fast am Grabe,
Glaube ich, es kommt die Zeit –
Der Geist des Guten wird die Kraft
Von Niedertracht und Bosheit überwinden.

> Я пропал, как зверь в загоне.
> Где-то люди, воля, свет,
> А за мною шум погони,
> Мне наружу ходу нет.
>
> Тёмный лес и берег пруда,
> Ели сваленной бревно.
> Путь отрезан отовсюду.
> Будь что будет, всё равно.
>
> Что же сделал я за пакость,
> Я убийца и злодей?
> Я весь мир заставил плакать
> Над красой земли моей.
>
> Но и так, почти у гроба,
> Верю я, придёт пора —
> Силу подлости и злобы
> Одолеет дух добра.

Das Gedicht entwirft die Gegenständlichkeiten fast durchgängig signitiv und gerade nicht mittels „phantasiemäßiger" oder „akualisierter Ansichten", das hieße nämlich: indirekt, aber dennoch konkret, also mit den Mitteln der sogenannten *uneigentlichen Rede*, die dem jungen Pasternak reichlich und originell zu Gebote gestanden haben. (Ingarden 1968, 55–63; Ingarden 1972, 362–364) Ausnahmen sind hier neben dem konventionalisierten Vergleich mit der „Treibjagd" die Verse 1 und 2 der zweiten Strophe, das Naturbild und sein indirekter Bezug zur entworfenen Bedrohung bzw. Ausweglosigkeit. Elke Erb übersetzt folgerichtig „Dunkler Wald und Hang zum Teich hier, // Eine Fichte, *quergelegt*". Rolf-Dietrich Keil vermittelt eine emotionale Anmutung mit dem Epitheton „finster" und vielleicht auch mit dem Ausdruck „Streich": *„Finstrer* Wald, ein Teich inmitten, // Tannenstamm, gefällt vom *Streich."* (Pasternak, 1996, 488 bzw. 490; Hervorhbg. v. mir)

Die von der Entstehungszeit dazwischen liegenden *Gedichte des Jurij Shiwago* zeigen dagegen eine etwas andere Handschrift. Sie werden eben auch nicht als *Pasternaks* Gedichte ‚motiviert', d.h. auf ihn als Urheber-Subjekt rückbezogen, sondern als die Gedichte des Arztes Shiwago. Auf die Bedeutsamkeit dieses Verfahrens verweist wohl ebenfalls Pasternaks Bemerkung im oben zitierten Brief an seine Cousine vom 20. März 1954, nämlich dass „die Idee jenen inneren Bau der Seele" schaffe, „in dessen einer Etage sich das unsinnige und ohne dergleichen schändliche Verseschreiben unterbringen lässt". Als Gedichte des Arztes Shiwago und ihrer mehrfachen Motivierung im Prosatext sind sie vor der inneren Instanz des Dichters Pasternak erlaubt, – moralisch, künstlerisch oder wie auch immer.

Natürlich müssten die Begriffe ‚Einfachheit' und ‚Klarheit' näher bestimmt werden. Es handelt sich um rhetorische Kategorien, aber es würde hier zu weit führen, sie als solche zu diskutieren. In Bezug auf Pasternak und den Unterschied zwischen seiner frühen und seiner späten Lyrik und genauso seiner frühen und späten Prosa geht es offensichtlich um die Verständlichkeit. Kontextuell greifbar wird der Komplex in der kurzen Auseinandersetzung mit Maksim Gor'kij in den 20er Jahren, in deren Folge Pasternak zu einer „neuen (‚klassischen') Einfachheit" findet.[27] Gor'kij schrieb zum Beispiel:

> Ich kann es Ihnen nicht verhehlen: […] ich habe Ihre Verse immer mit einer gewissen Anspannung gelesen, denn – allzu üppig ist ihre Sättigung an Bildlichkeit und nicht immer sind diese Bilder für mich klar; meine *Vorstellung* hat Schwierigkeiten, die kapriziöse Kompliziertheit und häufig – Unausgeführtheit Ihrer Bilder zu fassen. Sie wissen selbst, dass Sie ein sehr origineller Bildschöpfer sind, Sie wissen vermutlich auch, dass deren Reichtum Sie häufig veranlasst, viel zu skizzenhaft zu sprechen bzw. zu zeichnen.[28]

---

27 Vgl. dazu Döring 1973, insbesondere 286–294, hier 289.
28 Gor'kij 1963, 300. (Brief an Pasternak aus Sorrent, 18. Oktober 1927; Hervohbg. i.O.) Ganz ähnlich äußert er sich zu Pasternaks früher Prosa, genauer zu *Shenja Lüvers' Kindheit*, für deren geplante, allerdings nicht verwirklichte englische Übersetzung er ein Vorwort verfasste: *„Shenja Lüvers' Kindheit* ist eines der ersten Prosawerke Pasternaks. Es ist genauso geschrieben wie seine Verse, in eben dieser reichen und kapriziösen Sprache, reich an ‚Überladung mit Bildern', reich an der herausfordernden und kühnen Sprache eines romantischen Jünglings, der seine Kunst realer als die Wirklichkeit fühlt und der mit der Wirklichkeit verkehrt wie mit ‚Material'." Ebenda, 308–310, hier 309. (Datiert 1926/27).

Gor'kij hat sichtbar keinen Zugang zu dieser Lyrik, wie er zu Anfang des zitierten Briefes als captatio benevolentiae selbst bekennt. Über Marina Cvetaeva äußert er sich in einem Folgebrief geradezu abfällig.[29] In das Exemplar seines Romans *Klim Samgin*, das er Pasternak als Geschenk übermittelt, schreibt er als Widmung einigermaßen unverblümt:

> Soll ich Ihnen „Gutes" wünschen, Boris Leonidovič? Ich fürchte, – ich würde Sie kränken, denn: da ich weiß, wieviel Gutes es in Ihrer Dichtung gibt, kann ich ihr nur mehr Einfachheit wünschen.[30]

Dahinter steht der auch ideologisch zu deutende „Realismus", der ab den 1930er Jahren der russischen Lyrik generell das Leben schwer machen wird; denn „Klarheit" meint letztlich eben *Verständlichkeit* und betrifft einerseits die konzeptuelle Bedeutung der Sätze, d.h. ihre Propositionen, wie auch die darin gründenden Bedeutungseinheiten höherer Ordnung, von den ‚Absätzen' bis hin zum ganzen ‚Text', und andererseits die Möglichkeit, daran einen (ggf. situativen) Sinn anzuschließen. Und schließlich gibt es einen irrationalen Anteil, ohne den Kunst eigentlich nicht existiert und der beispielsweise – um bei Pasternak zu bleiben – gerade aus der unklaren bzw. „dunklen" Bildlichkeit resultiert. Ich erinnere an Hugo Friedrich, der in seinem Standardwerk *Die Struktur der modernen Lyrik* von Mitte der 1950er Jahre immer wieder diese „Dunkelheit" bemüht:

> Der Leser macht bei diesen Dichtern eine Erfahrung, die ihn, auch ehe er sich darüber Rechenschaft ablegt, sehr nahe an einen Wesenszug solcher Lyrik heranführt. Ihre Dunkelheit fasziniert ihn im gleichen Maße, wie sie ihn verwirrt. Ihr Wortzauber und ihre Geheimnishaftigkeit wirken zwingend, obwohl das Verstehen desorientiert wird. (Friedrich 1967, 15)

Nimmt man zum Vergleich ein Gedicht aus der Frühzeit, etwa aus der Sammlung *Meine Schwester – das Leben (Sestra moja – žizn')* von 1917, hier z.B. *Nicht berühren (Ne trogat')*, wird deutlicher, wie diese sogenannte „Dunkelheit" bei Pasternak beschaffen sein kann. Es handelt sich um kein besonders drastisches

---

29 Ebenda, 301. (An Pasternak aus Sorrent, 19. Oktober 1927). Bemerkenswert ist, dass sich Vladimir Nabokov 1927 in der Zeitschrift des russischen Exils *Rul'* (Berlin) noch viel negativer zu Pasternaks Lyrik äußert, bis hin zu der Aussage, Pasternak beherrsche das Russische „mehr schlecht als recht (plochovato)". Vgl. Hughes 1989, 169. Nabokovs Verhältnis zu Pasternak blieb bis zum Ende zwiespältig.

30 Ebenda, 308. (Datiert 30.11.1927 nach Gor'kijs Notizbuch). Pasternak selbst hatte Gor'kij gebeten, ihm den Roman *Klim Samgin* mit einer Widmung zu schicken, die ihm „irgend etwas Gutes" wünsche. (Ebenda, 306; auch Pasternak 5, 228; Brief vom 23.11.1927) Darauf bezieht sich Gor'kij offenbar.

Beispiel, aber schon bei diesem Gedicht lohnt sich angesichts der wortspielartigen Struktur mitsamt den Lautwiederholungen keine Interlinearübersetzung, sondern allenfalls eine nachschaffende, hier aus der Feder von Elke Erb:[31]

«Nicht berühren, frisch gestrichen» -
Doch die Seele tappte hin,
Waden-, Wangen-, Hände-, Lippen-,
Augen-Flecken trägt der Sinn.

Mehr als alles Glück und Leiden
Nahmst du dir mein Herz dafür,
Dass die gelbgewordene, weiße
Welt noch weißer war mit dir.

Du, mein Dunkel, Lieb, ich schwöre,
Sie wird zu noch weißerem Brand
Als die Fieber, Lampenschirme
Und der weiße Kopfverband!

«Не трогать, свеже выкрашён»,—
Душа не береглась,
И память — в пятнах икр и щёк,
И рук, и губ, и глаз.

Я больше всех удач и бед
За то тебя любил,
Что пожелтелый белый свет
С тобой — белей белил.

И мгла моя, мой друг, божусь,
Он станет как-нибудь
Белей, чем бред, чем абажур,
Чем белый бинт на лбу!

Nur der Vollständigkeit halber möchte ich darauf hinweisen, dass in dem oben zitierten Beispiel *Nobelpreis* die Wortspiele und die lautliche Instrumentierung, abgesehen vom Endreim, fehlen. Wenn doch lautliche Korrespondenzen bestehen, so werden sie ästhetisch nur schwer zu realisieren sein, weil sich die klaren und verständlichen Propositionen in den Vordergrund schieben.

Dergleichen ‚dunkle‘ Dichtung wird in den 1930ern zunehmend obsolet. Es wäre nur die Frage, in welchem Maße sich darin eine objektivierbare Entwicklung zeigt und in welchem die Ideologisierung der russischen Literatur. Zumindest hat

---

31 Werkausgabe. 1, 72. Russisches Original: Pasternak 1, 122.

die Frage nach Einfachheit und Klarheit nicht nur mit Pasternaks Idiosynkrasie seinem Frühwerk gegenüber zu tun.

Einfachheit und Klarheit scheinen mir schließlich auch Merkmale zu sein, die wenigstens im Prinzip eher in der Prosa verwirklicht werden können oder deren Fehlen sich in der Prosa noch sehr viel deutlicher bemerkbar macht. Wie oben bereits zitiert, sprach Pasternak Anfang der 1920er Jahre gegenüber Vjačeslav Polonskij von den „technischen Effekten", deren er sich in seiner Prosa enthalten möchte. Lyrik ist formensprachlich ganz anders festgelegt als Prosa. Sie beruht geradezu auf „technischen Effekten", die dem Rezipienten von Vornherein den Anspruch signalisieren, Kunst zu sein, auch wenn dieser Anspruch am Ende nicht eingelöst wird oder werden muss. Allerdings lässt sich nur auf den ersten Blick in der Prosa das Untechnische bzw. Unprätentiöse leichter umsetzen. Pasternaks Antrieb, einfach zu schreiben, als schriebe er einen Brief, legt davon Zeugnis ab. Die Frage bleibt nämlich, ob sich ein Roman ohne „technische Effekte", also ohne Verfahren, die einem Großtext und seiner Rezeption adäquat sind, mit anderen Worten: ohne Handhabung von „Gattungsmerkmalen" und „einfach so", schreiben bzw. dann lesen oder verstehen lässt, von der ästhetischen Wirkung ganz zu schweigen. Grundlegend bleibt allerdings auch hier der Anspruch, Kunst zu sein. Wie erwähnt, stellt Pasternak 1948 gegenüber Ol'ga Frejdenberg fest, er wisse nicht, „ob auf der Welt Kunst übrig geblieben ist und was sie noch bedeutet". Die Tonlage dieser Feststellung lässt sich nicht bestimmen. Ist es Resignation angesichts der obwaltenden dogmatischen Restriktionen oder ist es die einigermaßen kokette Legitimierung der gewählten Schreibweise, in der Pasternak seinen Roman verfasst, oder beides? Auf jeden Fall „bedeutet Kunst" im Bereich der Literatur zuallererst noch immer, vom Rezipienten fiktional angenommen werden zu können. Dazu reicht angesichts der literarischen Konvention erst einmal die explizite Gattungsbezeichnung „Roman", wie sie auch dem *Doktor Shiwago* vorangestellt ist.

Allerdings lassen sich aus den Erinnerungen von Aleksandr Gladkov noch zwei bemerkenswerte Zitate zum Beleg dessen anführen, dass Pasternak gesprächsweise sehr klar hat äußern können, was Kunst für ihn bedeute:

> „Ein Künstler muss den Mut haben, sich dem Geschmack seiner Verehrer zu widersetzen und gegen ihre Instinkte zu rebellieren, die ihn veranlassen wollen, sich zu wiederholen." [32]

---

32 Gladkov 2002, 126. In gleicher Weise äußert sich Pasternak viele Jahre später gegenüber dem schwedischen Slawisten Nils-Åke Nilsson. (Nilsson 1959, 107).

„Das Streben nach Reinheit der Gattung ist nur den sogenannten Epigonen eigen. Die Entdecker und Begründer vermischen barbarisch die stilistischen und kompositionellen Elemente, und erweisen sich als Sieger, nicht nach den Gesetzen des Geschmacks, sondern nach einem instinktiven Gespür dafür. Und ihre Siege außerhalb der Gesetzmäßigkeiten werden später zum Muster für neue Massen von Nachahmern." (Ebenda)

3. Die Prosa des *Doktor Shiwago*

Die Teilung des Gesamttextes zwischen Kapitel 16 und 17 verleitet dazu, die Kapitel jeweils für sich zu nehmen bzw. zu lesen und im Zweifelsfall auf das 17. Kapitel, den Gedichtteil, zu verzichten. Zudem sind die Gedichte separat veröffentlicht und sogar von Pasternak vorgetragen und eben auch privat verteilt worden. Ich sehe darin eine Art auktoriale Beglaubigung einer möglichen rezeptionellen Trennung beider Kapitel, die sich aus der augenfälligsten Eigenart des Romans ergibt. Aber selbstverständlich sind die beiden Teile je für sich etwas anderes als der Gesamttext, in dem beide integriert werden.

Um auf eine weitere Eigenart zuzugreifen, möchte ich kurz auf die Verfilmungen eingehen, weil die Umsetzung in ein anderes Medium genauso wie die Möglichkeit, Teile zu trennen bzw. in der Wahrnehmung ,abzuschatten', die Machart des Werkes und damit letztlich die Grundlage seiner ästhetischen Wirkung zu klären hilft. Nur der Prosateil wurde nämlich in die Verfilmungen transponiert, genauer gesagt, das Visualisierbare des Prosateils. Trotz der unterschiedlichen Visualisierungs-Strategien zwischen den einzelnen Filmen offenbart sich hier die Eigenart des Romans, die dargestellte Welt und die darin handelnden Figuren abstrakt zu entwerfen. Zwar werden die Grenzen des Geschichtszeitraums benennbar. Der Roman beginnt vor dem Ersten Weltkrieg und endet mit Kapitel 15 in den Zwanziger Jahren. Kapitel 16 beinhaltet einen mit „Epilog" überschriebenen Vorgang mit zwei Zeitsprüngen, und zwar in das Jahr 1943 sowie „fünf oder zehn Jahre" später. Aber die historische Kausalität sowie die Beschaffenheit der dargestellten Welt bleiben im Dunkeln. Sie müssen in der Auffassung des Romans, im Zuge seiner ästhetischen Konkretisation, ggf. ergänzt werden, so dass schon von heute aus, rund 70 Jahre nach diesen Daten, die Histeme „Großer Vaterländischer Krieg" und „Ende der Stalinzeit" undeutlich werden.[33] Für das „Ende der Stalinzeit" möchte ich die komplizierte Sachlage mit einem Zitat belegen:

> Aufklärung und Befreiung, die sie nach dem Krieg so erhofft hatten, waren nach dem Sieg ausgeblieben, und doch schwebte in den Nachkriegsjahren eine Vorahnung der Freiheit in der Luft und bildete ihren einzigen historischen Gehalt.

---

[33] Noch mehr gilt das selbstverständlich für die Zwanziger Jahre, die den Geschichtszeitraum der Kapitel 1–15 entwerfen bzw. im Bewusstsein des Rezipienten voraussetzen.

Die gealterten Freunde am Fenster hatten den Eindruck, daß die innere Freiheit schon gekommen sei, daß sich gerade an diesem Abend die Zukunft in den Straßen drunten ausbreitete und daß sie selbst in diese Zukunft eingetreten waren und fortan in ihr sein würden. (Shiwago, 645; Pasternak 3, 510)

Wiedergegeben wird nur der Moment zusammen mit seinem ihm vom Erzähler zugewiesenen Gefühlswert bzw. seiner Bedeutung für die dargestellte Welt, aber nicht die historischen Konkreta, hier z.b. der Tod des Diktators Stalin am 5. März 1953 und das deswegen erhoffte Ende einer Schreckenszeit. Mit Blick auf den Kontext lässt sich an *äsopische Rede* denken, von der die Darstellung durchgängig bestimmt wird.

Auf jeden Fall ergänzt werden muss die gegenständliche ‚Kulisse‘, vor der die Figuren handeln, sofern sie ihr Handeln motiviert. Die Filme leisten das mehr oder weniger abbildhaft genau.[34] Sie sehen in gewisser Weise dafür aber von den vielen (pseudo)philosophischen Digressionen ab, die vor der fragmentarischen historischen bzw. gegenständlichen Kulisse entfaltet werden, soweit sie nicht in die Dialoge integriert sind. Daher wirken die Filme wie eine Paraphrase in Bezug auf die Handlungsträger und ihre psychophysischen Handlungen. Sie banalisieren das bloße Geschehen oder tendieren sogar dazu, es nolens volens in seiner Banalität zu entlarven.

Die Narration

Narration ist im obwaltenden Stimmengewirr der Literatur- und Kulturwissenschaft zu einem vieldeutigen Begriff geworden. Deshalb scheint es mir angebracht zu sein, mich kurz der künstlerischen bzw. eben ästhetischen Relevanz des Phänomens zu versichern, ohne auf eine intersubjektiv vermittelbare Grundlage zu verzichten. Die Beschreibung sollte daher im weitesten Sinne linguistisch motiviert sein. Literatur ist in erster Linie *Sprachkunst*, folglich hat sie vermöge der sprachlichen Gestaltung an der „Kultur" teil und drückt nicht etwa nur vorhandene „Kultureme" aus, spiegelt sie wider oder wie man ihren damit für sekundär erklärten Charakter auch immer begrifflich fasst. Es geht um die sog. „Schöne Literatur", kürzer: um „Belletristik", also um diejenigen Werke, die fiktional rezipiert werden

---

34 Nur die opulente siebenteilige Serie des russischen Fernsehens aus dem Jahre 2006 bildet zudem eine ‚russische Welt‘ in Details ab, die den beiden westlichen Verfilmungen fehlen, die dennoch aber im Roman selbst weitgehend unbestimmt bleiben. Ein Merkmal der russischen Verfilmung ist generell, die zugehörige Kulisse des dargestellten Geschichtszeitraums genau zu entwerfen. Damit im Einklang trägt die Serie den Untertitel *Nach Motiven des Romans (Po motivam romana).*

oder werden *können*. Gerade hier scheint für den Roman *Doktor Shiwago* ein Problem zu liegen, wie beispielsweise eben die Spannung zwischen dem oben entworfenen auktorialen Gefühlsraum und der widersprüchlichen Rezeption durch die Leserschaft bezeugt.

Die Textlinguistik hat insbesondere seit den 1960/70er Jahren versucht, Texte zu klassifizieren und bestimmten Eigenarten „über die Satzgrenze hinaus" auf die Spur zu kommen. Ebenso hat sich der Strukturalismus intensiv mit der Erzähltheorie beschäftigt. Es gibt eine ganze Reihe von entsprechenden Versuchen, die ich aus pragmatischen Gründen nicht weiter behandeln will. Ich möchte lediglich zwei Ansätze gegenüberstellen und auf den Roman *Doktor Shiwago* anwenden, um somit eine größere Beschreibungsdichte zu erreichen.

Dezidiert auf linguistischer Grundlage entwirft Egon Werlich eine Typologie, die auch fiktionale Texte einschließt. Werlichs Ansatz der satzbezogenen „Textbasen" bringt es mit sich, „Narration" als reines Zeitkontinuum aufzufassen: Der Urheber einer Äußerung legt bei der Anordnung der sprachlich entworfenen Gegenständlichkeiten den Fokus auf deren Situierung in der Zeit. (Werlich 1979, 38) Dem Typus „Narration" entsprechen danach die „objektive Textform" „Bericht" sowie die „subjektiven Textformen" „Erzählung bzw. Geschichte". Davon leiten sich „Textformvorkommen" ab, die schließlich per Konvention bestimmte Varianten ergeben. Die Varianten werden „von Sprechern vorwiegend oder gar ausschließlich in der Produktion *fiktionaler Texte* verwandt (zum Beispiel *Märchen, Novelle* und *Roman*)". (Ebenda, 71f.; Kursiv i.O.)

Die Narration des Romans *Doktor Shiwago* wäre demnach über eine schlichte Paraphrase zu erfassen, die bestimmte Stationen des Protagonisten Jurij Shiwago in ihrer Abfolge festhält. Zweifellos gelingt ein solches Unterfangen hier ohne Schwierigkeit, worauf allein schon die Verfilmungen verweisen. Die dargestellte Welt des Romans wird nämlich als zeitliches Kontinuum entwickelt, nahezu ohne auktoriale Rück- oder Vorgriffe, wenn auch nicht stetig. Es gibt Zeitlücken bzw. am Ende zwei Zeitsprünge. Das 17. Kapitel, der Gedichtteil, befindet sich außerhalb der dargestellten Zeit, auch wenn seine Entstehung im Prosateil vermerkt wird. Er ist sozusagen ‚zeitlos'. Der Leser folgt dem Protagonisten Jurij Andreevič Shiwago durch dessen Lebenszeit. Den Beginn setzt der Tod der Mutter, als Jurij fünf Jahre alt ist. Den Schluss markiert Jurijs Tod Ende der 1920er Jahre. Dem folgt die im „Epilog" geraffte Zeit danach: Protagonisten sind nun Jurijs Tochter Tanja, die im Jahre 1943 aus dem Nirgendwo auftaucht und von deren Existenz er bis zu seinem Ableben nichts erfahren hat, sowie zwei Freunde und sein im Roman nur undeutlich entworfener Halbbruder Jewgraf. Im zweiten, eine halbe Druckseite umfassenden Epilogteil „fünf oder zehn Jahre später"[35] wird das „Büchlein (knižka)" mit den Gedichten eingeführt.

Das Attribut „subjektiv" in Werlichs Definition, das die lineare Abfolge der Ereignisse nicht zu einem „Bericht", sondern zu einer subjektiven „Erzählung" werden lässt, wird in der extrem subjektiven Auswahl und Anordnung der miteinander nur lose verbundenen Situationen sowie der dadurch vermittelten *Privatheit* des Protagonisten greifbar, und zwar der Privatheit von Shiwagos Schicksal angesichts einer historisch vermeinten Kulisse, die von den Zeitläuften des 20. Jahrhunderts bereitgestellt wird. Nur bleiben diese Zeitläufte im Dunkeln. Sie werden nicht oder nur fragmentarisch expliziert. Der Leser muss sie wissen bzw. die historischen Zusammenhänge kennen. Insofern ist die Subjektivität des narrativen Weltentwurfs im *Doktor Shiwago* einfach vorhanden, ist daher letztlich ein Merkmal des abstrakten Autors, Pasternaks sprachlogisch fixierten Stellvertreters im Text, auf den die Gesamtäußerung rückverweist. Subjektivität wäre also seine „Intention" in Bezug auf die Gesamtäußerung, die – sofern *Doktor Shiwago* fiktional gelesen wird – sozusagen *unbestimmt* bleibt. Es ist die Intention des *abstrakten* Autors. Sie korrespondiert mit der Brief-Metapher, die Pasternak als psychophysischer Autor im Hinblick auf seine Prosa verwendet hat.

Gängiger wohl als Werlichs Typologie sind „Erzählgrammatiken" unterschiedlicher Modellierung, die ihren Ausgangspunkt von bestimmten Textcorpora nehmen, wie Propp vom russischen Zaubermärchen, Todorov vom „Decamerone", Labov/Waletzky von mündlichen Erzählungen illiterater Sprecher etc. (Propp 1972; Todorov 1972; Labov/Waletzky1973) Ihnen gemeinsam scheint die Beobachtung zu sein, dass in den Erzählungen im Endeffekt zwei Situationen entworfen werden: Ausgangs- und Endzustand, die sich logisch ineinander überführen lassen. Im Unterschied zu Werlich kommt also hier die Kausalität ins Spiel, d.h. Narration beruht danach auf kausal-temporalen Folgen von Ereignissen und der ihnen zugrundeliegenden Handlungen. Möglich, dass die Bevorzugung kausal-temporaler Folgen in der Belletristik nur auf Konvention beruht, wie aus Werlichs Modell zu schließen wäre, möglich aber auch, dass das kausal-temporale Prinzip, wie es Labov/Waletzky belegen möchten, eine Art Universale des Erzählens repräsentiert.

Beide Ansätze aber führen im Endeffekt zum gleichen Ergebnis, was die Narration im Roman *Doktor Shiwago* angeht. Beim Versuch, die Grundlagen der „Erzählgrammatiken" anzuwenden, fällt es schwer oder ist gar unmöglich, die

---

35 Wie oben schon vermerkt, handelt es sich vom Kontext des unsichtbaren Geschichtszeitraums her wohl eher um „zehn Jahre später", also 1953.

beiden kategorialen Zustände zu finden, d.h. zu abstrahieren und zu beschreiben, weil die zielgerichteten Handlungen fehlen. Letztlich fehlt der Konflikt als die deutlichste Grenze, die von Zustand A nach Zustand B überschritten werden muss. In diesem Roman ,erlebt' der Protagonist die historischen Verhältnisse, die wiederum als solche nicht thematisiert werden. Hans Mayer bestimmt in seiner Analyse des Romans die „Akausalität" als das „geheime Gestaltungsprinzip des Pasternak-Romans":

> Daß es auf Ablehnung aller Geschichtsphilosophie und sogar einfacher sozialer Kausalität ankam, daß ein akausales Nebeneinander vom Romancier als adäquates Gestaltungsmittel angesehen wurde, erste Vorkriegszeit, Februarrevolution, Oktoberrevolution, Bürgerkrieg und Entstehung der Sowjetunion zu beschreiben, ist evident. (Mayer, 1962, 207f.)

Um wenigstens die Spur zu einem Konflikt zu finden, könnte man auch sagen, Jurij Shiwago ,erleide' die Historie. Ein Blick auf die gegenwärtige Kommunikationssituation 60 Jahre nach Erscheinen des Romans lässt vermuten, dass die russischen 1920er Jahre zumindest in Russland selbst noch im Bewusstsein geblieben sind, wenn auch die Perspektive darauf mittlerweile unklar ist. Die 30 Jahre (1958–1988) während Unterdrückung des Romans in der Sowjetunion hatte auch mit der amtlichen Perspektivierung auf Revolution und Bürgerkriegszeit zu tun. Auf jeden Fall sind die komplizierten Wirren der 1920er Jahre als gewusster Bezugsrahmen fast so ferne gerückt wie hinsichtlich Grimmelshausens *Simplicius Simplicissimus* die Wendungen des Dreißigjährigen Krieges. So wäre also auch ein Konflikt, der implizit zwischen Individuum und Historie vorhanden ist, aber zur Konkretisierung des Kontextwissens bedarf, nicht im Schema des Romans abbildbar, weil Shiwago nicht gegen die Historie handelt. Er ist ein ,passiver Held', der demzufolge weder „siegen" noch „scheitern" kann. Er lebt einfach sein Leben, bewegt sich im dargestellten Zeitraum sozusagen von Moskau nach Sibirien und zurück,[36] hat drei Frauen und fünf Kinder.

Ich formuliere dieses narrative Fazit bewusst provokant, weil die Filme genau das visualisieren sowie selbstverständlich die historische Kulisse, das ,wilde' und geheimnisvolle Russland vor allem der 1920er Jahre. Die Verfilmungen dienen mir nur als Indiz. Selbst die konventionell sogenannte „Liebesintrige", hier also in der Variante ,ein Mann zwischen zwei Frauen', fällt aus, weil die betrogene Ehefrau sich verständnisvoll in ihr Schicksal fügt und quasi klaglos ins Ausland verschwindet. Shiwago lässt es im weiteren Verlauf zu, dass seine Geliebte, i.e. Lara, sich von ihm trennt, ohne es selbst zu wissen. Sie wird von ihm hinters Licht geführt, zu ihrem Besten wohlgemerkt, um sie vor dem Terror der Bolschewiki

---

36 Im Verlaufe des Ersten Weltkriegs gelangt er bis nach Galizien.

zu retten. Shiwago führt schließlich in Moskau mit einer dritten Frau ein Eigenbrötlerdasein. Auch diese Frau lässt Lara an Shiwagos Sarg respektvoll den Vortritt. Sie hat offenbar ihr gegenüber keine negativen Emotionen bzw. erkennt sie nicht. Ähnlich Lara: Sie erscheint nicht nur zufällig aus dem Nirgendwo an Shiwagos Sarg, sondern hat auch keine Fragen. Sie verfällt in eine Art Totenklage mit nicht weiter ausgeführten Andeutungen eigener Verfehlungen. Die Gründe für das Verhalten der Frauen und ihre Schicksale bleiben im Dunkeln bzw. in der unbestimmten Intention des abstrakten Autors, den man eben nicht fragen *kann*.

Schließlich möchte ich auf Forschungen zur Kinderpsychologie verweisen, die nahelegen, dass die kausal-temporale Struktur als eine Art vierte Sprachfunktion oder als viertes Stratum der Sprachbeschreibung o.ä. aufgefasst werden kann, d.h. so verstanden, ergänzt die Narration die Strata 1. Phonetik/Phonologie, 2. Morphologie und Syntax sowie 3. Semantik. Bedingung ist, über die Satzgrenze hinaus zu gehen. Diese Bedingung gilt streng genommen auch schon für die Syntax. Für die Semantik gilt sie ohnehin.[37] Die zur temporalen Struktur im logischen Sinn lediglich hinzutretende Kausalität im Erzählen lässt sich demnach systemisch auffassen, woraus ihre besonderen ästhetischen Valenzen folgen, d.h. der Rezipient muss auf das Vorhandensein oder das Fehlen der Kausalität eine Wertantwort finden. Nur darum geht es in meiner Argumentation und nicht etwa um eine normative Vertextungsvorschrift.

Im Blick auf *Doktor Shiwago* lässt sich aus dem Fehlen einer beschreibbaren kausal-temporalen Struktur das in der Rezeption gespiegelte starke Moment der Irritation identifizieren, das eben nicht nur aus der Abweichung vom Schema der Gattung „Roman" rührt. Ein Großtext in Prosa unter dem Signum „Roman", d.h. der vorgriffigen Einordnung in die Kategorie des Fiktionalen[38], zudem mit einer Gedichtsammlung als Schlusskapitel, aber ohne angebbaren Konflikt, bleibt, – wenn man so sagen darf – ein literarisches Unikum. Der Text weist ein doppeltes Manko auf, das sich der rezeptionellen Einordnung widersetzt, nämlich die kategoriale Unentschiedenheit hinsichtlich *fiktional* vs. *nicht-fiktional* sowie, davon abgeleitet, die unklare Gattungszuordnung. Ist es ein „publizistisches Pamphlet, eine künstlerisch gestaltete politische Konzeption, ein historischer Roman oder

---

37 Als Verknüpfung von *quantitativen* und *qualitativen* Merkmalen nach Henri Bergson (s.u. Kapitel 4) vgl. Piaget, 395f.; ebenso Kabasci 2009, – ein lesenswerter Ausschnitt aus entsprechenden Texten und Forschungsansätzen, die letztlich das kulturprägende kognitive Moment des Erzählens in der kindlichen Entwicklung herausstellen.

38 Gängiger ist der Gebrauch des Ausdrucks „Fiktionalität" zum Adjektiv „fiktional". Ich bevorzuge die substantivierte neutrale Form des Adjektivs (wie auch das Adjektiv selbst) in gleicher Bedeutung.

eine Alltagserzählung?", wie ein früher Leser der italienischen Ausgabe zu Protokoll gab.[39]

Die künstlerische Funktionalität aller Teile des Romans, z.B. des Geschehens, der handelnden Figuren und vor allem der zahlreichen Digressionen, gründet *spürbar*, d.h. ästhetisch valent, nicht in einer kausal-temporalen Anordnung. Die vorherrschende rein zeitliche Abfolge erzeugt z.b. keine Spannung. Ein wesentliches künstlerisches Moment narrativer Prosa also fehlt. Der Text könnte sich *ad infinitum* fortsetzen.[40] Daher lässt sich ein ästhetisches Objekt nur bilden, wenn man andere Ordnungsmomente findet, von denen die Teile sozusagen ‚zusammengehalten' werden. Es müssen für meine Begriffe aber solche sein, die ästhetisch konkretisiert werden können, die sich sozusagen von selber einstellen. Bloße literatur- oder kulturwissenschaftliche Konstruktionen gehören nicht dazu, so aussagekräftig diese Konstruktionen in Bezug auf das zugrundeliegende Schema auch immer sein mögen. Ordnungsmomente lassen sich ggf. in den Attributen der Figuren finden, in der Erzählperspektive, in der „sphärischen Geschlossenheit" der dargestellten Welt, in wiederkehrenden Themen und Motiven und dergleichen, die allesamt jenseits der kausal-temporalen Ordnung eine künstlerische Funktion erlangen können. (Lämmert 1972, 95–192)

Oder aber man versteht das Ganze außerhalb des Fiktionalen, ignoriert die Gattungsbezeichnung, nimmt den Text als eine Sammlung ganz unterschiedlicher Äußerungen Pasternaks zur Religion, zur Geschichte, nicht zuletzt zu Kunst und Literatur und liest vor allem die *Gedichte des Jurij Shiwago* als Gedichte des Boris Pasternak.

Figuren, Erzähler, Autor

Da es offenbar keinen textgebundenen Konflikt gibt, zumindest keinen, den man ohne Weiteres abstrahieren könnte, lassen sich die Figuren genauso nicht ohne Weiteres in Haupt- und Nebenfiguren oder nach Vordergrund oder Hintergrund gewichten. Angesichts der Fülle der Figuren und ihrer Spezifik würde ich eine andere kategoriale Ordnung bevorzugen, und zwar die Ordnung nach *obligatorischen, fakultativen* und *freien* Figuren. Die Kategorien *obligatorisch, fakultativ* und *frei* entstammen der Valenztheorie im Hinblick auf die Syntax. (Tesnière

---

39 Boris Širjaev in *Novoe russkoe slovo* (New York), vom 2.2.1958. Zitiert nach Tolstoj 2009, 207.

40 Das bedeutet auch ein rhetorisches Manko, weil das Ende des Textes nicht kalkulierbar ist. Vgl. dazu unten (Kap. 6) das rhetorische Pendant der „Pointe" in Bezug auf die Gedichte.

1980, 161–201) Als solcher ist der Begriff der „Valenz" wiederum den Naturwissenschaften, genauer: dem Atommodell, entlehnt. Gemäß der linguistischen
Valenztheorie bildet das finite Verb als Prädikat den Mittelpunkt des (indoger-
manischen) Satzes, um den sich verschiedene Aktanten gruppieren. Die *obligatorischen* Aktanten richten sich nach der Anzahl der Valenzen, die gebunden
werden müssen, um einen vollgültigen, d.h. „wohlgeformten" Satz zu bilden. Darüberhinaus gibt es an das Verb gebundene Leerstellen, die gefüllt werden können, in die sich also *fakultative* Aktanten setzen lassen. Die *freien Angaben* stehen
auf der Satzebene „in so loser Kohäsion zum Verb", das sie „nahezu beliebig in
jedem Satz hinzufüg- oder weglaßbar" sind. (Helbig 1971, 36)

Diese Teilung sei hier modellhaft angewendet, um die Figuren des Romans
Doktor Shiwago in eine ästhetisch relevante Ordnung zu bringen. Natürlich
ließen sich noch stärkere Differenzierungen denken oder solche, die anderen
Kriterien gehorchen. Im Grunde ‚re-modelliere' ich mit der Anwendung des linguistischen Valenzbegriffs auf die Figuren des Erzählwerkes nur den Ausgangspunkt Tesnières, der nämlich sein „Buch B" genannten Abschnitt zur „Struktur
des einfachen Satzes" folgendermaßen einleitet:

> (1) Der verbale Nexus, der bei den meisten europäischen Sprachen im Zentrum steht,
> lässt sich mit einem kleinen Drama vergleichen. Wie das Drama umfasst er not-
> wendig ein Geschehen und meist auch noch Akteure und Umstände.
>
> (2) Wechselt man aus der Wirklichkeit des Dramas auf die Ebene der strukturalen Syn-
> tax über, so entspricht das Geschehen dem Verb, den Akteuren die Aktanten und
> den Umständen die Angaben. (Tesnière 1980, 93)

Motiviert werden die Figuren im Roman *Doktor Shiwago* ganz konventionell
durch Relationen, die „Verwandtschaft", „Freundschaft", „Liebesbeziehung" etc.
bezeichnen. Das Auftreten der Figuren bzw. ihr Zusammentreffen und vor allem
ihr Handeln gehorcht dem Zufall, wie es logisch angesichts der beschriebenen
Struktur wohl nicht anders sein kann.

Obligatorisch ist ohne Zweifel Shiwago, weil die dargestellte Welt ohne ihn
kein Zentrum hätte, weil auf ihn bezogen ist oder wie man auch immer sagen
will. Als solcher bildet sein Name auch den Titel des Romans.

Fakultative Figuren sind alle diejenigen, die in einer dynamischen Beziehung
zu Shiwago stehen. Diese Beziehung bildet die Funktion der Figuren im dargestellten Zeitraum, mehr nicht. Als Figuren bleiben sie schemenhaft. Als erste
wäre hier Lara zu nennen, die Shiwago als temporäre Geliebte zugeordnet wird,
zudem wird die Zuordnung im Ablauf der Zeit dynamisiert und bildet somit ein
wesentliches künstlerisches Moment: Lara trifft immer wieder zufällig mit Shiwago zusammen. Zuerst erscheint sie (in Bezug auf Shiwago) als geheimnisvolles

Mädchen, danach trifft Shiwago sie als Krankenschwester an der galizischen Front, später in der Bibliothek des sibirischen Ortes Jurjatin, nach zweijähriger Zwangsrekrutierung bzw. Gefangenschaft bei den roten Partisanen dort erneut, und schließlich kommt sie zufällig an seinen Sarg in Moskau. Sie hat aber nicht den Status einer obligatorischen Figur, weil sie nur eine von drei Frauen Shiwagos ist und weil die „Liebesintrige" Shiwago-Lara nicht im Zentrum steht.[41]

Fakultative Figuren im genannten Sinne sind des Weiteren Shiwagos geheimnisvoller Halbbruder Jewgraf, der Rechtsanwalt Komarowski, Pawel Antipow alias Strelnikow sowie eventuell Shiwagos Freunde Gordon und Dudorow. Ihre Funktionen könnte man inhaltlich nach Propps Nomenklatur des Zaubermärchens fassen, um nicht ihre Handlungen bloß zu paraphrasieren und um in dem Rahmen zu bleiben, der von Tesnières Satzmodell gezogen wird. Shiwago wäre der „Held". Bleibt die Frage, welche Aufgabe er zu lösen hätte; denn nur wenn eine Aufgabe vorhanden ist, die er erfüllen muss, kann er eigentlich die Funktion des „Helden" überhaupt haben. Erst dann kann es beispielsweise „Schädiger" und „Helfer" geben. Hier drängt aber die Evidenz zu einem umgekehrten analytischen Schluss. Offenbar hilft Jewgraf seinem Halbbruder Jurij zu *überleben* oder schlicht zu *leben*. Daraus lässt sich umgekehrt schließen, dass genau dies die Aufgabe des „Helden" Shiwago ist, nämlich zu (über)leben. Das widerspräche auch dem Ergebnis der Erörterungen zur Narration nicht, der merkwürdigen Spannung zwischen der Kulisse des dargestellten Geschichtszeitraums und dem Einzelschicksal Shiwagos.

Die völlig ‚unrealistische' Märchenrolle seines Halbbruders wird in einer Tagebucheintragung Jurijs bloßgelegt:

> Erstaunlich! Er ist mein Stiefbruder und trägt den gleichen Namen wie ich. Dabei kenne ich ihn eigentlich weniger als jeden anderen.
> Schon das zweite Jahr wirkt er in meinem Leben wie ein guter Genius, wie ein Retter in der Not, der alle Schwierigkeiten beseitigt. Vielleicht gibt es im Leben jedes Menschen eine geheime Kraft, eine fast symbolische Person, die ungerufen zu Hilfe kommt, und vielleicht spielt diese wohltätige Rolle bei mir mein Bruder Jewgraf. (Shiwago, 360; Pasternak 3, 285)

Komarowski wäre die Funktion eines „Schädigers" zuzuweisen. Als Laras Verführer ist ihm bis zum Ende ohnehin ein negatives, „schädigendes" Moment eigen, auf jeden Fall schädigt er Shiwago, und zwar in paradoxer Weise: er hilft,

---

41 Die Popularität insbesondere der Hollywood-Verfilmung von 1965 beruht wohl auch auf der Verschiebung bzw. Ausdehnung des Zentrums zur Liebesintrige hin und auf ihrer schauspielerischen Realisierung durch Omar Sharif und Julie Christie.

Lara vor dem Zugriff der Partisanen zu retten, trennt sie aber damit von Shiwago und beeinträchtigt dessen Überleben:

> Er [Shiwago] ging ins Haus. Ein doppelter Monolog begann und vollzog sich in ihm: trocken, scheinbar sachlich in bezug auf sich selbst, und dahinfließend, uferlos in bezug auf Lara: Jetzt nach Moskau. Vor allem überleben. (Shiwago, 564; Pasternak 3, 446)[42]

Am Ende wird Lara nicht wirklich gerettet. Ähnlich verhält es sich mit Laras Ehemann Antipow. Unter dem Decknamen Strelnikow Kommandeur einer Partisanenabteilung, hat er zweimal die Gewalt über Leben und Tod Jurij Shiwagos. Antipows Deckname kursiert in der Form des Spitznamens „Rasstrelnikow", d.h. „einer, der erschießt", ein Exekutor, womit die potenzielle Schädigung parat gehalten wird. Die in der Liebesbeziehung zwischen Shiwago und Lara angelegte Nebenbuhlerschaft wird demgegenüber nicht thematisiert.

Die Freunde Gordon und Dudorow könnten auch zur Kategorie der freien Figuren gezählt werden. Sie sind in gewisser Weise austauschbar, wie die restlichen Figuren auch. Wie diese wären sie nur figurales Kolorit der dargestellten Welt, wenn nicht ihnen das in der Relation „Freundschaft" nur schwach motivierte Schlusswort zukäme und wenn nicht sie das Heft mit den Gedichten weitergäben. Sie werden zu „Helfern" bzw. sogar zu Shiwagos Alter Ego, weil sie am Ende die Deutungshoheit haben, z.B.:

> Drunten und in der Ferne lag Moskau, die Heimatstadt des Autors [des Heftes], in der er die Hälfte seines Lebens verbrachte. Die Stadt dünkte sie jetzt nicht Schauplatz dieser Ereignisse, sondern Hauptheldin einer langen Geschichte, deren Ende sie sich jetzt näherten mit dem Heft in der Hand. (Shiwago, 645; Pasternak 3, 510)

Das Überleben als zu erfüllende Aufgabe angenommen, könnte man auch sagen, dass Shiwago schließlich in seinen Gedichten „überlebt",[43] dass er in gewisser Weise unsterblich wird und dass eben seine beiden Freunde ihm dabei helfen.

---

42 Wenn man so will, wird an dieser Stelle, wenigstens nach der deutschen Übersetzung, die Aufgabe des „Helden" Shiwago *bloßgelegt*, um den formalistischen Ausdruck zu bemühen. Im Russischen gibt es allerdings eine semantische Differenz zwischen dem hier verwendeten „vyžit'" = „überleben", d.h. hier wohl eher die konkrete Situation überleben, und dem Ausdruck „perežit'", vgl. „perežit' samogo sebja" = „sich selbst überleben", d.h. in Taten und Werken über den Tod hinaus. Die Ausdrücke sind zumindest doppeldeutig.

43 Davie fasst das „Überleben" i.S. des Christus-Motivs auf, wie es insbesondere in den Gedichten erscheint: „And of course the poet is resurrected posthumously in his poems." Davie 1965, 104, am Beispiel des Wortspiels „Schöpfertum (tvorčestvo)" /

Ich möchte noch etwas zur Schemenhaftigkeit der Figuren bemerken. Die Figuren haben kein Äußeres, auch Shiwago nicht.[44] Das erschwert die ästhetische Wahrnehmung. Er ist in dieser Hinsicht so unbestimmt wie fast alle anderen auch. Auf der ersten Seite des Romans erfährt man, er habe ein „stupsnasiges Gesicht (kurnosoe lico)". Da ist er zehn Jahre alt. Viel mehr wird von ihm visuell nicht entworfen.

Angesichts seiner Titelrolle tritt er zudem vergleichsweise spät wirklich in Erscheinung, nämlich im dritten Kapitel „Weihnachten bei den Swentizkis (Ёlka u Sventickich)", Abschnitt 3. Er ist angehender Arzt. Er hält einer Kranken, seiner späteren Schwiegermutter, eine Art Predigt über den Tod, vor dem sie sich fürchtet. Greifbar wird er allein in solchen Akten bzw. besser – in seinen damit ggf. verbundenen Äußerungen: „Er ging im Zimmer auf und ab, während er sprach. ‚Schlafen Sie' sagte er, trat ans Bett und legte Anna Iwanowna die Hände auf den Kopf. Nach wenigen Minuten schlief sie ein." Sein merkwürdiges Verhalten als Arzt kommentiert er selbst anschließend folgendermaßen: „Weiß der Teufel, dachte er, ich werde zum Scharlatan. Ich bespreche und heile durch Auflegen der Hände." Der Erfolg gibt ihm Recht: „Tags darauf ging es Anna Iwanowna besser." (Shiwago, 89; Pasternak 3, 70) Wichtig auch, zu erwähnen, dass sich vorher mehrere Ärzte offenbar vergeblich um die Kranke bemüht hatten.

Die Episode halte ich für symptomatisch, weil Shiwago durchweg mit positiven expliziten oder impliziten Werturteilen versehen wird. So ist er schon zu Studienzeiten ein exzellenter Diagnostiker sowie ein guter Denker, der hervorragend formulieren kann etc. Er ist makellos, geradezu eine Art ‚Superman' oder, wenn man zwecks assoziativer Genauigkeit den deutschen Ausdruck gebrauchen möchte: eine Art Übermensch. Dass durch diese ‚Wunderheilung' ganz nebenbei das Christus-Motiv in Bezug auf ihn eingebracht wird, sei nur der Vollständigkeit halber hinzugefügt. Das Christus-Motiv spielt insbesondere in seinen Gedichten eine Rolle und wird im Zusammenhang damit noch zu behandeln sein.

Es sind Einzelmerkmale, die den Figuren zugewiesen werden. Das auffälligste trägt Shiwagos legendärer Halbbruder Jewgraf, nämlich die ‚mongolischen' oder

---

„Wundertat (čudotvorstvo)" im Gedicht (14) *August*. Für ihn ist Christus das Emblem für den Künstler schlechthin. (155)

44 In den Verfilmungen wird das für ein visuelles Medium besonders spürbare Manko gelöst, indem Darsteller gewählt werden, die in gewisser Weise dem psychophysischen Autor Pasternak ähneln, am deutlichsten der Ägypter Omar Sharif (USA 1965), wahrnehmbar noch bei dem Briten Hans Matheson (Großbritannien 2002) und wohl am wenigsten zu spüren beim russischen Darsteller Oleg Menšikov (Russland 2006), der aber immerhin den brünetten Typus repräsentiert.

‚kirgisischen' Augen, die nicht weiter erklärt werden. Sie fallen deswegen als Attribut besonders auf, aber repräsentieren keine persönliche Eigenschaft, sondern wiederum allenfalls ein Motiv, das man vielleicht ‚Russland in Asien' nennen könnte. Es findet sich auch in der räumlichen Teilung der Welt zwischen „Moskau" und „Sibirien" wieder, die über Shiwagos Reise hin und zurück bewusst gemacht wird, und hat schließlich einen literarischen Anker im „Mongolenwerk (mongol'skoe delo)", d.h. der Zerstörung bzw. Rettung der Welt, sowie den Repräsentanten des Mongolenwerkes, Vater und Sohn Ableuchov, in Andrej Belyjs Roman *Petersburg (Peterburg)* (1912/13). Wie bei den meisten intertextuellen Bezügen lässt sich *sensu stricto* nichts beweisen. Aber der Zuwachs an Sinnpotenz ließe sich doch formulieren: Jewgraf hat eine innere Verbindung zu den Kräften, gegen die sich Jurij Shiwago behaupten muss. Es sind Kräfte der Ordnung und der Zerstörung in einem.

Eine der Figuren wird ganz anders eingeführt, nämlich im Sinne des abbildhaften Realismus des 19. Jahrhunderts:

> Herein kam ein dicker Mann in einem langen grauen Hemd, um das ein breiter Riemen geschlungen war. Er trug Filzstiefel, und die Hosenbeine bauschten sich über den Knien. Er machte den Eindruck eines gutmütigen Mannes, der in den Wolken schwebt. Auf seiner Nase saß ein bösartig hüpfender kleiner Kneifer an einem breiten schwarzen Band. Er legte in der Diele ab, behielt jedoch den Schal um, dessen Ende über den Fußboden schleifte, und nahm auch den runden Filzhut mit hinein. Diese Gegenstände behinderten ihn in seinen Bewegungen, er konnte dem Hausherrn nicht die Hand drücken und war nicht einmal in der Lage, ihn mit Worten zu begrüßen. (Shiwago, 55; Pasternak 3, 43)

Wenn angesichts der Fülle der freien Figuren nicht alles täuscht, ist er der Einzige, der so detailliert über sein Äußeres eingeführt wird. Der Besucher wird im Abschnitt davor als „Tolstoianer Wywolotschnikow" (Shiwago, 53; Pasternak 3, 42) erwähnt. Er taucht im weiteren Vorgang nicht wieder auf. Der Erzähler setzt sich für einen Moment sozusagen die Maske der realistischen Perspektive auf, um den Tolstojaner à la Tolstoj abzubilden.

Schließlich gibt es Figuren, die durch ihre Sprachverwendung erkennbar werden. Sie werden über den Substandard ihrer Rede entworfen: über einen bäuerlichen Dialekt Vasja Brykin (Kap. 15, 4) oder über niedere Umgangssprache (prostorečie) Shiwagos Tochter Tatjana Besotscheredewa (Kap. 16, 4), als sie ihre „grausige Geschichte" erzählt.[45] Ebenso gibt es „volkspoetische (narodno-poėtičeskie)"

---

45 Das Verfahren erinnert an eine speziell russische Dramenkonvention in der zweiten Häfte des 19. Jahrhunderts, die von einer Vielzahl der Stücke des Dramatikers Aleksandr Ostrovskij oder von Lev Tolstojs Bauerndramen repräsentiert wird. Es passt insofern in diesen Roman, als die Figuren des inneren Zusammenhangs entbehren,

Einlagen, etwa die Rede der Soldatenfrau Kubaricha, in der Übersetzung „Quack-
salberin" genannt (Kap. 12, 7).

Die knappe Beschreibung lässt es so aussehen, als seien die entsprechenden
Merkmale durchaus klar strukturiert. Das Gegenteil ist der Fall. Sie lassen sich
nur klar benennen. Man könnte denken, es sei eine Sammlung und Präsentation
aller Darstellungsverfahren, die die russische Literatur zu bieten hat.[46] Entschei-
dend für die ästhetische Wahrnehmung dürfte allerdings das undurchdringliche
Chaos aus Figuren und der Art ihrer Attribute, aus Episoden, Dialogen bzw.
Redeformen, Themen, Motiven und auktorialen Digressionen sein, hinter dem
allenfalls durch forschendes Beschreiben die oben angedeuteten Strukturmuster
gefunden werden können. Immerhin sind sie aber nachzuweisen.

Der Erzähler ist keine Figur der dargestellten Welt. Nach einer neuen Nomenklatur, die die unklare und in sich inkompatible Begrifflichkeit wie z.B. die gängigen „Ich-" vs. „Er-Erzähler" in eine logische Ordnung bringt, handelt es sich um
einen Erzähler des „nichtfiguralen" Typus, der im russischen Standard schreibt
und dessen Rede deshalb schließlich als *stilistisch* „unmarkiert" zu gelten hat.
(Ohme 2015, 90–116) Diesen „nichtfiguralen unmarkierten" Erzähler im Roman
Doktor Shiwago zeichnen einige Besonderheiten aus, die letztlich auch „stilisti-
scher" Provenienz sind, die sich aber innerhalb des Standards der schriftlichen
Variante, dem hier gesetzten Kriterium für Unmarkiertheit,[47] bewegen. Natürlich
ließe sich auch der Begriff des Standards hinterfragen, aber er ist zumindest für
den Bereich des Schrifttums incl. der Belletristik konventionalisiert, wie etwa der
russische Ausdruck „Literatursprache (literaturnyj jazyk)" zutreffend vermittelt.

Besonders interessant im Hinblick auf die mit meinem Thema *Vers* vs. *Prosa*
verbunden Frage nach *lyrischer* vs. *epischer* Ausdrucksweise sind gelegentliche

---

also mehr oder weniger bloß ‚ausgestellt' oder ‚vorgeführt' werden. Aus dem russischen Milieu selbst wird allerdings kritisiert, dass die jeweilige stilistische Kontur nicht
stimmt. Vgl. A. Gladkov 2002, 218. Angesichts der grundsätzlichen und durchgängigen
Merkmale des Textes kann aber eine kreative Verwendung von diversen Elementen des
Substandards der russischen Sprache durch Pasternak eigentlich nicht verwundern. Sie
hat zudem eine eigene Tradition, wie bestimmte Prosawerke des Symbolisten Remizov
belegen, der ebenfalls wegen seines funktionalisierten, d.h. nicht abbildhaften Substandards Kritik erfahren hat.

46 Vgl. einen entsprechenden Hinweis schon bei Gasparov 1989, 324 und 352–354.

47 Ohme 2015, 105, versteht darunter eine „den Erzähler charakterisierende Abweichung
vom Standard beispielsweise durch dialektale, soziolektale oder idiolektale Lexik, durch
dialektale Merkmale auf der Ebene der Phonologie und Morphologie oder durch die
Repräsentation von Sprachfehlern […] oder in Form der Ornamentalistik".

Einschübe in uneigentlicher Rede. Der erste findet sich wiederum zu Beginn des Romans (Kapitel 1, Abschnitt 2):

> In der Nacht erwachte Jura von einem Klopfen ans Fenster. Die dunkle Zelle war überirdisch erleuchtet von weißem Flackerlicht. Jura lief im Nachthemd zum Fenster und drückte das Gesicht an die kalte Scheibe.
> Draußen gab es weder die Straße noch den Friedhof, auch nicht den Garten. Ein Schneesturm tobte, die Luft rauchte von Schneestaub. Man konnte denken, der Sturm hätte Jura bemerkt und genösse im Bewußtsein seiner Schrecklichkeit den Eindruck, den er auf den Jungen machte. Er pfiff und heulte und trachtete mit allen Mitteln, Juras Aufmerksamkeit zu erregen. Vom Himmel senkte sich Bahn um Bahn ein endloses weißes Gewebe auf die Erde herab und hüllte sie in Leichentücher. Der Schneesturm war ganz allein auf der Welt, und nichts konnte es mit ihm aufnehmen. (Shiwago, 10f.; Pasternak 3, 8)

Auf der Grundlage einer Anthropomorphisierung der Natur, die seit der Romantik als konventionell gelten kann, gibt sich ein typisches Merkmal des Erzählstils des frühen Pasternak zu erkennen, die Metonymie[48]: hier als Vertauschung von Subjekt und Objekt – der Erzähler macht den Schneesturm zum Subjekt und Jura zum Objekt, obwohl man vom Ko-Text her den Sachverhalt genau andersherum verstehen muss. Es ist ein Verfahren der *Verfremdung*, das eher in der Lyrik zuhause ist und dort auch von Pasternak ausgiebig genutzt wird, wiederum insbesondere in seinen frühen Gedichten. Im kurzen Rückblick auf den „Helden" Shiwago, der als solcher eigentlich Agens wäre, dennoch aber als Patiens des Geschehens verstanden werden muss, könnte man in diesem Sachverhalt ebenso das metonymische Prinzip der Vertauschung von Subjekt und Objekt verwirklicht sehen.

Der Erzähler erzählt inkonsequent. Er changiert zwischen verschiedenen Perspektiven. Häufig steht er über dem Geschehen, zuweilen verfällt er beispielsweise in *Erlebte Rede* und macht sich sozusagen mit einer Figur gemein. Der Perspektivwechsel reicht bis zum *Inneren Monolog* z.B. von Lara:

> Er ist doch Mamas – wie heißt das gleich … Er ist doch ihr … Scheußliche Wörter, ich mag sie nicht wiederholen. Aber warum sieht er mich dann mit solchen Augen an? Ich bin ihre Tochter! (Shiwago, 35; Pasternak 3, 27)

Die Wandlungen im Modus des Erzählens tauchen immer wieder quasi für einen kurzen Moment auf, sie irritieren zwar, fügen sich aber insgesamt in die „chaotisch" zu nennende Vielfalt aller möglichen Ausdrucksformen ein. Ganz zu Anfang des Romans spricht einen Absatz lang ein Erzähler, der sich an sein

---

48 Vgl. den berühmten Artikel von Jakobson, *Randbemerkungen zur Prosa des Dichters Pasternak* aus dem Jahre 1935. (Jakobson 1991)

Publikum wendet, um es mit einer lyrischen Digression zu erfreuen, ein Verfahren, das Gogol' in die russische Literatur eingeführt hat:

> [...Z]u einer Zeit war es in Moskau möglich, dem Kutscher ‚zu Shiwago!' zuzurufen, gleich wie «zu Fuchs und Hase!», und er fuhr *euch* auf seinem Schlitten zu den sieben Zwergen, hinter die sieben Berge. Ein stiller Park umgab *euch*. Auf die herunterhängenden Zweige der Tannen setzten sich die Krähen, wehten den Reif herab und ließen ihr Krächzen hören, laut hallend, wie das Knacken eines trockenen Astes. Von den Neubauten jenseits der Schneise kamen die rassigen Hunde gelaufen. Dort gingen die Lichter an. Der Abend senkte sich herab.[49]

> [...И] одно время в Москве можно было крикнуть извозчику «к Живаго!», совершенно как «к черту на кулички!», и он уносил *вас* на санках в тридесятое царство, в тридевятое государство. Тихий парк обступал *вас*. На свисающие ветви елей, осыпая с них иней, садились вороны. Разносилось их карканье, раскатистое, как треск древесного сука. С новостроек за просекой через дорогу перебегали породистые собаки. Там зажигали огни. Спускался вечер. (Pasternak 3, 9; Hervorhebung von mir)

Daneben finden sich Widersprüche in sachlicher Hinsicht, beispielsweise was den schriftstellerischen Nachlass Shiwagos angeht, der angeblich verloren ist und doch am Ende mindestens teilweise veröffentlicht wird. Der Erzähler erweist sich mithin als inkorrekt, ohne dass sich diese Inkorrektheit funktionalisieren ließe.[50] Sie ist allerdings – gar nicht überraschend – Teil eines obwaltenden Vertextungsprinzips, das weiter oben in Bezug auf die Figurendarstellung als „Chaos" apostrophiert worden ist. Die naheliegende Frage, ob das Vertextungsprinzip „Chaos" eine künstlerische Funktion hat und welche Funktion das wäre, muss an dieser Stelle offen bleiben.

Was die Verwendung der uneigentlichen Rede angeht, so sollte genau beachtet werden, wer eigentlich spricht. Die Uneigentlichkeit wird offenbar ganz unterschiedlich eingesetzt und hat demzufolge eine unterschiedliche ästhetische Wirkung:

> „Erste Vorboten des Frühlings, Tauwetter. Die Luft riecht nach Plinsen und Wodka, wie in der Butterwoche, wie der Kalender sie spielerisch nennt. Schläfrig, mit buttrigen Augen blinzelt die Sonne im Wald, schläfrig zwinkert der Wald mit den Wimpern der Nadeln, buttrig blinken mittags die Pfützen. Die Natur gähnt, wälzt sich auf die andere Seite und schläft wieder ein." (Shiwago, 357; Pasternak 3, 283)

---

49 Um den Stil zu demonstrieren, stammt die verdeutlichende Übersetzung an dieser Stelle von mir; ebenso die Hervorhebung. Vgl. Shiwago, 12.

50 Vgl. Ohme 2015, 233–263. Diese Inkorrektheit der Sachinformationen wäre eigentlich das Merkmal einer „semantischen Markierung".

Das Herzeleid verschärfte Shiwagos Empfinden. Er nahm alles mit zehnfacher Deutlichkeit wahr. Die ganze Umgebung, sogar die Luft gewann Züge einer seltenen Einmaligkeit. Teilnahmsvoll wie nie zuvor, atmete der Winterabend wie ein mitfühlender Zeuge. Es schien, als wäre es nie zuvor Nacht geworden, heute das erstemal, als Trost für den verwaisten, vereinsamten Menschen. Es schien, als stünden die umliegenden Wälder nicht einfach so als Panorama auf den Hügeln, sondern hätten dort erst Aufstellung genommen, um ihr Mitleid zu bekunden. (Shiwago, 563; Pasternak 3, 445f.)

Im ersten Fall handelt es sich um einen Eintrag Shiwagos in sein Tagebuch, im zweiten um die Mitteilung des Erzählers in Bezug auf Shiwagos Empfinden, – ein wichtiger Unterschied, auch wenn die Darstellung in Grenzen vergleichbar ist. Am stärksten wirkt die *Verfremdung* im zu Anfang zitierten Fall der Subjekt-Objekt-Vertauschung in Bezug auf die Wahrnehmung des fünfjährigen Jura, weil sie unmotiviert bleibt.[51]

Wie oben dargelegt, postulierte Pasternak schon 1920 seinen Verzicht auf „technische Effekte". Er wiederholte diesen Verzicht nach 1945 per Ankündigung, „hausgemacht" und „einfach so" zu schreiben. Gleichzeitig hatte er ebenfalls in den 1920ern unter Gor'kijs Anleitung sein Streben nach Einfachheit und Klarheit begonnen. Angesichts des „Chaos" kann nicht ganz ohne Ironie konstatiert werden, dass der Verzicht auf „technische Effekte" ins genaue Gegenteil von Einfachheit und insbesondere Klarheit geführt hat. Damit urteile ich keinesfalls über Pasternaks Absichten, als wären sie wegen absoluter Unprofessionalität ins Gegenteil umgeschlagen, sondern unterstelle die Logik einer Intention. Sie ist als Konsequenz im Schema des Textes vielfältig nachweisbar, und es bleibt müßig, zu erwägen, ob dieses Schema planvoll gestaltet worden ist oder ob seine Beschaffenheit nur den universellen Regularien des Sprachsystems und seiner Anforderungen an Textualität in Spannung zu einer bestimmten Gestaltungsabsicht entstanden ist.

Der Prozess wird gegen Ende des Romans bloßgelegt, motiviert und, wiederum typisch, mit einer falschen Spur versehen. Shiwago versucht vergeblich, das „chaotische Material" seiner Schriften zu ordnen, die „Artikel und Gedichte hatten nur ein Thema: die Stadt" (Shiwago, 607f.; Pasternak 3, 480f.) Der Erzähler teilt anschließend mit, später habe sich eine Aufzeichnung gefunden. Deren Kernaussage in Bezug auf die Kunst möchte ich herausgreifen:

---

51 Die beiden Beispiele werden von Willem G. Weststeijn als Beleg einer metonymischen Verbindung zwischen Protagonisten und Natur zitiert, ohne dass ihre unterschiedliche Motivation beachtet wird. (Weststeijn 1997, 485) Die deutsche Übersetzung mildert die Wirkung aus Gründen der grammatischen Korrektheit ab, indem die russische Konstruktion „točno" [+ Indikativ Präteritum] mit „es scheint, als" [+ Irrealis] wiedergegeben wird.

„Die ungeordnete Aufzählung scheinbar nicht zusammenpassender und gleichsam willkürlich nebeneinandergestellter Dinge und Begriffe bei den Symbolisten, bei Block, Verhaeren und Whitman ist keinesfalls eine stilistische Schrulle. Es ist die neue Ordnung der Eindrücke, im Leben entdeckt und nach der Natur aufgezeichnet. [...] Pastorale Schlichtheit ist unter diesen Umständen nirgends herzukriegen. Ihre vorgetäuschte Kunstlosigkeit ist literarische Fälschung, unnatürliche Affektiertheit, eine Erscheinung in der Buchsphäre, die nicht auf dem Land ihren Ursprung hat, sondern in den Regalen der akademischen Bibliotheken. Die lebendige, lebendig entstandene und dem heutigen Zeitgeist entsprechende Sprache ist die Sprache des Urbanismus". (Shiwago, 608; Pasternak 3, 481)

Wohlgemerkt, es handelt sich um eine Aufzeichnung aus Shiwagos Nachlass. Danach ist die zufällige Kopräsenz der Gegenständlichkeiten eine Chiffre für das „Leben". Die falsche Spur betrifft das Thema „Stadt" (= Moskau). Das Thema wird, wie erinnerlich, auch ganz am Schluss des Prosateils genannt (s.o.). Am Ende seiner Aufzeichnung legt Shiwago seine Meinung über das städtische Leben dar:

„Unentwegt, Tag und Nacht, rauscht außerhalb der Wände die Straße und ist ebenso eng mit der zeitgenössischen Seele verbunden wie die Ouvertüre mit dem dunklen und geheimnisvollen, noch geschlossenen, doch schon von der Rampe her glutrot angestrahlten Bühnenvorhang [...] [Die] Stadt ist das gewaltige Vorspiel zum Leben jedes einzelnen von uns. In dieser Art möchte ich über die Stadt schreiben." (Shiwago, 609; Pasternak 3, 482)

Der Erzähler kommentiert: „In dem erhalten gebliebenen Gedichtheft Shiwagos sind solche Gedichte nicht zu finden. Vielleicht gehört das Gedicht ‚Hamlet' zu dieser Kategorie?" (Shiwago, 609; Pasternak 3, 482)

Es handelt sich um eine doppelte Camouflage. Thema ist offenbar *das Leben* und nicht die Stadt. „Hamlet" endet denn auch mit einem russischen Sprichwort, das in das Gedicht integriert wird: „Žizn' prožit' – ne pole perejti", frei übersetzt „Das Leben ist kein Spaziergang".

Schließlich möchte ich noch ein paar Überlegungen zum „Autor" des Ganzen Raum geben. Es geht selbstverständlich um den sog. „impliziten" oder auch „abstrakten Autor", der – wie fast alles aus der im weiteren Sinne strukturalistischen Erzähltheorie – seit den 1990er Jahren zumindest ‚hinterfragt', wenn nicht gar abgelehnt worden ist. Der Ausdruck „Autor" ist missverständlich, aber das damit begrifflich Erfasste selbst lässt sich eigentlich nicht ignorieren. Der Roman als *sprachliches* Gebilde hat eine Gesamt-Intention, die wegen seines fiktionalen Charakters grundsätzlich offen bleibt, und nicht etwa nur offen bleibt, weil die Äußerung unklar ist und man den psychophysischen Urheber – aus welchen Gründen auch immer – nicht fragen kann. Sie ist absolut interpretationsbedürftig.

Um sogleich die praktischen Folgen für den Roman *Doktor Shiwago* und seine ästhetische Wahrnehmung zu skizzieren, so sind beispielsweise sowohl der Titel als auch die Verteilung der Kapitel, auffällig eben das 17. Kapitel mit den Gedichten, sowie die gesamte relativ ausgeklügelte Binnengliederung direkte und unübersehbare Verweise auf den abstrakten Autor. Die Figur Shiwago wird als Arzt entworfen, der literarisch tätig ist, wobei die Beschäftigung mit der Literatur die Tätigkeit als Arzt deutlich überwiegt. Der changierende Erzähler schlägt sich mit seinen Werturteilen ebenso deutlich auf Shiwagos Seite. Außerdem führen sie die gleiche Rede in einem elaborierten schriftlichen Russisch. So lässt sich die Suggestion erklären, die die Figur, den Erzähler und den Autor als Emanationen einer und derselben Position erscheinen lässt, obwohl es sich um keinen *figuralen autothematischen Erzähler* handelt, dessen „Ich" besonders suggestiv wirken würde. (Ohme 2015, 113f.) Die obligate Übersprungshandlung der Rezipienten auf Pasternak als den psychophysischen Urheber selbst liegt also dennoch recht nahe,[52] zumal in der gegenwärtigen Situation, da die letztlich unsinnigen, weil kunstzerstörerischen Versuche, Autobiografisches in jederlei Werk aufzustöbern, Konjunktur haben und trotz gegenteiliger wissenschaftlicher Bemühungen seit den 1920er Jahren leider wohl auch immer vorhanden gewesen sind. Andersherum gedacht, hat die ‚autobiografische' Suggestion wahrscheinlich einen Platz in der Literatur des 20. Jahrhunderts. Es handelt sich allerdings um ein *ästhetisches* Phänomen, das vom vorgetäuschten Autobiografismus als künstlerischer Funktion ausgeht, nicht aber um eines der Bedeutung dergestalt, als ließe sich der Text nur per Rückgriff auf die Biografie des psychophysischen Autors ‚verstehen'. Man könnte vorläufig sagen, es gehe um die Illusion von Authentizität der Äußerungen, als könne man sich darauf verlassen, dass Pasternak und Shiwago das Gleiche meinen, ohne doch identisch zu sein.

Themen und Motive

Themen und Motive sind Ordnungsmomente, die künstlerisch bzw. ästhetisch valent sein können, sofern sie wahrnehmbar werden. Leider sind die Ausdrücke „Thema" und „Motiv", wie fast alles in der Literaturwissenschaft, begrifflich mehrfach besetzt. Deshalb möchte ich auch hier eine kurze Diskussion vorausschicken, um die Begriffe für die Beschreibung des vorliegenden Textes zu adaptieren.

---

52 Vgl. die hilflosen Versuche von Elena Pasternak, hier irgend wie die Spreu vom Weizen zu sondern, ein Unterfangen, das aus systematischen Gründen von Anfang an zum Scheitern verurteilt ist. Pasternak, Elena 1993.

Boris Tomaševskij hatte sich im Rahmen seines theoretischen Gesamtentwurfs zur Schönen Literatur schon Mitte der 1920er Jahre wohl als erster systematisch mit Thema und Motiv beschäftigt:

> Der Begriff des Themas ist ein *summarischer* Begriff, der das verbale Material eines Werkes vereinigt. Das ganze Werk kann ein Thema haben, und zugleich verfügt jeder Teil des Werkes über ein eigenes Thema. Ein solches Isolieren von Teilen des Werkes, die durch eine je eigene thematische Einheit vereinigt werden, bezeichnen wir als Zerlegen des Werkes. […] Das Thema eines nicht weiter zerlegbaren Werkteils wird als Motiv bezeichnet. Eigentlich verfügt jeder Satz über ein eigenes Motiv. (Tomaševskij 1985, 217f.; Hervorhbg. i.O.)

Im Weiteren verbindet Tomaševskij die Motive mit der typisch formalistischen Anschauung von *Fabel* und *Sujet*. Danach wird die Fabel von der „logischen, kausal-temporalen Verknüpfung" der Motive repräsentiert, das Sujet dagegen entwickelt die Motive „in derjenigen Reihenfolge und Verknüpfung, in der sie im Werk vorliegen." (Tomaševskij 1985, 218) Im deutschen literaturwissenschaftlichen Sprachgebrauch wird statt des vieldeutigen *Sujets* hier auch der Ausdruck „Vorgang" verwendet. (Kayser 1967, 178–82; passim)

Tomaševskij begründet seine Typologie der Motive in ihrer Funktion für die Handlung: Er unterscheidet die Motive nach „verknüpft" (in Bezug auf die *Fabel*) und „frei" (in Bezug auf das *Sujet*) sowie nach „dynamisch" und „statisch", d.h. je nach ihrer Funktionalisierung im Handlungsgefüge. D.w. können Motive auch nach ihrer Funktion im Vorgang, also eher rhetorisch, klassifiziert werden, wie z.B. das „einführende" Motiv. Die freien Motive seien in der Regel statisch, aber es gebe auch unter den verknüpften Motiven solche, die statisch sind. Als Beispiel nennt er den sprichwörtlichen Revolver im Drama, der eingeführt wird, um am Ende verwendet zu werden.[53] Kurzum, in einem Roman, dem die kausal-temporale Folge der Handlungen abgeht, bleiben die Motive *per definitionem* statisch, wohl aber ggf. verknüpft. Dieser Fall wird von Tomaševskij von Vornherein bedacht: Er teilt in Werke mit Fabel, d.h. mit kausal-temporaler Verknüpfung der Motive, z.B. „Novellen, Romane, epische Poeme", und „fabellose, ‚beschreibende' Werke", z.B. „‚deskriptive und didaktische Poesie', Lyrik, ‚Reisebeschreibungen'". (Tomaševskij 1985, 214f.)

---

53 Vgl. Tomaševskij, 219f. Im Grunde handelt es sich um eine Vorwegnahme der Valenztheorie auf der Ebene des Erzähltextes, und zwar nicht auf die Aktanten bezogen, sondern eben auf die Verkettung von verschiedenwertigen Motiven zu einem thematischen Ganzen. Zeitlich näher liegt die von Propp 1928 publizierte Handlungslogik in Bezug auf das Zaubermärchen. Auch sie gehört in das Streben der Literaturwissenschaft der 1920er Jahre nach Exaktheit in Konkurrenz bzw. Analogie zu den Naturwissenschaften.

In der Praxis lässt sich Tomaševskijs Teilung zwischen Themen und Motiven allerdings nicht ohne Weiteres handhaben, weil die Themen verschiedener Ausdehnung bzw. Komplexität, d.h. zwischen Absatz und ganzem Werk, nicht in der gebotenen Kürze eineindeutig indiziert werden können, etwa *Thema 1., 2. ... n-ter Ordnung* (= Hauptthema). Offenbar verhält sich zudem jedes Thema geringerer Komplexität zu dem nächstgrößeren und komplexeren wie das *Motiv* eines Satzes zum *Thema* desjenigen Absatzes, in den der Satz eingebettet ist. Schließlich lassen sich Themen eher abstrakt fassen, Motive eher konkret. Die Unschärfe, die in der Relativierung liegt, soll im Interesse der Beschreibung hingenommen werden.

Um für *Doktor Shiwago* Klarheit zu schaffen, sei kurz auf die Binnengliederung des Romans eingegangen. Er gliedert sich – gewissermaßen symmetrisch – in zwei Bücher zu je sieben Kapiteln, die sich in insgesamt 201 nummerierte meist kurze Abschnitte teilen. Den Abschluss bilden die Kapitel *Schluss (Okončanie)*, *Epilog (Ėpilog)* und *Die Gedichte des Jurij Shiwago (Stichotvorenija Jurija Živago)*, die rein technisch dem Zweiten Buch zugeordnet sind. Die beiden „Bücher" tragen keine Überschriften. Nur den Kapiteln werden per Überschrift ganz unterschiedliche Motive vorangestellt, in der Mehrzahl der Fälle explizite oder implizite Ortsangaben, deren thematische Seite sich erst nach vollzogener Lektüre des Kapitels erschließt, die insgesamt allerdings als Ortsangaben auf das durchgängige Motiv der „Reise" des Protagonisten verweisen. Die „Reise" hat damit als eines der Motive zu gelten, die im *Doktor Shiwago* Kohärenz stiften.[54] Das Motiv wird geradezu seriell eingesetzt. Nach Tomaševskijs Nomenklatur wäre es als „statisch", aber „verknüpft" zu klassifizieren:

Kap. 1 *Fünf-Uhr-Schnellzug;*
Kap. 3 *Weihnachten bei den Swentizkis;*
Kap. 6 *Moskauer Kriegslager;*
Kap. 7 *Unterwegs;*
Kap. 8 *Ankunft;*

---

[54] Auch wenn angeblich die „zentrale Bedeutung des Eisenbahnmotivs in *Doktor Živago* längst zu einem Topos in der Pasternak-Forschung geworden" ist (Vogt 1997, 154), bildet es ein der seriellen „Reise" untergeordnetes Motiv. Im Übrigen wäre das „Eisenbahnmotiv" vielleicht als intertextuelle Verbindung zu Lev Tolstojs Roman *Anna Karenina* (1877/78) zu verstehen, aber dann müssten auch die russischen Reiseromane als Abkömmlinge von Lawrence Sternes *A Sentimental Journey through France to Italy* (1768) erwähnt werden. Die Motivgeschichte hat etwas Uferloses, wie überhaupt die Frage nach der Intertextualität latent ins Uferlose führt. Sie ist deshalb natürlich nicht unberechtigt. Die Antwort müsste nur funktionell begründbar sein.

Kap. 9 *Warykino;*
Kap. 10 *Auf der großen Straße;*
Kap. 11 *Das Waldheer;*
Kap. 13 *Gegenüber dem Haus mit den Figuren;*
Kap. 14 *Wieder in Warykino.*

Die restlichen vier Überschriften thematisieren Unterschiedliches,

- die Shiwago zugeordnete Figur *Lara:*
  Kap. 2 *Ein Mädchen aus anderen Kreisen;*
- temporale Relationen:
  Kap. 4 *Herangereifte Unausbleiblichkeiten;*
  Kap. 5 *Abschied vom Althergebrachten;*
- eine Naturmetapher, die eigentlich ein Konfekt bezeichnet:
  Kap. 12 *Eberesche in Zucker.*[55]

Überhaupt erscheint die „Natur" als serielles Motiv. Sie gehört zu den freien Motiven, wirkt an der sphärischen Geschlossenheit der dargestellten Welt mit und wird in einer besonderen Weise eingebracht, die weiter oben anhand einiger Beispiele in Hinblick auf ihre Funktion der „Verfremdung" beschrieben worden ist.[56] Als künstlerisches Mittel stieß die Naturdarstellung auf einhellige Anerkennung nahezu aller Rezipienten, vor allem auch jener, die den Roman aus unterschiedlichen Gründen ablehnten, sei es die Redaktion des *Novyj mir* in ihrem brieflich ausgedrückten negativen Votum an Pasternak im Jahre 1956 (s.u.), oder sei es Anna Achmatova, die ansonsten spöttisch bemerkte, weite Teile des Romans habe offenbar Pasternaks – gern als Prototyp für Lara benannte – Geliebte Ol'ga Ivinskaja verfasst. (Čukovskaja 2007, 290) Die durchweg anthropomorphe Naturdarstellung verbindet strukturell wohl am deutlichsten Pasternaks Erzählprosa, auch hier im *Doktor Shiwago,* mit seinen lyrischen Versen.[57]

---

55 Die Metapher nimmt am Schluss von Kap. 14 eine ganz andere Wendung: „Ein paar Schritte zur Vortreppe lag quer zum Weg, den Kopf im Schnee, Pawel Pawlowitsch [Strelnikow]. Er hatte sich erschossen. […] Weggespritzte kleine Blutstropfen hatten sich im Schnee zu roten Kügelchen gerollt, die wie gefrorene Vogelbeeren aussahen." (Shiwago, 579; Pasternak 3, 458).

56 Mit diesem Aspekt in Bezug auf die Darstellung der Natur bzw. der Landschaft beschäftigt sich Birnbaum 1980, 34–40.

57 Vgl. unten Kap. 6, im Abschnitt *„Lyrisches Ich" und dargestellte Welt* die Ausführungen zu den prädikativen Metaphern bzw. die Belege dazu.

Die gut zweihundert Abschnitte setzen in ihrer Mehrzahl jeweils mit einem neuen Motiv ein, wodurch der Eindruck einer undurchschaubaren Darstellung verstärkt wird. Die Fälle, da sich der Vorgang über den Abschnitt hinweg fortsetzt, das Thema also unmittelbar weitergeführt wird, sind selten, wie z.B. Kapitel 7, Abschnitt 6/7:

> [...] nur Doktor Shiwago ging auf eigenen Wunsch mit leeren Händen zu Fuß zum Bahnhof. /// Als er dort eintraf, standen Tonja und ihr Vater bereits in einer endlosen Schlange [...] (Shiwago, 268)
>
>> [...] кроме Юрия Андреевича, которого по его просьбе опустили налегке, без вещей, *на вокзал* пешком. /// *На вокзале* Антонина Андреевна с отцом уже занимали место в несметной очереди [...] (Pasternak 3, 213; Kursiv von mir)

Auch hier gleicht die deutsche Übersetzung aus, indem die überleitende, im Original fehlende Formulierung „als er dort eintraf" eingefügt wird. Im Original verbindet zunächst nur der Ort „Bahnhof / vokzal" und nicht Shiwago beide Abschnitte, zudem sozusagen ‚enggeführt', als Anapher „na vokzal / na vokzale". Spürbar bleibt also ein leichter Bruch.

Die vermerkte relative Abgeschlossenheit der Abschnitte gegeneinander kann mit Blick auf die Narration und die Figurendarstellung kaum überraschen. In den Motiven zeigt sich die Eigentümlichkeit der Struktur des *Doktor Shiwago* erneut, die weiter oben metaphorisch als „Chaos" bezeichnet wurde. Die deutliche thematische Isolation der rund zweihundert Abschnitte gegeneinander schafft darüber hinaus eine eigene künstlerische Wirkung, die aus der steten ‚Blickwendung' rührt. Ein Rezensent sprach von „impressionistischem Stil". (Bienek 1959, 72)

Ein weiteres serielles Motiv ist der *Tod* bzw. das *Sterben*. Der Tod von Shiwagos Mutter, genauer: ihre Beerdigung, steht am Anfang eines Geschehens, das mit Shiwagos Tod endet. Dazwischen liegen andere Tode, ganz zu Anfang der Selbstmörder in der Eisenbahn – offenbar Shiwagos Vater –, dann Shiwagos spätere Schwiegermutter, dann die Opfer des 1. Weltkriegs oder des Bürgerkriegs in Sibirien der 1920er Jahre, später individualisierte Figuren wie der ‚Exekutor' Strelnikow, der sich am Ende, wie gerade zitiert, selbst erschießt, und schließlich auch Lara, deren Untergang im Straflager – „gestorben oder verschollen" (Shiwago, 626; Pasternak 3, 496.) – im Epilog mitgeteilt wird. Seriell gesehen, sind es allesamt Varianten des Todes, die nacheinander benannt werden.[58]

---

58 Gasparov entwickelt aus dem Prinzip des Zufalls, das die Darstellung prägt, eine „subtextuell" vorhandene Motivkette, die er anhand von „assoziativem Material" in sieben Episoden zwischen dem Tod von Shiwagos Mutter und Shiwagos eigenem Tod

Das konkrete Motiv des *Todes* / des *Sterbens* lässt sich als Verweis auf ein Abstraktum verstehen, das thematisch den gesamten Prosateil bündelt und das mit dem Ausdruck ‚das Leben‘ begrifflich gefasst werden kann.[59] ‚Leben‘ wäre demnach das Thema des Prosateils. Das Thema der Gedichte, sofern es überhaupt ein Generalthema gibt, wird erst noch zu prüfen sein. Über die Thematisierung des Lebens im *Doktor Shiwago* ist in der Sekundärliteratur immer wieder geschrieben worden. Sie soll weiter unten im Rahmen des Kontextes noch genauer behandelt werden. Um lediglich kurz die Plausibilität zu umreißen, so liegt nicht nur im seriellen Motiv des Todes ein Verweis auf das Leben, sondern auch im Zufall, der die dargestellte Welt regiert oder im wiederholt metaphorisch benannten „Chaos" etc.

Pasternak hat sich dazu 1959 per Brief an den englischen Autor Stephen Spender, Herausgeber der Londoner Kultur-Zeitschrift *Encounter*, geäußert, wie Pasternaks Sohn Evgenij in der Rolle des Biografen folgendermaßen zusammenfasst:

> Während in der Prosa des 19. Jahrhunderts Flaubert, Tolstoj oder Maupassant die Tiefe des Hintergrundes herausarbeiteten, indem sie die Kausalität des Geschehens unterstrichen und klar umrissene Charaktere zeichneten, schien es Pasternak immer wichtig zu sein, die Idee der eisernen Kausalität zu erschüttern und das Leben als freie Auswahl und als *eine* Möglichkeit aus einer Vielzahl anderer Möglichkeiten wiederzugeben, nicht als Schicksal, sondern als Willkür. Daher rühren die „Mängel", die seine Kritiker vermerkt haben: der Verzicht auf Bestimmtheit, die Verwischung der Konturen und die Unbegründetheit der Koinzidenzen.[60]

Nur sind „Zufall" oder „Chaos" Einsichten auf der Verstandesebene, fraglich bleibt, ob sie auch ästhetisch als Chiffren für ‚das Leben‘ vermittelt werden. Ein Gleiches gilt für die Deutung des Titels *Doktor Shiwago*, den man in der gängigen Form *Doktor Shiwago* schlicht für einen Übersetzungsfehler halten kann. Im Russischen bezeichnet „doktor" den Arzt. „Shiwago" als sprechender Name ist

---

auflistet. Gasparovs Assoziationen sind interpretatorisch zweifellos von Interesse, wissenschaftlich gesehen sind sie problematisch, weil Gasparov vornehmlich mit metaphorischen Analoga arbeitet, wie allein schon an dem aus der Musik stammenden Leitbegriff „Kontrapunkt" unschwer abzulesen ist. (Gasparov 1989, 329–342)

59 Der Frage, ob und ggf. wie ‚Tod‘ und ‚Leben‘ *semantisch* im Russischen bzw. im Deutschen wechselweise einander inkludieren, möchte ich hier nicht nachgehen. Es reicht meines Erachtens ein intuitiv spürbarer, sozusagen lebensweltlicher Zusammenhang, der letztlich auch ästhetisch wirksam wird.

60 Pasternak, Evgenij 1997, 720. Vgl. Pasternak 1960c, 5 [Brief v. 22.8.1959]; vgl. auch Freeborn 1982, 215.

kirchenslawischer Provenienz, und zwar Genitiv Singular des Adjektivs der maskulinen oder neutralen Form, zu Deutsch in der Normalform „der / das Lebend(ig)e“. Der Titel wäre sinngemäß mit „Der Arzt des Lebend(ig)en“ zu übersetzen.[61]

Damit ist eine Deutungsebene erreicht, die es gestattet, zwei weitere Themen zu subsumieren oder mit ihr zu verbinden. Auch diese Themen kehren immer wieder. Das erste betrifft das *Christentum*. Das Thema wird motivisch vielfältig in die Darstellung verwoben. Figürlich steht vor allem Shiwagos Onkel Vedenjapin für dieses Thema, dem per Attribut „ehemaliger Priester“ Kompetenz zugeschrieben wird. Erinnern möchte ich d.w. an die Szene, da Shiwago sich selbst – ironisch oder nicht – als ‚Wunderheiler‘ begreift. Sie korrespondiert mit dem Titel des Romans, dessen Etymologie im christlichen Verständnis eben direkt Jesus Christus zu entwerfen vermag. Und schließlich schlägt das Thema *Christentum* eine Brücke zu den Gedichten, die motivisch auf einen Blick beispielsweise in Titeln wie *Magdalena (Madgdalina)* (zwei Gedichte!) oder *Garten Gethsemane (Gefsimanskij sad)* erfasst werden kann. Es sind die Gedichte 23–25. Sie nehmen, rhetorisch gesehen, eine bedeutungsvolle Position ein, weil mit ihnen das 17. Kapitel und also der Roman als Ganzes abschließt.

Das zweite Thema betrifft die *Kunst*. Hier ist es im Wesentlichen Shiwago selbst, der über *Kunst* bzw. *Literatur* reflektiert,[62] der aber auch literarisch tätig ist und der Welt 25 Gedichte hinterlässt, notabene: der dargestellten Welt wie auch der Welt außerhalb des Romans. Das Thema *Kunst* hat also eine metapoetische Komponente. Ihr kommt für die Zusammenschau des Romanganzen eine entscheidende Funktion zu; denn es geht offenbar um das Verhältnis, die Beziehung,

---

61 Vgl. Livingstone 1967, 32. Vfn. sieht die Allegorie in nuce schon in der Eingangsszene präsent, da auf die Nachfrage der Schaulustigen, wen man denn zu Grabe trage, „Shiwago“, also „den Lebendigen“, geantwortet wird, so dass die Etymologie des Namens sowie die Allusion an Jesus Christus ins Bewusstsein gehoben werden können. Gasparov 1989, 352, verweist auf die Textstelle in der russischen Bibel Math. 16, 16: „Ty Christos, Syn Boga Živago“, deutsch nach der Luther-Bibel: „Du bist Christus, des lebendigen Gottes Sohn“. Es gibt allerdings andere russische Familiennamen nach diesem Muster auf die Endung -ago, so dass der Name nicht unbedingt literarisch gesucht wirkt. Angeblich war Pasternak mit einer Familie namens Shiwago bekannt. Vgl. Bodin 1976, 139. Im Magazin *Der Spiegel* heißt es in einer frühen Mitteilung, der Name bedeute im Russischen soviel wie „der Vitale“, „der Vollblütige“, bzw. weiter dann im typischen saloppen Spiegel-Stil „Dr. Vollblut“. Vgl. *Der Spiegel* Nr. 49 v. 4.12.1957, 60–62, hier 61, ein Beleg, dass der sprechende Name von Anfang an rezipiert worden ist, ob nun korrekt oder nicht. Vgl. auch Wilson, 1967, 425f.

62 Vgl. beispielsweise die ausgiebige Diskussion über Puškin und andere russische Schriftsteller. (Shiwago 2011, 355ff.; Pasternak 3, 281ff.)

den Gegensatz, die Spiegelung – wie ich mich vorläufig ausdrücken möchte – zwischen *Leben* und *Kunst*. Dazu wird im letzten Kapitel meiner Ausführungen noch etwas zu sagen sein.

Schließlich soll ein wichtiges Motiv nicht unerwähnt bleiben, die *brennende Kerze* – eine Art Leitmotiv, das am Ende in dem Gedicht 15 *Winternacht (Zimnjaja noč)* thematisch wird. In Kap. 3, 9 wird es gesetzt und aus der Laune Laras motiviert, sich gern bei Kerzenschein zu unterhalten. Einen Abschnitt weiter wird erzählt, dass Shiwago an dem Haus, in dem sich Lara befand, vorbeifuhr und dass ihm der von der Kerze geschmolzene Kreis auffiel, „als beobachte das Flämmchen die Vorüberfahrenden und warte auf jemand." (Shiwago, 104; Pasternak 3, 82)

> „Die Kerze brannte... Die Kerze...", flüsterte er vor sich hin, es war der Anfang von etwas noch Unklarem, Unausgereiftem, und er hoffte, die Fortsetzung werde von selbst und ohne Zwang kommen. Aber sie kam nicht. (Shiwago, 104; Pasternak 3, 82)

Bemerkenswert auch hier die schon bekannte Camouflage von Seiten des Erzählers. Das Motiv setzt sich nämlich nicht nur seriell fort, sondern auch metonymisch, indem Lara, die ja für den schlichten Sachverhalt der brennenden Kerze verantwortlich ist, und Jurij Shiwago zueinander finden und indem das Motiv der *brennenden Kerze* am Ende als konstitutiv für ihre Beziehung benannt wird, nämlich als Ausdruck der „Vorbestimmung (prednaznačenie)":

> Sie bemühte ihre Erinnerung, um das weihnachtliche Gespräch mit Pawluscha [Antipow] zu rekonstruieren, aber ihr fiel nur noch die Kerze ein, die auf dem Fensterbrett brannte und ein rundes Loch in die Eiskruste der Scheibe geschmolzen hatte.
> Konnte sie ahnen, dass der Verstorbene auf dem Tisch bei seiner Fahrt durch die Straße dieses Auge bemerkt und beachtet hatte? Daß mit dieser Flamme, die er von draußen sah – „Die Kerze brannte auf dem Tisch, die Kerze brannte" – seine Vorbestimmung in sein Leben trat? (Shiwago, 622; Pasternak 3, 492)[63]

---

63 Symptomatisch ist wiederum der Wechsel des Tones zwischen beiden Absätzen des Zitates. Unvermittelt wird der Erzähler zu einem Kommentator in pathetischer und feierlicher Rede. Ähnlich, aber weniger pathetisch, kommentiert der Erzähler zwei Abschnitte zuvor, dass Mme. Fleury, ohne es zu wissen, Zeugin von Shiwagos Herztod neben der Straßenbahn wird. (Shiwago, 613; Pasternak 3, 485) Dieser unvermittelte Wechsel des Erzählertons nur für einen oder zwei Absätze erinnert an Fedor Sologub, der häufig am Schluss seiner Erzählwerke den Erzähler das Geschehen pathetisch kommentieren lässt, z.B. in seinem berühmten Roman *Der kleine Dämon (Melkij bes)* (1905), im 25. Kapitel die Aussage, dass der Protagonist, der verrückte Lehrer Peredonow, in seinem Wahn „wie alle anderen Menschen nach Wahrheit suchte", sie nicht finden konnte und unterging. (Sologub 1980, 239) In die Jahrhundertwende passt insbesondere auch der Ausdruck „Vorbestimmung", eine typisch symbolistische

Noch in Varykino (Kap. 14, 8) schreibt er Gedichte, „die später in Vergessenheit gerieten, verlorengingen und nicht mehr aufgefunden wurden". (Shiwago, 544; Pasternak 3, 430) Auch hier findet sich wieder eine Behauptung des „unkorrekten" Erzählers, die letztlich insbesondere geeignet ist, die Aufmerksamkeit auf die angeblich in Verlust geratenen Gedichte zu lenken. Explizit genannt werden nämlich *Stern der Geburt (Roždestvenskaja zvezda)* und *Winternacht (Zimnjaja noč')* mit dem Refrain „Die Kerze brannte auf dem Tisch, die Kerze brannte... (Свеча горела на столе, свеча горела)":

Es wehte und wehte über die ganze Erde,
in alle Gegenden.
Die Kerze brannte auf dem Tisch,
die Kerze brannte.

> Мело, мело по всей земле
> Во все пределы.
> Свеча горела на столе,
> Свеча горела.
> (Pasternak 3, 526)

Thematisch wird dieses Gedicht durch das Leitmotiv perspektiviert. Es greift die Situation mitsamt ihrer auktorialen Deutung einer „Vorbestimmung" auf und ist in dieser Hinsicht künstlerisch valent, sofern der Rezipient aufmerksam genug gelesen hat, über genügend Gedächtniskapazität verfügt oder gar wiederholt liest, um den ‚roten Faden' durch das „Chaos" verfolgen zu können. Das Gedicht entwickelt selbstverständlich ein eigenes Thema, auch wenn dieses zu der erwähnten Perspektivierung nicht im Widerspruch steht, sondern nur eine andere Sicht hinzufügt: Über die Teilung der dargestellten Welt zwischen *außen* vs. *innen, laut* vs. *leise, weiß* vs. *rot, Tod* vs. *Leben* etc.[64] wird das Liebesverhältnis zwischen Lara und Shiwago in einer anderen Weise ‚existenzialisiert' denn als metaphysisch gedeutete „Zuchtwahl", wenn ich unter Hinweis auf die erwähnte symbolistische Auffassung so sagen darf. Letztlich wird es explizit dem prinzipiellen Gegensatz zwischen Shiwagos privatem „(Über)Leben" und der historischen Kulisse angeschlossen. Allerdings werden in dem Gedicht keine Namen genannt und Figuren nur metonymisch als Schattenwurf an der Decke u.ä. dargestellt. Die Allusion an Lara und Shiwago stammt im Wesentlichen aus dem Leitmotiv. Und schließlich erhält das Thema auch eine erotische Färbung,[65] die in der Prosafassung fehlt.

Deutung der Darwinschen „Zuchtwahl" als Moment der Evolution und damit innerhalb einer dem menschlichen Bewusstsein nicht zugänglichen Ordnung.

64 Zu Eigenheiten der Struktur des Gedichtes *Winternacht* vgl. Fischer 1998, 164–166.

65 Auch hier gibt es darüber hinaus religiöse Deutungen.

4. *Doktor Shiwago* im Urteil der Zeit

Beim „Urteil der Zeit" geht es mir im Wesentlichen um die zugehörige Kommunikationssituation Ende der 1950er, Anfang der 1960er Jahre, also zwischen der Veröffentlichung des Romans, der Zuerkennung des Nobelpreises und Pasternaks Tod. Es geht um das Moment der Aktualität und der Überraschung. Ein kurzer Blick soll auch der 1988 nachgeholten Rezeption in der Sowjetunion gelten. Überhaupt handelt es sich nur um eine kurze Erörterung dessen, wie die überraschte Leserschaft mit dem merkwürdigen Roman des Lyrikers Pasternak umgegangen ist. Dass es sich um eine *professionelle* Leserschaft handelt, d.h. insbesondere um Kritiker oder Schriftsteller-Kollegen, und nicht etwa um den sogenannten ‚naiven Leser', liegt auf der Hand. Auch wenn der ‚naive Leser' als der eigentliche Adressat zu gelten hat, bleibt er doch im Allgemeinen stumm. Seine Konkretisationen des Romans sind einer sozio-literarischen Forschung, zudem im Nachhinein, nicht ohne Weiteres zugänglich.

Das Politikum

Friedrich Hübner schreibt in seiner dickleibigen kommentierten Bibliographie zu den Übersetzungen russischer Literatur ins Deutsche über die Aufnahme des Romans in der westdeutschen Republik:[66]

> Die deutschsprachigen Rechte werden von S. Fischer erworben, und die Ausgabe wird zu einem der erfolgreichsten Bestseller der 50er/60er Jahre, wobei die Nachfrage in den 60ern zusätzlich durch den weltweiten Erfolg der Verfilmung des Romans stimuliert wird. Der Text wird 1958 unter starkem Zeitdruck von Reinhold v. Walter übersetzt. Noch vor der Buchausgabe im Oktober 1958 wird unter der Federführung von Ernst Schnabel eine dreiteilige Hörspielfassung des Romans erstellt und von den meisten westdeutschen Rundfunkanstalten ausgestrahlt. Ihr großer Erfolg, die Verleihung des Nobelpreises an Pasternak, die Nachrichten von dem Druck, der in der Sowjetunion auf ihn ausgeübt wird, sein Verzicht auf den Nobelpreis – alles dies lässt die Nachfrage nach dem Roman so ansteigen, dass schon vor Ende des Jahres 300.000 Exemplare ausgeliefert werden und dennoch in den Buchhandlungen zum Teil Vormerklisten für Kaufinteressenten ausliegen. (Hübner 2012, 370f.)

So ähnlich wird es auch in den anderen Ländern der westlichen Hemisphäre gewesen sein, wie sich daran ablesen lässt, dass Pasternak nolens volens durch die aufgelaufenen Tantiemen zu einem vermögenden Sowjetbürger wurde. (Tolstoj

---

66 Und sicher auch in Österreich bzw. der deutschsprachigen Schweiz.

2009, 362f.) Das wurde im Übrigen auch in der Propaganda als ein gegen Pasternak gerichtetes populistisches Argument verwendet.[67]

Eines steht jedoch fest und wird auch durch das Zitat belegt: Pasternaks Roman geriet von Vornherein in einen hochpolitischen Kontext, und zwar im Osten wie im Westen der unsichtbaren Frontlinie des sog. „Kalten Krieges". Davon wurde seine Rezeption im Wesentlichen bestimmt, und zwar offensichtlich auch wieder ab 1988 in der Sowjetunion bzw. in Russland, als der Roman endlich offiziell dasjenige Publikum erreichte, für das das russische Original gedacht gewesen war.

Pasternak war alles andere als ein politischer Schriftsteller vom Schlage Majakovskijs oder späterer Autoren der Sowjetzeit. Ich denke an Autoren wie Šolochov oder gar an Solženicyn, der die traditionell dem Schriftsteller in Russland zugewiesene Rolle eines ‚Predigers' gesellschaftlicher Werte bewusst angenommen hatte, wenn auch dezidiert gegen die herrschende Ideologie. Pasternak verhielt sich in gewisser Weise geradezu naiv, wie die Entwicklung des Skandals um seinen Roman letztlich auch belegt.[68] Seine Absichtserklärungen in Bezug auf den Roman, die weiter oben im 2. Kapitel anhand seiner Briefe herausgearbeitet wurden, lassen erkennen, dass er *sich selbst* im Blick hat. Er möchte über *sich* und über das *eigene* Leben schreiben, darüber, „woraus aller Wirbel in meinem Leben entstanden ist" (s.o.). Dazu passt die von ihm mehrfach gebrauchte Brief-Metapher hinsichtlich des Schreibens in Prosa. Der Roman setzt gewissermaßen Pasternaks autobiografischen *Schutzbrief (Ochrannaja gramota)* von 1929 fort, wenn auch mit ganz anderen Mitteln. Jedenfalls erwächst aus alledem die denkbar stärkste Spannung zwischen dem Text, wie er im vorigen Kapitel von mir beschrieben worden ist, und dem öffentlichen Interesse daran bzw. seiner Wirkung.

---

67 Vgl. die Episode, die von Lidija Čukovskaja mitgeteilt wird. Auf der Fahrt mit dem Taxi von Peredelkino nach Moskau am 29. Oktober 1958 sagt der Taxifahrer zu ihr: „Ein Schriftsteller, Paster, scheints, nennt er sich, hat sich an unsere ausländischen Feinde verkauft und so ein Buch geschrieben, das das Sowjetvolk hasst. Hat eine Million Dollar gekriegt. Er isst unser Brot, aber scheißt auf uns." (Čukovskaja 2007, 340) Es handelt sich um ein Echo auf das letztlich Chruščev zugeschriebene Wort vom „Schwein, das seinen Trog (nicht) *besudelt*", wie die vornehmere Übersetzung lautet. Von *Radio Moskau* (hier dem englischen Dienst) wurden entsprechende Meldungen verbreitet; vgl. Conquest 1961, Anhänge 8 und 9, 182–191.

68 Ivan Tolstoj beleuchtet in seiner Publikation (Tolstoj 2009) eingehend die Hintergründe der verwickelten Publikationsgeschichte sowie Pasternaks Anteil daran. Vgl. auch die Darstellung dieser Vorgänge bei Finn/Couvée 2016, die eher essayistisch gehalten ist und v.a. wesentlich die westliche Seite beleuchtet.

Das Politikum des Romans hat offenbar alle zeitgenössischen Urteile irreversibel geprägt. Von dem spezifischen Kontext um sein Erscheinen wurde gewissermaßen ein allgemeiner Sinn gestiftet, der mit dem Roman bis heute assoziativ verbunden zu sein scheint: es geht um den Widerstand des Individuums gegen die Gesellschaft, des Einzelschicksals gegen den unerbittlichen Ablauf der Geschichte, des Schriftstellers oder Künstlers gegen die Mächtigen, des Dichters Boris Pasternak gegen das Sowjetsystem.

Der Publizist Victor S. Frank schrieb in der *Schweizer Rundschau*:

> Selbst abgesehen von diesen verwirrenden Ereignissen [um Pasternak], ist der Roman an sich zweideutig, gehört zwei Welten und zwei literarischen Gattungen an und kann vom rein Künstlerischen her allein nicht bewertet werden. Denn *der Roman ist eine politische Tatsache* – wie alles, was in Rußland geschrieben wird, ob es nun ein parteihöriger Kolportageroman oder ein wirkliches Kunstwerk ist. (Frank 1958/59, 544; Hervorhbg. i.O.)

Einerseits sei der Roman eine „großartige lyrische, von einem Zentralthema zusammengehaltene Anthologie", andererseits sei er an die Epoche gebunden, von der „wir, seine Zeitgenossen" den Roman nicht lösen dürften:

> Denn diese Epoche ist der große Gegenspieler des Doktors Schiwago, und das Buch ist eigentlich die Beschreibung des kosmischen Zweikampfes zwischen dem unsterblichen Geist eines gottbegnadeten Menschen und der mechanischen unpersönlichen Kraft der Revolution. (Frank 1958/59, 546)

Gleb Struve, Professor für Slawistik in Berkeley, verglich in der New Yorker Zeitschrift des russischen Exils *Novoe russkoe slovo* Anfang März 1958 Pasternak mit Lev Tolstoj bzw. mit den „Traditionen der großen russischen Literatur" und schloss mit der treffenden Formulierung in Bezug auf die oben postulierte feste Kontextbindung:

> Es kann Werke geben, die objektiv konterrevolutionär sind, und es gibt sie. So ein Werk ist *Doktor Shiwago*, ganz egal, was Pasternak selbst gesagt hat. Sicher ist das kein politischer Roman, obwohl er „politische" Themen berührt. Doch in ihm liegt eine große geistige Sprengkraft beschlossen.[69]

Struves Literaturauffassung entspricht der in der UdSSR 1958 geltenden offiziellen Meinung, wenn auch mit entgegengesetzter Wertzuweisung. Das belegen Äußerungen, die jeweils am Anfang einer ganz und gar gegensätzlichen Beschäftigung mit dem Roman gestanden haben, und zwar die beiden in der Zeitschrift *Novyj mir* erschienenen Publikationen zu *Doktor Shiwago*, 1958 der ablehnende Brief

---

69 Zitiert nach Ivan Tolstoj 2009, 209.

des Redaktionskollegiums an Pasternak und 1988 das erläuternde Vorwort von Dimitrij Lichačev zum Abdruck des Romans in den Nummern 1–4 dieses Jahrgangs, – sozusagen dem Akt der ausgleichenden Gerechtigkeit nach dreißg Jahren. Das Redaktionskollegium der Zeitschrift *Novyj mir* übermittelte Pasternak im September 1956 eine ausführliche Stellungnahme, in der man den Druck des Romans ablehnte. Sie erschien Oktober 1958 zu Beginn der Kampagne, die in den sowjetischen Medien gegen Pasternak entfesselt wurde, in der *Literaturnaja gazeta* sowie in *Novyj mir*, war aber in ihrer Entstehung vom sich entwickelnden Skandal selbstverständlich unberührt, vorausgesetzt, die Veröffentlichung gibt den Wortlaut der ursprünglichen Stellungnahme korrekt wieder. In einem Vorspann sehen sich die Redakteure 1958 genötigt, sich dafür zu rechtfertigen, dass die Stellungnahme eben „jenes Maß an Empörung und Verachtung" vermissen lässt, „die Pasternaks jetzige schändliche und antipatriotische Position in uns, wie auch in allen Sowjetschriftstellern, provoziert hat."[70] An Pasternak schreiben sie, es gehe nicht um „ästhetische Wortwechsel", sondern um ein grundsätzliches Manko, das sich nicht durch Kürzungen oder Korrekturen tilgen lasse: „Es geht um den Geist des Romans, um sein Pathos, um die auktoriale Sicht auf Leben und Wirklichkeit sowie auf jeden Fall um die sich im Leser bildenden Vorstellungen."[71] Natürlich sind „Geist", „Pathos", „auktoriale Sicht" etc. auch ästhetisch relevant. Aber genau darauf möchte ich an dieser Stelle nicht näher eingehen, weil es sich offenbar um den Maßstab der politischen Ästhetik des verordneten Sozialistischen Realismus handelt, wie die weiteren Auslassungen der Redaktion belegen. Zudem tritt der Zensor-Ton dieses Urteils offen zutage. Er manifestiert sich insbesondere in der Sorge um die Vorstellungen des Lesers. Der Roman verstößt nach Ansicht der Redakteure gegen (die) *political correctness*, um es zugespitzt, aber dennoch neutral zu formulieren. Der eigentlich zu erwartende Ausdruck „antisowjetisch" fällt nicht, sondern die Redakteure stellen allein die Missachtung der Oktoberrevolution in den Vordergrund, nämlich ihre Darstellung, als habe sie dem Sowjetvolk „nichts als Übel und Unglück" gebracht. (Pis'mo 1958, 41) Darin zeigt sich in rezeptioneller Hinsicht die subjektive Ausfüllung einer „Unbestimmtheitsstelle" (Ingarden 1972, 261–270); denn im Roman bleibt doch gerade die historische Kulisse undeutlich bzw. äußerst ungenau, wie andererseits von

---

70 Pis'mo 1958, 11. Zum Zeitpunkt der Veröffentlichung des Briefes war das Redaktionskollegium allerdings anders zusammengesetzt als im Jahre 1956, dem Datum des Briefes. Chefredakteur war 1958 z.B. wieder Aleksandr Tvardovskij, 1956 dagegen Konstantin Simonov.
71 Pis'mo 1958, 12. Zu dem politisch-administrativen Hintergrund für diesen Brief vgl. Tolstoj 2009, 90–92.

der Redaktion ebenso moniert wird – eigentlich ein Widerspruch in sich! –, weil damit eine Grundlage für die erforderliche historische Bewertung der Ereignisse entfallen sei. (Pis'mo 1958, 17) Vermerkt werden auch Schiwagos „Übermenschentum" im Vergleich zur stummen „Herde" der normalen Menschen sowie das damit verbundene Christus-Motiv, die Erhebung Shiwagos auf die Ebene des Autors Pasternak miteingeschlossen (Pis'mo 1958, 35f.):

> Sie lassen den Roman mit einer Gedichtsammlung Ihres Helden enden. Sie opfern damit einer von Ihnen kreierten Figur den besten Teil Ihres individuellen dichterischen Talentes, um die Figur in den Augen des Lesers zu erhöhen und um sie gleichzeitig so nahe wie möglich an Sie selbst heranzubringen.
>
> Der Kelch der irdischen Leiden für den Arzt Shiwago ist geleert, und nun folgt sein Heft als Vermächtnis an die Zukunft. […] hier bekommen die Gedichte über den irdischen Kreuzweg Christi einen besonderen Sinn. Hier spürt man die direkte Korrespondenz mit der Seelenpein des Helden, die im Prosateil des Romans dargestellt ist. Die Parallelen werden absolut deutlich, und der Schlüssel zu ihnen wird, physisch spürbar, aus den Händen des Autors in die des Lesers gelegt. (Pis'mo 1958, 35)

Trotz des negativen Werturteils argumentiert die Redaktion des *Novyj mir* keinesfalls prinzipiell gegen das Schema des Textes. Sie vernachlässigt v.a. auch die Gedichte als Teil des Ganzen nicht. Die Stellungnahme war allerdings ursprünglich nicht zur Veröffentlichung gedacht. Zudem stammte sie ja aus dem Jahr 1956, dem Jahr einer vorübergehenden politischen Verunsicherung bzw. Lockerung nach Chruščevs Geheimrede auf dem 20. Parteitag „Über den Personenkult und seine Folgen". Jedenfalls gibt es Ende der 1950er Jahre keine weitere Äußerung aus dem Lande selbst, die so genau auf den Text eingeht. Vermerkt wird schließlich auch ganz nebenbei, dass der Roman in Bezug auf „Sujet und Komposition" an Unordnung und „sogar Zersplitterung" leide. Es gebe in ihm Seiten „ohne Leben", aber „voller künstlicher Didaktik". Dagegen werde die „russische Natur überraschend genau und poetisch" dargestellt. (Pis'mo 1958, 40)[72]

Nach dieser eher literarischen Argumentation wirkt das grobschlächtige politische Fazit wie nachträglich ad hoc eingefügt:

> Sie haben einen Roman geschrieben, eine ausgesprochen und vorrangig politische Predigt in Romanform. Sie haben ihn als ein Werk konstruiert, das sich offen und zur Gänze in den Dienst bestimmter politischer Ziele stellt. Diese Hauptsache für Sie wurde ganz selbstverständlich zum Gegenstand der hauptsächlichen Aufmerksamkeit auch für uns. (Pis'mo 1958, 40)

---

72 Wenn man an die obligate propagandistische Herausstellung der „russischen Birke" denkt, ist die Fügung „russische Natur" nicht neutral. Das Werturteil hat eine Konnotation, und zwar von der innersowjetischen Warte her durchaus zu Pasternaks Gunsten.

Es sollte 30 Jahre dauern, bis in der Sowjetunion eine Stimme hörbar wurde, die sich mit Pasternaks Roman positiv auseinandersetzte. Kein Geringerer als das Akademiemitglied Dimitrij Lichačev leitete in der Zeitschrift *Novyj mir* (1988, Nrn. 1–4) die Erst-Publikation des Romans im Lande selbst mit seinen *Überlegungen zum Roman von Boris Pasternak* ein. Die Überlegungen konzentrieren sich auf das Konzept des Protagonisten Shiwago und seine Beziehung zu den Auffassungen des Autors. Lichačevs Argumentation nimmt von dem offensichtlichen Gattungsproblem ihren Ausgang:

> Die Zentralfigur des Romans ist der Arzt Jurij Andrejewitsch Shiwago. Gemessen an den üblichen Anforderungen, die an einen Roman herangetragen werden, erscheint er als blass und undeutlich, seine dem Werk beigefügten Gedichte als ungerechtfertigte Zugabe, die irgend wie nicht zur Sache gehört und künstlich ist. (Lichačev 1990, 170)

Im Weiteren entwickelt er aus diesem Manko eine Logik der Ich-Bezogenheit, die die dargestellte Welt perspektiviert und die in dem Urteil gipfelt, Shiwago sei der lyrische Held eines Schriftstellers, der eben auch in der Prosa Lyriker bleibe. (Lichačev 1990, 172) Lichačev trennt nicht zwischen psychophysischem und abstraktem Autor oder dem Erzähler, sondern er erörtert ein Spiel um Authentizität und Fiktionalität, das auf den Rezipienten berechnet ist und das er für ein Prinzip der Lyrik oder der lyrischen Rede hält. Nach seiner Ansicht steckt in Shiwago per Suggestion so viel Pasternak, dass man ihm zu glauben geneigt ist, aber gleichzeitig ist er ein ganz anderer, durch dessen Subjektivität die dargestellte Welt objektiviert wird:

> Shiwago ist eine Persönlichkeit, die quasi geschaffen wurde, um die Epoche wahrzunehmen, ohne sich in sie einzumischen. (Lichačev 1990, 175)

Implizit haben auf diese Weise auch die Gedichte ihren Platz, die von Lichačev nicht weiter beachtet oder gar eingeordnet werden. Wenn man so will, verbleiben sie innerhalb einer von Anfang an entworfenen ,lyrischen' Perspektive, wie diese auch immer systematisch zu begründen wäre. Im Übrigen antworten Lichačevs Ausführungen offensichtlich auf die Behauptungen der Kampagne gegen Pasternak und seinen Roman dreißig Jahre zuvor, ohne sie explizit zu erwähnen. Der Roman ist eben gerade keine „politische Predigt".

Das ästhetische Problem

Nur die wenigsten professionellen Leser im Westen hatten Auge und Ohr für den Gedichtteil, geschweige denn für das Problem, dieses 17. Kapitel ästhetisch in den Roman zu integrieren. Wenn sie den Roman, wie Gleb Struve, positiv mit der Tradition des sog. „kritischen Realismus" des 19. Jahrhunderts in Verbindung bringen, dann haben die Gedichte von Vornherein keinen Platz und werden bestenfalls einfach nur am Rande erwähnt oder ignoriert. Lichačevs oben zitierte Ausgangsfrage an den Roman kann durchaus für eine symptomatische Leserreaktion gehalten werden. Insbesondere der Realismus des 19. Jahrhunderts und hier v.a. Tolstojs Roman *Krieg und Frieden (Vojna i mir)* werden immer wieder zum Maßstab erhoben.[73] Seltener finden sich Verweise auch auf Turgenev oder Dostoevskij. Wenn man gutwillig ist, zeigt sich in den unterschiedlichen Assoziationen ein Echo auf die im vorigen Kapitel beschriebene Stilmischung. So könnte man die durchweg gerühmten Naturbeschreibungen intertextuell mit „Turgenev", d.h. mit der Aura seiner Texte, verbinden,[74] die symbolhafte Thematisierung des Christentums dagegen mit „Dostoevskij".[75] Für „Tolstoj" bliebe die quasi-historische Perspektive. Aber es gibt auch ganz andere Stimmen:

> Einige unter den Kritikern Pasternaks vergleichen ihn mit russischen Klassikern, mit Puschkin, Dostojewskij und Tolstoi. Indessen ist Pasternak eine völlig einmalige, durchaus individuelle Erscheinung, wahrscheinlich ohne jeden Zusammenhang mit diesen genialen Dichtern. Man kann vielleicht darüber reden, ob Pasternaks Werk einen Schritt vorwärts oder rückwärts bedeutet, oder einen Schritt vom Wege. Jedoch ist in allen Fällen auf seine unnachahmliche, individuelle Handschrift hinzuweisen. (Verbin 1958, 100)

Sofern das Moment einer wie auch immer zu beschreibenden „lyrischen" Prägung beachtet wird, fällt das Urteil selbstverständlich noch spezieller aus:

> *Doktor Shiwago* ähnelt weder den Werken Tolstojs noch Dostoevskijs, den hauptsächlichen Lehrmeistern der letzten Generation. Von ihm kann eine neue Linie in der russischen Literatur insofern ihren Anfang nehmen, als die Psychologie des Helden nur leicht angedeutet wird und der Kampf zwischen dem Licht und dem Dunkel (zwischen Gott und dem Bösen) nicht das Grundproblem ist. Pasternaks Buch ist nicht so sehr die Darstellung des Lebens selbst, sondern vielmehr ein Traum vom Leben, wodurch dieses Buch einem Gedichtband nahekommt. In Russland versuchten die frühen Symbolisten so zu schreiben, aber das waren Essays und keine Romane. (Berlogin 1958, 98)

Es gibt geradezu euphorische Rezensionen, die nicht lediglich den vom Kontext bestimmten Sinn zu- bzw. abweisen. So versteht Rolf-Dietrich Keil, Slawist und Übersetzer von russischer Belletristik, darunter auch von Pasternak, den Roman „symbolisch" bzw. als „Gleichnis", wie Keil unter Hinweis auf Pasternaks Übersetzung

---

73 Z.B. Wilson 1967 439. Nach Wilsons Ansicht ist Pasternaks Roman „epischer" als selbst Tolstojs *Krieg und Frieden*. Wilson galt als amerikanischer Literaturpapst, als „amerikanischer Belinskij". Vgl. Višnjak 1958, 247.

74 Vgl. z.B. Bienek 1959, 72.

75 Vgl. z.B. Grigor'ev 1960. Der Schweizer Publizist Hans Fleig sah wegen des Themas Christentum bzw. des Christus-Motivs eine Verbindung zu Tolstojs Roman *Auferstehung (Voskresenie)* (1899) und zu Dostoevskijs *Idiot* (1868/69). (Fleig 1958)

des Goethe-Wortes „Alles Vergängliche ist nur ein Gleichnis"[76] aus den Schlussversen von *Faust II* ausführt:

> Ich glaube auch, daß der Vorwurf, den manche Kritiker erhoben, die Komposition sei ungeschickt, auf einem zu flüchtigen Lesen beruht. Noch dümmer ist allerdings der Vorwurf, daß alle Gesetze der Wahrscheinlichkeit außer acht gelassen wären. Es wäre zu fragen, ob die Gesetze der Wahrscheinlichkeit jemals ein adäquater Maßstab zur Beurteilung eines Kunstwerks sein können – ich glaube, Dostoévskij käme bei einer solchen Beurteilung noch schlechter weg als Pasternák, von Homer und Dante zu schweigen. Aber die Verkennung, die zu solchem Urteil geführt hat, liegt tiefer. Dieser Roman birgt wie jedes Kunstwerk seinen eigenen Maßstab in sich, und er ist durch und durch symbolisch gemeint und zu verstehen.[77]

Keil sieht in dem letzten Kapitel nicht einen in der Prosa motivierten Anhang mit Gedichten des Protagonisten, sondern sozusagen einen Akt, der dem Ganzen „eine entscheidende, abschließende Bedeutung" verleiht. Nach der aus der Scholastik entlehnten Lehre vom „vierfachen Sinn", bestimmt er den „wörtlichen Sinn": den Vorgang der Gedichttradierung als solchen; den „allegorischen Sinn": die Bedeutung handschriftlich oder im Gedächtnis bewahrter und tradierter Gedichte gerade auch in Russland; den „moralischen Sinn": das „Fortleben und -wirken des dichterischen Wortes" sowie den „anagogischen Sinn", „von dem es bei Dante im *Convito* heißt, er sei *sovra senso*, ‚über allem Sinn'". Dieser werde „von jedem in seiner Weise erkannt". (Keil 1959, 81f.) Im vorliegenden Fall würde es also um die Deutung des „Symbols" gehen, das auf dem Text als Ganzem bzw. auf der Gedichtsammlung in Bezug auf den Prosateil gründet, darin den *irrationalen* Anteil eingeschlossen, den ein Kunstwerk im Status seiner Konkretisation nun einmal hat.[78]

---

76 Pasternak verwendet bei seiner Übersetzung für „Gleichnis" die russischen Äquivalente zu den Ausdrücken „Symbol, Vergleich": „Всё быстротечное – символ, сравненье". (Pasternak 1957, 577)

77 Keil 1959, 80. Allerdings sei eingeräumt, dass Keils Rezension deutlich die Erfassung durch einen Literaturwissenschaftler beschreibt und weniger die ästhetische Auffassung in einem spontanen Leseerlebnis, wenn er das obige Zitat folgendermaßen einleitet: „Ich habe gesagt: beim Wiederlesen, und ich möchte das besonders unterstreichen, denn dieses Werk ist mit einem einzigen Durchfliegen nicht zu erfassen. Und ich kann aus Erfahrung sagen, daß das zweite und dritte Lesen die Spannung keineswegs vermindert, wohl aber die Freude am Detail der Komposition und der Ausführung erhöht und das Verständnis vertieft." Keil hat seinerzeit auch eine künstlerisch achtbare Übersetzung der Gedichte des Jurij Schiwago veröffentlicht. Pasternak, 1960a. Vgl. auch unten Kap. 6.

78 Im Beispiel, das Dante in seinem *Gastmahl (Convivio / Convito)* anführt, betrifft die anagogische Bedeutung die Transzendenz, den „geistigen Sinn". Vgl. Traktat 2, Kapitel 1 in: Sauter 1911, 144f.

[D]ie Gedichte endlich sind das Fernste, das betont Zeitenthobene, und doch das, was zum eigentlichen Besitz des Lesers werden kann, denn Gedichte kann man ja – anders als Prosa – auswendig lernen, wie es die Freunde des verstorbenen Živágo getan haben. (Keil 1959, 82)

Zweifellos gelingt es Keil in seiner Kritik, eine Ahnung zu vermitteln, wie diesem ‚Unikum‘ von einem Roman künstlerisch beizukommen wäre.

Ein Grundproblem der vielen Kritiken liegt in dem eigenartigen Schwarz-Weiß-Schema, das aus der politischen Funktionalisierung des Romans folgt. Es gibt unkritische „Lobhudelei" (Lipinsky-Gottersdorf 1959, 219) so gut wie unkritische Verdammung,[79] beides im Gewand der Literaturkritik als einer speziellen Textsorte des Literaturbetriebes. Grundsätzlich gilt zudem, was Günther Blöcker folgendermaßen formulierte:

Ein Pasternak-Kult begann, noch ehe jemand auch nur eine Zeile von Pasternak gelesen hatte. Selten ist die völlige Gleichgültigkeit der Welt gegenüber der Frage der literarischen Qualität so drastisch demonstriert worden. Man stimmte unbesehen zu, weil der Autor in eine globale Wunschkonzeption passte.[80]

Eine besondere Stimme führte Vladimir Nabokov in seiner konsequenten Ablehnung des Romans, die sich selbst noch in einer ironischen Bemerkung des Protagonisten Humbert Humbert über „Dr. Schweitzer und Dr. Shiwago" in Stanley Kubricks Verfilmung von *Lolita* (1965) findet. Das Drehbuch stammte von Nabokov. Im Jahre 1972 nach den Gründen gefagt, warum er seinerzeit abgelehnt habe, den Roman zu rezensieren, sagte er:

Jeder intelligente Russe sieht auf den ersten Blick, daß der Roman probolschewistisch und falsch ist, und sei es nur, weil er von der liberalen Revolution vom Frühjahr 1917 keine Notiz nimmt, dafür aber den heiligmäßigen Doktor den sieben Monate später inszenierten *coup d'état* mit rasender Freude willkommen heißen läßt – was alles exakt auf Parteilinie liegt. Den politischen Gesichtspunkt beiseite lassend, sehe ich in dem Buch eine jämmerliche Angelegenheit, unbeholfen, trivial und melodramatisch, mit stereotypen Situationen, geilen Anwälten, unglaubhaften Frauen und abgedroschenen Zufällen. [...] Ich hegte tiefes Mitgefühl für Pasternaks Zwangslage im Polizeistaat; allein, weder die Plattheiten des *Schiwago*-Stils noch eine Philosophie, die sich in eine

---

79 Auch im Westen gab es Verrisse, die vermutlich ideologisch bestimmt waren und im boshaften Ton der sowjetischen Propaganda nur wenig nachstanden, z.B. der Majakovskij-Freund und -Übersetzer Hugo Huppert (Huppert 1958) oder der Schriftsteller Jürgen Beckelmann (Beckelmann 1958).
80 Blöcker 1962, 317. (Erstmals veröffentlicht in der *Süddeutschen Zeitung* vom 8./9. November 1958)

übelkeiterregend süßliche Sorte Christentum flüchtet, konnten dieses Mitgefühl je in kollegiale Mitgerissenheit verwandeln. (Nabokov 1993, 320f.)

Die wirklich kritischen Stimmen, die sich dennoch um Ausgewogenheit bemühten, hatten es schwer, Gehör zu finden. Gustav Herling, polnischer Schriftsteller im italienischen Exil, schrieb:

Was man über das Wesen von Pasternaks Dichtung weiß, läßt vielmehr den Schluß zu, es sei gerade die Eigenart seiner Begabung, die ihm den epischen Atem benimmt. Wir haben es mit einem Dichter zu tun, für den es zwischen dem Winzigen und dem Unendlichen, zwischen Teilchen und Element kein Zwischenglied gibt. Das ist kein guter Ausgangspunkt für die weitgespannten Kompositionen, die die Gesetze der künstlerischen Ordnung, der inneren Harmonie und der Selbstbeschränkung befolgen sollen.[81]

Merkwürdig genug, hielt er dennoch den Roman für „ein großes Werk", wenn auch nur aus metaphorisch formulierten Gründen:

[I]n all seiner Unförmigkeit gelingt es ihm doch, die unbegreifliche Gestalt eines Ungeheuers der Meeresflora zu bewahren: verwirrend, atemberaubend, überwältigend. (Herling 1958a, 473)

Noch im selben Jahrgang des *Merkur* erscheint ein weiterer Aufsatz aus Herlings Feder, in dem er sich für sein Urteil in Bezug auf Pasternaks fehlenden „epischen Atem" usw. rechtfertigt bzw. glaubt, rechtfertigen zu müssen. (Herling 1958b, 1211–12.)

Vergleichbares spielte sich in der Sowjetunion ab. Hatten sich 1958 Sowjetbürger zu Wort gemeldet und einen Roman scharf verurteilt, der ihnen nie zu Gesicht gekommen war, so gab es 1988 Proteste wiederum von Nicht-Lesern, die mit der kritischen Analyse des Werkes ein grundsätzliches Problem hatten. (Bachnov 1990, 106–109 bzw. 212–214) Letzteren kann man immerhin die jahrelange Erfahrung mit den sowjetischen Kulturverwaltern und der Zensur zugute halten. Sie konnten ein im Großen und Ganzen negatives offiziöses Werturteil angesichts der neuen Freiheiten, die ihnen die Perestrojka versprach, einfach nicht annehmen, und sie hatten wohl das richtige Gespür für eine noch immer politisch motivierte Intention, die sich mit Sachargumenten zu tarnen suchte.

Anlass war die Analyse des Romans in der *Pravda* vom 17. April 1988 durch Dmitrij Urnov, einen ausgewiesenen Shakespeare-Kenner, 1988–1992 zudem Chefredakteur der *Voprosy literatury*. Er war zwar Literaturwissenschaftler,

---

81 Herling 1958a, 472. Herling war 1940–41 selbst in Stalins Lager geraten und hatte darüber einen berühmten Bericht verfasst: *Inny świat: Zapiski sowieckie* (1951), dt. *Welt ohne Erbarmen* (1953); desungeachtet hatte er sich ein Faible insbesondere für die russische Literatur bewahrt.

aber dennoch nicht vom russischen Fach. Seine Analyse trägt als Überschrift ein abgewandeltes Zitat aus *Doktor Shiwago*: *„Bezumnoe prevyšenie svoich sil"*, zu Deutsch *„Irrsinnige Überhebung der eigenen Kräfte"*.[82] Auch wenn im Roman das Zitat auf einen Vierzehnjährigen und dessen magische Weltsicht gemünzt ist, muss man es in seiner publizistischen Verwendung wohl als negatives Urteil über Pasternak auffassen, das Urnov allerdings relativ nüchtern begründet. Es geht ihm weniger um die Vernachlässigung der Gattungsnormen als vielmehr um die Banalität der durch den Protagonisten vermittelten Urteile und vor allem um ihren Mangel an Originalität:

> „Was ist das für eine Teufelei?... Irgendwas schon Gelesenes und Bekanntes", so denkt einmal der Held, und genau dieser Gedanke begleitet einen bei der Lektüre des Romans. (Urnov 1990, 215)

Urnov führt aus, worin das „Gelesene und Bekannte" besteht. Es seien insbesondere Ideen der Jahrhundertwende, die von Shiwago wiederholt werden. Dieser Abklatsch stehe im krassen Widerspruch zur Erhöhung des Protagonisten in übermenschliche Sphären.

Viel werde im Übrigen über Gefühle geredet, doch es blieben nur Worte, zudem von stilistisch zweifelhafter Prägung:

> Wie [...] spricht er über die Frauen und mit den Frauen? Auch hier wäre ein ganzes Forschungsprojekt möglich, aber wir wollen uns auf einige wenige Beispiele beschränken. „Ihre Hände waren überraschend wie edle Gedanken." Oder – „eine schwanenweiße Anmut". Und wie werfen sich Lara und Jura einander in die Arme? Wenn Sie den Roman nicht gelesen haben, werden Sie es nicht glauben: „wie Wahnsinnige". (Urnov 1990, 222)

Nur die „selbständigen und einzigartigen Verse" finden Gnade, „aber sie gehören, wie mir scheint, einem anderen, nämlich Boris Pasternak". (Urnov 1990, 223)

Es lässt sich wohl kaum sagen, die Kritik gehe an den Merkmalen des Textes vorbei. Nur werden diese Merkmale geradezu beckmesserisch aufgelistet. Symptomatisch ist die strikte Trennung zwischen den Gedichten und der vorgängigen Prosa, – symptomatisch, weil jeder Versuch einer Funktionalisierung fehlt; denn der Prosateil lässt doch wenigstens motivische Ansätze und Verbindungslinien zu den Gedichten erkennen. (Hier war die Redaktion des *Novyj mir* im Jahre 1956 bei Weitem genauer.) Die Kritik endet denn auch

---

82 Urnov 1990. Die zitierte Stelle findet sich in Kapitel 1 Abschnitt 8. (Es geht um das Zittern einer Espe): „Und mit einer irrsinnigen Überhebung der eigenen Kräfte flüsterte er nicht, sondern wünschte im Geiste: Halt an! [[И]] в безумном превышении своих сил он не шепнул, но [...] пожелал и задумал: Замри!]". (Pasternak 3, 21) Übersetzung zwecks Verdeutlichung von mir. Vgl. Shiwago, 27.

ideologisch, indem der behauptete Abklatsch ‚alter Ideen' mit dem Scheitern vergangener literarischer Helden in Eins gesetzt wird, mit Basarow in Turgenevs *Väter und Söhne*, Professor Serebrjakow in Čechovs Drama *Onkel Wanja* und dem Titelhelden in Gor'kijs Roman *Klim Samgin*, mit einem Wort: den berühmt-berüchtigten „überflüssigen Menschen" der russischen Literatur.[83]

Darauf antwortete am 8. Juni 1988 ebenfalls in der *Pravda*, Pasternaks um Vieles jüngerer Freund, der Lyriker Andrej Voznesenskij:

> *Doktor Shiwago* ist der Roman eines besonderen Typs, ein poetischer Roman. Der gewaltige Prosaleib trägt wie ein wuchernder Fliederstrauch üppige Dolden von ihn krönenden Gedichten. Und wie das Ziel eines Busches die Doldenbüschel sind, sinngemäß also das Ziel des Apfelbaumes die Äpfel, so sind das Ziel des Romans die Verse, die im Finale aus ihm erwachsen. [...]
> Pasternaks Prosa ist kein Aufsatz *Wie macht man Verse*, nein, das ist ein Roman und ein Dichterleben, – ein Roman, wie man mit dem Vers lebt und wie Verse aus dem Leben geboren werden. Solche Romane gab es bisher nicht.[84]

Voznesenskij verkennt nicht, dass der Roman „schwer lesbar" und deshalb ein „Antibestseller" sei. Zudem seien die Erwartungen des russischen Publikums eindeutig politischer Natur gewesen und hätten in dieser Hinsicht nur enttäuscht werden können:

> Der Leser von heute sucht vergebens den versprochenen „Aufruhr"; Trommelfelle, die auf eine Kanonade eingestellt sind, können Musik von Brahms nicht wahrnehmen. Wie wenn im Fernsehen ein Hockeyspiel oder die abendliche Nachrichtensendung angekündigt worden ist, aber man die Leute nötigt, „eine Symphonie zu hören". (Voznesenskij 1990, 227)

Hier tritt im Übrigen der Unterschied zwischen der politischen Sensation des Romans in der UdSSR, d.h. seiner diesbezüglichen Kontextbindung, zu der im Westen zutage. Die Kontextbindung im Westen betraf letztlich typisierende und verallgemeinernde Annahmen zu Pasternaks Schicksal aus Anlass bzw. im Spiegel des Romans. In der Sowjetunion dagegen interessierte die Darstellung des Geschichtszeitraumes selbst und der erwartete offene Widerspruch gegen dogmatische Vorgaben. Beiden Erwartungen des russischen Lesers genügte der Roman nicht. Um den Unterschied zur Rezeption im Westen logisch zu bestimmen,

---

83 Wenn man sich schon auf Ideologie einlassen möchte, könnte man auch meinen, die ‚alten Ideen' waren eben trotz Oktoberrevolution aktuell und unwiderlegt geblieben.

84 Voznesenskij 1990, 226. Voznesenskij warf Urnov persönlich vor, er würde nur die ideologischen Positionen des Jahres 1958 wiederholen. *Wie macht man Verse* ist eine Anspielung auf Majakovskijs Programmschrift gleichen Titels *Kak delat' stichi?* (1926).

könnte man in Bezug auf den russischen Leser von einer ‚negativen' Kontextbindung reden. Der Wirkung nach sind beide Rezeptionsphänomene aber insofern vergleichbar, als der Sinn von außen gestiftet wird. Unterschiedlich ist nur die ‚Antwort' der Faktur.

Ein „poetischer Roman" im Sinne Voznesenskijs wiederum hatte keine Chance, und hat sie nicht, wenn Literatur ideell bzw. ideologisch aufgefasst wird und nicht ästhetisch, wenn also nach „Botschaft", „Abbild" und Perspektive auf die „Wirklichkeit" gefahndet wird und wenn, wie in Russland traditionell, Literatur zivilgesellschaftlich eine kritische Publizistik ersetzt. Vielleicht ist ein „poetischer Roman" auch ein Widerspruch in sich.

An dieser Stelle möchte ich der Klarheit halber hinzufügen, dass Voznesenskijs Gattungsbestimmung allein schon angesichts der Faktur des Gesamttextes womöglich nicht ‚funktioniert', d.h. nicht in ästhetische Funktion gesetzt werden kann. Dennoch präsentiert Voznesenskij einen bemerkenswerten Versuch, den Roman *als Ganzes* positiv zu konkretisieren, und gehört damit zu einer kleinen Gruppe von Rezensenten, wie sie sich dreißig Jahre zuvor auch im westlichen Ausland gefunden hatte. Als Beispiel wurde oben die Rezension von Rolf-Dietrich Keil angeführt. Vom Ansatz meiner Untersuchung her war die Integration des 17. Kapitels selbstverständlich ein wichtiges Kriterium, gerade diese Kritiken besonders zu beachten.

Quasi zur Überleitung auf das nächste Kapitel möchte ich schließlich den Literaturwissenschaftler Hans Mayer zitieren. Mayer sah in Hermann Hesses Roman *Das Glasperlenspiel* (1943) ein zitierfähiges Muster aus dem 20. Jahrhundert, weil auch Hesses Roman Prosa und Lyrik in sich vereint:

Auch hier [*sc.* in Pasternaks Roman], wie im *Glasperlenspiel* Hermann Hesses, bedeuten die scheinbar als Anhang angeführten Verse eine letzte, äußerste Sinngebung des Geschehens. Da Pasternaks Roman, der auf den ersten Blick als brüchig, unkomponiert, manchmal fast hilflos empfunden wird, in Wirklichkeit genau aufgebaut wurde, muß auch der lyrische Abschluß ebenso überdacht werden wie die innere Gliederung der Versgruppe. (Mayer 1962, 217)

5. *Doktor Shiwago* und die Romankunst des 20ten Jahrhunderts

Die Gattung „Roman" trat im 19. Jahrhundert ihren eigentlichen Siegeszug an. Sie entwickelte sich in der zweiten Hälfte des 19. Jahrhunderts schließlich zur Leitgattung der realistischen Epoche, d.h. zur Gattung mit dem höchsten Prestige innerhalb des Literaturbetriebes. Der Roman hat eine bevorzugte Stellung innerhalb der Belletristik bis dato gehalten, und zwar offensichtlich dank der bemerkenswerten Variabilität seiner Ausdrucksmittel und seiner Verfahren. Er hat sogar die Bühne erobert, wie sich der steigenden Zahl von Adaptionen entnehmen lässt. Der Roman verfügt einerseits über ein hohes Prestige und eröffnet andererseits per se weite Ausdrucksmöglichkeiten. Beides hat letztlich, wie oben beschrieben, auch den Lyriker Pasternak bestimmt, sein Œuvre mit einem Roman zu krönen.

Bei aller „Weite" muss es Grenzen geben, weil anders ja die Rede von der „Gattung" als einer Ordnungsfunktion sinnlos werden würde. Common sense in Bezug auf die Grenzen des „Romans" scheinen drei Parameter zu sein: Die Sprachform und der Umfang des Werkes in Abgrenzung zu kleineren narrativen Gattungen in Prosa sowie etwas Undeutliches und schwer zu Generalisierendes, das man in Anlehnung an Hegel[85] die potenziell unbeschränkte „Welthaltigkeit" des Dargestellten nennen könnte. Allein die Sprachform lässt sich einigermaßen exakt bestimmen. Sie ist eben Prosa und hat als Ausschlusskriterium zu gelten, so dass das Problem gerade des *Doktor Shiwago* mit seinem Gedichtanhang wiederum offen zutage tritt. Der Umfang, in der zugrunde gelegten russischen Ausgabe mehr als 500 Druckseiten, und die in den vorangegangenen Kapiteln implizit vermittelte Welthaltigkeit scheinen dagegen hinsichtlich der Gattungsgrenzen unproblematisch zu sein. Die oben im 3. Kapitel problematisierte *Narration* spielt dagegen definitorisch keine Rolle. Sie gehört kategorial in die Funktionalität der Sprache als eines Systems.

---

85 Hegel 1955, 983: „[M]it dem *Roman*, der modernen *bürgerlichen* Epopöe […] tritt einerseits der Reichtum und die Vielseitigkeit der Interessen, Zustände, Charaktere, Lebensverhältnisse, der breite Hintergrund einer totalen Welt sowie die epische Darstellung der Begebenheiten vollständig wieder ein. […] Was die Darstellung angeht, so fordert auch der eigentliche Roman wie das Epos die Totalität einer Welt- und Lebensanschauung, deren vielseitiger Stoff und Gehalt innerhalb der individuellen Begebenheit zum Vorschein kommt, welche den Mittelpunkt für das Ganze abgibt."

Um Pasternaks Roman überhaupt vor dem Hintergrund der Romankunst des 20. Jahrhunderts sinnvoll darstellen zu können, soll die Existenz bzw. die mögliche Funktionalität des Gedichtteils weitgehend ignoriert werden, so wie auch die Mehrzahl der Kritiker und Rezensenten verfahren ist. Das quantitative Übergewicht der Prosarede gegenüber dem Teil in gebundener Rede motiviert eine solche Vorgehensweise. Allerdings darf der Gedichtteil auch nicht aus dem Blick geraten. Die Funktion der Gedichte im Rahmen des Gesamttextes wird dann Thema des letzten Kapitels sein.

Wichtige Indizien, die meine Vermutung stützen, Pasternaks Werk in verschiedene literarische Kontexte[86] stellen zu können, sind einerseits die oben vermerkte deutliche Stilmischung im Text, andererseits die Einordnung des Romans durch die Kritik in eine in sich völlig widersprüchliche Tradition zwischen Aleksandr Puškin und Andrej Belyj bzw. Maksim Gor'kij, um nur von den russischen Mustern zu reden. Schließlich gibt es ja auch die ähnlich widersprüchlichen Absichtserklärungen Pasternaks in seinen Briefen, die eher der Verwirrung als der Klärung dienen. Diese Sachlage lässt also vermuten, dass hier eine gattungsbezogene „Romanhaftigkeit" als Summe oder Schichtung verschiedener Merkmalsbündel bzw. -matrizes, oder wie immer man sagen möchte, besteht.

Um dieser Schichtung auf die Spur zu kommen, werde ich im Folgenden Pasternaks Roman in den Prinzipien bestimmte epochaler „Muster" spiegeln, im Einzelnen: in der realistischen Romankunst des 19. Jahrhunderts und ihren späteren Derivaten, im *symbolistischen* Zug innerhalb der ‚-ismen' der Moderne, im modernen Verständnis der Kategorie der „Zeit" und in der Funktion einer formalen Doppelung als Ausweis metafiktionaler Vertextungsstrategien. Wenn zur Erläuterung meines Vorgehens ein Bild erlaubt sei, so werde ich die verschiedenen Muster wie Folien über Pasternaks Text-Schema legen, um am Ende die komplexe Einbindung des *Doktor Shiwago* in die Literatur des 20. Jahrhunderts näherungsweise erfasst zu haben und das Innovatorische zu beschreiben, – ganz oberflächlich formal ausgedrückt: einen aus Prosa und bestehenden *Roman* zu beschreiben. Das bedeutet andersherum, dass keine Folie das Text-Schema

---

86 Ich verwende die gängigen Begriffe „Intertext" bzw. „Intertextualität" hier nicht, obwohl es um Phänomene geht, die wenigstens teilweise in deren Inhalt fallen. Vgl. die bekannte Kategorialisierung in fünf Untertypen einer sogenannten „Transtextualität" bei Genette 1993, 9–18. „Kontext" bleibt unspezifischer. Er soll hier letztlich alle Zuweisungen von sinnstiftenden Ordnungsmustern erfassen, die im Verlauf einer Konkretisation des gegebenen (Text-)Schemas möglich erscheinen. Voraussetzung ist die beschreibbare Korrespondenz mit Merkmalen des Schemas.

hinreichend deckt, man also weder sagen können wird, *Doktor Shiwago* sei ein „realistischer", ein „symbolistischer" oder ein „Doppelroman" usw.

Der realistische Roman

Die professionellen Leser des *Doktor Shiwago* nahmen als Erstes immer den (russischen) realistischen Roman in den Blick als das Muster, an dem Pasternaks Roman gemessen werden konnte oder, mit Rücksicht auf die enorme Wirkung der russischen Literatur gerade auf diesem Feld, sogar gemessen werden musste. Wie oben schon zitiert, geht es um Tolstoj, Dostoevskij und Turgenev, zu ergänzen wären im Prinzip noch Gogol' und Gončarov. Es hat nach allem, was ich beispielsweise unter Nutzung der Kritikerstimmen ausgeführt habe, wenig Sinn, detailliert darauf einzugehen, deswegen hier nur ein paar Überlegungen. Was das Thema „Natur" betrifft, so steht zwischen Turgenevs einschlägigen *Aufzeichnungen eines Jägers (Zapiski ochotnika)* (1852) und Pasternaks *Doktor Shiwago* beispielsweise ein Schriftsteller wie Michail Prišvin (1873–1954), der „Sänger der russischen Natur", der außerhalb Russlands weniger bekannt ist. Zu ihm ebenso wie zu Turgenev hat Pasternaks Darstellung außer der immerhin bemerkenswerten Auswahl der Gegenständlichkeit „Natur" nur wenig Berührungspunkte. Das Motiv „Natur" in *Doktor Shiwago* wird in der besonderen Weise funktionalisiert, die ich oben im 3. Kapitel kurz erörtert habe. Dostoevskijs textinterne Dialogizität à la Platon bei der Darstellung von Philosophemen ist Pasternak fremd, weil die Figurendarstellung im Roman *Doktor Shiwago* auf Individualisierung weitgehend verzichtet. Übrig bleibt wiederum nur die Hineinnahme von zudem christlich motivierten Philosophemen in den Weltentwurf des Romans. Noch am deutlichsten liefert tatsächlich Lev Tolstojs *Krieg und Frieden (Vojna i mir)* einen wirklichen Anhaltspunkt für ein Muster, das bei der Konkretisation des *Doktor Shiwago* eine suggestive Rolle spielt. Es ist die Thematisierung eines bedeutsamen Geschichtszeitraumes, die als solche bei Pasternak verdeckt bleibt und *kontextuell* aufgefasst werden muss. Diese Thematisierung bestimmt daher den Vorgang in einer Weise, die mit Tolstojs Geschichtsauffassung auf den ersten Blick wenig zu tun hat – sie wird weder ‚demonstriert', noch ist sie hinsichtlich der zugrundeliegenden Daten und Fakten historisch korrekt.[87] Auf den zweiten Blick wird sie aber doch so bedeutsam, dass z.B. Lichačev konstatieren kann, die Wahrnehmung der Epoche werde durch Shiwago möglich, ohne dass dieser sich

---

87 Z.B. werden die Februarrevolution und die Oktoberrevolution, beide 1917, durcheinander geworfen, oder vom Text-Schema aus besser: ineinander gefügt. Auch fehlen im Unterschied zu Tolstojs Roman die historischen Figuren.

in deren Ablauf einmische (s.o.). Dass die Handlungsträger (der Geschichte), die von der vaterländischen Geschichtsschreibung gerühmt werden, diese keineswegs in ihrem Lauf bestimmt haben, wäre nach Tolstoj eine „Botschaft" von *Krieg und Frieden*. Pasternaks Roman ist eine „Botschaft" an sich fremd, dazu ist er zu chaotisch, so wie Pasternak das Predigen nicht liegt, das zum Realismus gehört, doch das Verhältnis von Geschichte und Individuum lässt sich analog zu Tolstoj verstehen. Die Geschichte nimmt ihren eigenen Weg und ist vom Individuum nicht zu beeinflussen.

Aber es geht eigentlich um eine weitere Modifizierung. Die russische Literaturwissenschaft der Sowjetzeit hatte für eine bestimmte Sorte v.a. russischer Romane einen eigenen Terminus geprägt, *roman-èpopeja*, die *Roman-Epopöe*, der z.B. Tolstojs *Krieg und Frieden (Vojna i mir)* und Dostoevskijs *Brüder Karamazov (Brat'ja Karamazovy)* sowie eventuell Gogol's Roman *Die toten Seelen (Mertvye duši)* zugeordnet werden. Zu dieser mit einem besonderen Nimbus versehenen Untergattung von ‚Großromanen' werden des Weiteren auch Gor'kijs *Klim Samgin* und Šolochovs *Der stille Don (Tichij Don)* gezählt, die, nicht nur mit Hilfe dieser Konstruktion, als Brücke zwischen dem „kritischen" Realismus des 19. Jahrhunderts und dem 1934 verkündeten *Sozialistischen Realismus* etabliert wurden. Es handelt sich um umfängliche Texte mit zahlreichen Figuren, mittels deren ein gesellschaftlich bzw. ‚national' bedeutender Geschichtszeitraum abgebildet, entworfen oder thematisiert wird.[88] Hier drängt sich Ideologieverdacht auf, weil der Zuweisung ein außerliterarisches Wertmoment eigen ist. Zudem besteht in der einschlägigen Sekundärliteratur kein Einvernehmen, welche Werke dazugehören. Die KLÈ erweitert einerseits ihren Kreis bis hin zu Louis Aragons Roman *Les communistes* (1949–51), lässt aber andererseits Dostoevskij aus, der den marxistischen Kulturverwaltern bekanntlich ideologische Probleme bereitete. Im *Slovar' literaturovedčeskich terminov* von 1974 wird er dennoch genannt. Ebenso scheint die Trilogie *Der Leidensweg (Choždenie po mukam)* (1920–1941) des Grafen A.N. Tolstoj dazugehören zu können. (Jünger 1963, 434–450) Eines der russischen Standardwerke zur Entstehung dieser speziellen Untergattung nennt schließlich auch weitere westeuropäische Romane, wie *La Débâcle* (1892) von Émile Zola, *Jean Christophe* (1904–1912) von Romain Rolland sowie *The Forsyte Saga* (1906–1921) von John Galsworthy. (Čičerin 1976)

Es ist schwierig, hier eine Quersumme zu ziehen zwischen der behaupteten gesellschaftlichen Markierung des Themas, ggf. eben der Konkretisierung als zielgerichteter ‚Klassenkampf', und eher strukturellen Merkmalen, wie dem Umfang,

---

88 Vgl. s.v. „èpopeja": KLÈ 8, 926f. (G.N. Pospelov); SLT 1974, 472–475 (V. Kožinov).

der amorphen Fülle der Figuren und Gegenständlichkeiten, aber dennoch wenigstens mit *einem* hervorgehobenen Handlungsträger (‚Held'), sowie weiter der Darstellung historischer Verläufe auf der Grundlage von Generationswechseln und ihrem Konfliktpotenzial etc. Kožinov resümiert im *Slovar' literaturovedčeskich terminov* das folgende Merkmalsbündel, wobei er „Epopöe" und „Roman-Epopöe" zusammenfasst:

> Für die Epopöe ist ein breites, vielgestaltiges und sogar vielseitiges Bild charakteristisch, das sowohl historische Ereignisse als auch Alltagsmomente, sowohl einen vielstimmigen menschlichen Chor als auch tiefgründige Überlegungen zum Schicksal der Welt und intime persönliche Erlebnisse enthält. (SLT 1974, 475)

Damit wird eine Abstraktionsebene erreicht, die es erlaubt, einen strukturellen Bezug von Pasternaks Roman zu erkennen.[89] Es ist eher nicht Tolstojs *Krieg und Frieden*. Es ist also eher nicht der realistische Roman des 19. Jahrhunderts, sondern dessen ideologiebestimmte Fortschreibung, die *Roman-Epopöe*, auf die sich *Doktor Shiwago* beziehen lässt, ohne dass er allerdings eine *Roman-Epopöe* wäre. Das Merkmalsbündel suggeriert die Zugehörigkeit zum Muster, die einzelnen Merkmale werden einander aber anders zugeordnet, so dass ein Gegenentwurf entsteht, der nicht nur ideologisch gedeutet werden kann, wie in der oben behandelten Kritik von Dimitrij Urnov 1988 in der *Pravda*, sondern der als solcher eine künstlerische Funktion hat. Dem Amorphen, dem „Chaos", wird gerade nicht durch die Volksmassen im Sinne der marxistischen teleologischen Geschichtsauffassung die entscheidende Richtung gegeben. So heißt es beispielsweise bei Čičerin in der üblichen Phrasenhaftigkeit:

> Insbesondere der Sozialistische Realismus benötigt diese Gattung, und zwar deshalb, weil sie in der Lage ist, das Verständnis für die Widersprüche unserer modernen Welt mit dem Erfassen der Einheit von historischen Tendenzen und den das Volk umspannenden Bemühungen zu verknüpfen. (Čičerin 1976, 366)

Wollte ich ein Ideologem ausmachen, das in Pasternaks Roman dieser Auffassung partiell entgegengestellt wird, so käme die Hypostasierung des Christentums in Frage und nicht in erster Linie das angebliche Plädoyer für Individualismus.

---

89 Nach Genette wohl ein Fall von „Metatextualität". (Genette 1993, 13). Wenn man nach Genettes vierter Kategorie, der „Hypertextualiät", deren Erörterung im Zentrum seines Buches steht, einen bestimmten „Hypotext" ins Auge fassen möchte, so wäre vielleicht insbesondere an Gor'kijs *Klim Samgin* zu denken. Dem will ich hier aber nicht weiter nachgehen.

Symbolismus

Der vorige Abschnitt meiner Ausführungen steht zwar unter dem Signum *Realismus*, aber es hat sich gezeigt, dass der epochale Realismus des 19. Jahrhunderts, dem das Epitheton „kritisch" zugeordnet wird, nur in der neo-realistischen Metamorphose des Sozialistischen Realismus sinnvoll auf *Doktor Shiwago* bezogen werden kann. Die Auffassung von Pasternaks Roman, insbesondere durch das westeuropäische Publikum, war zwar anders gerichtet, aber daran zeigt sich eher die fehlende Vertrautheit mit der nachrevolutionären russischen Literatur, oder treffender: die vom Kontext bestimmte Voreingenommenheit gegenüber Pasternak und seinem Protagonisten Shiwago.

Etwas Ähnliches gilt für die Jahrhundertwende (vom 19. zum 20. Jahrhundert), den Beginn der Moderne in Russland, im Hinblick auf „romantische" Merkmale und Pasternaks Werk. Die *Moderne* ist ein Sammelname für verschiedene künstlerische Strategien, die allesamt als *-ismen* beschrieben werden können, neben Symbolismus insbesondere auch Impressionismus und Naturalismus. Der Symbolismus, unter diesem Namen ein Import aus Frankreich, abwertend auch „Neo-Romantik" genannt, schlägt quasi die Brücke zur Romantik. Wenn Maksim Gor'kij in den 1920er Jahren von Pasternak als einem „Romantiker"[90] spricht und andere diese Einschätzung gern wiederholen, äußert sich darin im besten Fall eben eine idiosynkratische Zuweisung, wenn auch nicht ohne tieferen Grund. Es ist unbestreitbar, dass zwischen der Romantik mit ihren russischen Derivaten von Byronschen Helden, den oben (Kap. 4) schon erwähnten „überflüssigen Menschen",[91] eben der Symbolismus liegt als eine Kunst des Subjektiven, Individuellen, des „Gangs nach Innen", der *latenten* Darstellung der Psyche in einem *manifesten* Vorgang etc. Das scheinen Gor'kij und seine Nachfolger geflissentlich zu übersehen, um jeden Hinweis auf die Moderne zugunsten eines ‚immerwährenden' Realismus zu eliminieren, – eine Moderne, an der Gor'kij andererseits selbst partizipiert hat.[92] Anstelle des angeblichen „Romantikers"

---

90 Vgl. Gor'kijs Äußerung über Pasternak als „romantischen Jüngling (junoša-romantik)"; in: Gor'kij 1993, 309. (Datiert 1926/27).

91 Vgl. neben den weiter oben genannten Figuren die ‚Prototypen' – Puškins Onegin aus seinem gleichnamigen „Roman in Versen" (1825–33) oder Pečorin in Lermontovs Prosawerk *Ein Held unserer Zeit* (*Geroj našego vremeni*) (1840).

92 Sein in der Sowjetzeit gern zitiertes Gedicht *Lied vom Sturmvogel* (*Pesnja o burevestnike*) (1901) lässt sich, jedenfalls in der seinerzeit veröffentlichten Fassung, außerhalb der verordneten Kontextbindung an die „Vorahnung der Revolution" als Umsetzung (Hypertext) des berühmten *L'Albatros* von Charles Baudelaire aus der Sammlung *Die Blumen des Bösen* (*Les fleurs du mal*) (1857) ins russische Jahrhundertwende-Milieu

Pasternak ist also der *symbolistisch* geprägte Pasternak zu vermuten. Im russischen Literaturbetrieb der Zeit zwischen 1890 und 1910 dominierte jedenfalls der Symbolismus. Da es die Zeit von Pasternaks Kindheit und früher Jugend ist, könnte man daraus sogar ein biographisch-produktionsästhetisches Argument konstruieren, dessen mögliche Plausibilität hier aber lediglich erwähnt werden soll. Pasternaks Zugehörigkeit, ob formell oder informell, zu (post)symbolistischen Gruppen ist bekannt. Darum geht es hier nicht. Sondern es geht um die Anschließbarkeit des Text-Schemas seines Romans an symbolistische Muster. Sie kann nur partiell sein, wie eben auch die Zuordnung zum oben beschriebenen Derivat des realistischen Romans im 20. Jahrhundert. *Doktor Shiwago* ist selbstverständlich kein symbolistischer Roman, so wenig wie er eine Roman-Epopöe genannt werden kann.

Nach allem, was ich bisher ausgeführt habe, dürfte kaum verwundern, dass als oberstes Merkmal, das sich mit dem Symbolismus verbinden lässt, die Subjektivität zu nennen ist. Die Subjektivität prägt diesen Roman in mehrfacher Hinsicht: Einerseits die chaotische Anordnung der Gegenständlichkeiten mitsamt den Werturteilen, die die verschiedenen Figuren äußern, andererseits die starke Suggestion einer Identität zwischen dem psychophysischen Autor und dem Protagonisten sowie das Oszillieren des Gesamtentwurfs zwischen fiktional und nicht-fiktional, so dass die Teilung der Verantwortlichkeit zwischen abstraktem und psychophysischem Autor unklar wird. Man kann wohl von einer Art Metafiktion sprechen, die schließlich auch durch die rudimentäre Darstellung des Entstehens der Gedichte und ihrer vollständigen Präsentation am Ende beglaubigt wird.

1897 erscheint der Prosatext *Inferno* in Ich-Form von August Strindberg, dessen Protagonist „August Strindberg" heißt. Es handelt sich um eine ganz typische Metafiktion, weil am Ende „August Strindberg" behauptet, das Ganze sei keine „Dichtung", man könne das an August Strindbergs Tagebuch überprüfen.[93] Spätere Autoren nennen ihre Protagonisten „Marcel" oder „[Josef] K.".[94] Wenn Jurij Shiwago „Boris P." hieße, würden sich die Gewichte auf die Seite des

---

verstehen, den im Bild des Sturmvogels gefeierten Individualismus eingeschlossen. Noch bedeutsamer sind Gor'kijs Anleihen bei dem in der Sowjetzeit ebenfalls verfemten Naturalismus, z.B. in seinem Stück *Nachtasyl (Na dne)* (1902).

93 „Wer dieses Buch für eine Dichtung halten sollte, möge mein Tagebuch vergleichen, das ich seit 1895 Tag für Tag geführt habe und von dem dieses Buch nur eine ausgeführte und geordnete Bearbeitung ist". (Strindberg 1919, 213).

94 Vgl. Proust, Marcel: *Auf der Suche nach der verlorenen Zeit (À la recherche du temps perdu)* (1908–1922); Kafka, Franz: *Der Prozess.* (1925) bzw. *Das Schloss.* (1926).

psychophysischen Autors verschieben, die merkwürdige und letztlich irritierende Unbestimmtheit des ontologischen Status des Textes wäre deutlich gemindert.[95]

Die Subjektivität hat schließlich noch einen anderen Anker in der Jahrhundertwende bzw. im Symbolismus. Es handelt sich um die eigenartige Egozentrik, die hinter der gerade beschriebenen Konstruktion steht. Wie mehrfach angemerkt, tritt sie in Pasternaks Briefen zum Thema *Doktor Shiwago* klar zutage. Wenn man so will, wäre in seiner explizit geäußerten Egozentrik der Majakovskijsche Anteil zu fassen,[96] von dem in Pasternaks Briefen ja auch die Rede ist, aber ohne Majakovskijs außengeleiteten Antrieb, sozusagen mit dem Megaphon die Massen lenken zu wollen. D.h. Pasternaks literarische Egozentrik gründet einerseits deutlich in den 1920er Jahren, andererseits reichen deren Wurzeln als eines Kunstprinzips bis in den Symbolismus der Jahrhundertwende zurück.[97] Wenn Reinhold Vogt geradezu von Pasternaks „Gegenentwurf" zur symbolistischen und (nachfolgend) futuristischen Funktionalisierung der Biografie spricht, hat er insofern Recht, als sich damit die ontologische Unbestimmtheit des *Doktor Shiwago* deckt.[98]

Im Symbolismus rückte die Lyrik in den Vordergrund, die in der zweiten Hälfte des 19. Jahrhunderts dezidiert keine Rolle gespielt hatte, weil sie offenbar nicht geeignet war, den Strategien des epochalen Realismus zu genügen. So liegt es in Hinsicht auf interpolierbare Verbindungen zum Symbolismus nahe, die Subjektivität des *Doktor Shiwago* als Ausdruck eines lyrischen Prinzips zu erfassen. Es handelt sich zudem, und zwar im Wortsinn, um den „Roman eines Lyrikers", wie in der Sekundärliteratur wiederholt festgestellt worden ist. Nur scheint mit einer solchen Zuweisung nicht viel gewonnen zu sein, wenn sie nicht in systematischen Zusammenhängen gesehen wird. Andererseits gibt es ja symbolistische Romane bzw., wie oben vermerkt, Romane um die Jahrhundertwende, die den

---

95 Abgeschwächt würde auch das Moment der äsopischen Rede, das als Schutz vor Sanktionierung verstanden werden kann und zumindest angesichts der Situation in der UdSSR recht nahe liegt. Im Umkreis dieser Argumente ist interessant, dass Pasternak in einigen dem Roman vorausgehenden Prosafragmenten mit einem figuralen Erzähler experimentiert hat. Vgl. Gaumnitz 1969, 2. Im Falle eines figuralen Erzählers wäre neben allen anderen genannten Konsequenzen auch die beobachtbare stilistische Variation des Erzählertypus ausgeschlossen.

96 Vgl. Majakovskijs „Tragödie" *Vladimir Majakovskij* (1913).

97 Vgl. Erlich 1959, 325–35. Boris Tomaševskij weist schon am Anfang der 1920er Jahre auf die gängige Funktionalisierung des Biographismus hin. (Tomaševskij 2000, 49–64).

98 Vogt 1997, 72. Nach Vogts Ansicht wird Pasternaks biografisches Erleben durch seine künstlerische Imagination in etwas Allgemeines oder Allgemeingültiges verwandelt.

realistischen Anspruch auf Klarheit des Ausdrucks, Motiviertheit des Vorgangs, Objektivität der Darstellung, Ausschnitt aus der je gegenwärtigen Welt und ‚gepredigter' Moral nicht erfüllen oder besser: intentional gegen das übermächtige realistische Muster verstoßen.

Angesichts der logischen Brüche im *Doktor Shiwago* ist beispielsweise Knut Hamsuns Roman *Mysterien (Mysterier)* (1892) von Interesse. Das Dasein des Protagonisten und seine Handlungen werden verrätselt oder sind unlogisch. Er hat einen Geigenkasten – um das gängigste Beispiel zu zitieren –, der Kasten ist zwar mit Steinen gefüllt, dennoch hört man ihn Geige spielen. Auch bleibt sein Verhältnis zu den beiden Frauen, die ihm begegnen, im Dunkeln. Die auf Unlogik oder Unmotiviertheit beruhende Verrätselung führt dazu, dass man andere Erklärungen, Zusammenhänge, Motive oder eine „andere", d.h. latente Logik sucht, um der sprachlichen Äußerung Sinn zuzuweisen, ein Prinzip, das in Pasternaks Roman ebenfalls ausgiebig verwendet wird.[99]

Auch in Russland erscheinen symbolistische Romane. Einer der berühmtesten, *Der kleine Dämon (Melkij bes),* wird ab 1905 von Fedor Sologub veröffentlicht. Aus ihm wurde weiter oben schon ein für Sologubs Prosa charakteristisches Redemoment zitiert, das in Pasternaks Roman sozusagen als ein Mosaikstein im obwaltenden Chaos der verwendeten Kunstmittel und literarischen Redeformen auftaucht. Auch bei Sologub spielt die latente Logik eine Rolle. Sein Roman wurde in der Sowjetzeit zwar manifest-abbildhaft als Satire auf das „zaristische Regime" und sein Schulwesen gedeutet, aber gemäß der latenten Logik scheint er doch eher eine Allegorese auf die eschatologische Existenzangst zu sein, wenn auch mit satirischen Zügen. Das zu 1900 bzw. danach in Russland 1905 und in ganz Europa schließlich 1914 erwartete Ende der alten Welt, aus deren Zerstörung die neue Welt entstehen sollte, wird bei Sologub zum Brand in einem kleinstädtischen Gesellschaftshaus einerseits satirisch banalisiert, andererseits allegorisch verschlüsselt. Ein weiterer Roman aus dem symbolistischen Umkreis ist Andrej Belyjs berühmtes Werk *Petersburg (Peterburg)* (1911–1914). Auch auf diesen Roman wurde oben bereits hingewiesen, und zwar anlässlich der Emblematik von

---

99 Es ist hier nicht der Ort, symbolistische Kunsttheorien zu diskutieren. Im Blick auf die Auffassung symbolistischer Texte und deren literaturwissenschaftliche Operationalisierbarkeit sind logische Brüche ein Signal für das Bestehen einer anderen „Welt" bzw., weniger metaphysisch, eben der Hinweis auf eine andere Verknüpfungsmöglichkeit, eine „andere" Logik. Gerade an Sologubs Erzählungen lässt sich das sehr gut erweisen. Vgl. Steltner 2000. Die Begriffe *manifest* vs. *latent* übernehme ich aus Sigmund Freuds Traumtheorie, die in gewisser Weise ‚symbolistisch' genannt werden kann. Vgl. Freud 1987, 654.

Shiwagos mongolisch-kirgisischem Halbbruder Jewgraf, dem Repräsentanten des Motivs „Russland in Asien". Das Motiv erscheint bei Belyj als explizites Oberthema seiner geplanten Trilogie „Ost und West", zu welcher der Roman *Petersburg* gehört. Wie erwähnt, spielt auch bei Belyj das Motiv der ‚Zerstörung der Welt' eine Rolle, ein Motiv, das im *Doktor Shiwago* sozusagen weiterentwickelt wird: die ‚Zerstörung' findet statt, ihre Folgen werden sowohl historisch über den dargestellten Geschichtszeitraum als auch motivisch thematisiert. Da aber die historische Faktizität (Weltkrieg, Revolutionen und Bürgerkrieg) im *Doktor Shiwago* undeutlich bleibt, wirkt das eher abstrakte ideengeschichtliche Motiv, die ‚Zerstörung' *einer* Welt, die in vielen Einzelmomenten zu besichtigen ist, nur umso stärker. Ebenso bedeutsam erscheinen mir allerdings die Lyrismen in Belyjs Roman,[100] sofern man ihn als ein Muster auffasst, mit dem *Doktor Shiwago* korrespondiert.[101]

Doktor Shiwago in Hinblick auf Henri Bergsons Zeit-Auffassung

Ich möchte diesen Komplex der strukturellen Verbindungen des *Doktor Shiwago* zu den Vorlieben der Literatur der Jahrhundertwende mit einem Exkurs in Bezug auf die Thematisierung der „verlorenen Zeit" abschließen. Der Stichwortgeber, Marcel Proust mit seinem Romanzyklus, wurde weiter oben schon erwähnt. Wenn man noch einmal auf Tolstojs 1868/69 erschienenen Historienroman *Krieg und Frieden* schaut, der gern als Muster für Pasternaks Roman herangezogen wurde, so ist dessen Darstellung von einem anderen Zeitbegriff geprägt als *Doktor Shiwago*. Trotz seines impliziten Widerspruchs gegen die vaterländische Geschichtsschreibung und die Jubelfeiern anlässlich des 50. Jahrestages des Sieges über Napoleon verbleibt Tolstoj in einer historistischen Perspektive auf Ursachen und Folgen von Entwicklungen. Diese historistische Perspektive fehlt in Pasternaks Roman, woran, wie erinnerlich, auch die sowjetischen Kulturverwalter Anstoß nahmen. An ihre Stelle tritt ein Zeitbegriff, den ich *strukturell* nennen möchte. Er steht offenbar in einem, die gesamte Jahrhundertwende prägenden, anti-historistischen Umschwung und lässt sich insbesondere auch in den gegenwärtig gängigen Begriffen „Erinnerung" und „Gedächtnis" wiederfinden, wirkt

---

100 Vgl. dazu Kling 2007, 334–338.
101 Auch den wiederkehrenden Hinweis des Erzählers in *Doktor Živago*, Thema sei „die Stadt" bzw. „Moskau", oder der Hinweis auf den „Urbanismus" könnte man als spiegelbildlichen Bezug auf das symbolistische *Petersburg* verstehen, zumal dieser Hinweis, wie erörtert, letztlich in die Irre führt. Vgl. auch Holthusen 1968, 59.

also fort. Einer ihrer Väter ist Henri Bergson mit seiner Zeit-Auffassung, die eben von Marcel Proust literarisch genutzt bzw. popularisiert wurde.[102]

In Parenthese sei erwähnt, dass Gilles Deleuze in seiner Einführung zu Bergsons Werk auf einen Unterschied der Zeit-Auffassung zwischen Bergson und Proust hinweist. Auch wenn beide vom „Ansichsein der Vergangenheit" ausgingen, so könne nur nach Proust dieses Ansichsein „gelebt und im Zusammengehen zweier zeitlicher Augenblicke erfahren werden." (Deleuze 2007, 150) Bergson dagegen beschreibt ontologische Kategorien. Ich würde gegen Deleuze einwenden, dass es sich in Prousts *Roman* so verhält und dass sich hier die übliche Bruchstelle zwischen Philosophie und Belletristik zeigt. Letztlich bleiben die Anteile im Dunkeln, die beiden Autoren an der Ausprägung der herrschenden Vorlieben der Epoche jeweils zukommen. Nur hat die Philosophie den Vorzug, stringente Urteile zu fällen und zu deren Darlegung eine hinreichende Terminologie zu entwickeln, während die Belletristik diesen Usancen gerade nicht unterworfen ist. Sie betreibt allenfalls ‚angewandte Philosophie', wenn ich so sagen darf. Bergsons Auffassung erlaubt also, die epochalen Vorlieben *in puncto* „Zeit" genauer zu beschreiben.[103]

Bergson benennt bei der Bestimmung der „Zeit" zwei Größen, die miteinander verknüpft werden, den „Raum", eine *Quantität*, die messbar oder zählbar ist, und die „Dauer *(durée)*", eine *Qualität*, die empfunden wird und die sich im „Raum" entfaltet.[104] Das Erleben der Zeit, oder anders: das Leben in der Zeit, ist einerseits ein kontinuierliches Ineinander heterogener Erlebnisbereiche bzw. Bewusstseinszustände des erlebenden Subjektes, kurz: seine innere Welt („Dauer"). Es

---

102 Um einem terminologisch bedingten Missverständnis vorzubeugen, sei betont, dass die gegenwärtige Rückwendung zur Vergangenheit per „Erinnerung" oder „Gedächtnis" nicht das historistische Ursache-Folge-Schema zur Grundlage hat, sondern ein insofern ‚ahistorisches' – beispielsweise moralisches – Bewertungsmoment der Vergangenheit, das sich letzten Endes mit Bergsons Zeitauffassung verbinden lässt. Die Historie wird daher per „Erinnerung" eben nicht mehr mit dem programmatischen Anspruch sine ira et studio aufgearbeitet.

103 Nahe liegt auch der Gedanke an Albert Einsteins „Raum-Zeit", aber Einsteins Theorem wird wesentlich später als Bergsons *Zeit und Freiheit* veröffentlicht. Ob das Theorem mit Bergsons Überlegungen genetisch verbunden ist, kann hier nicht diskutiert werden. Zudem geht Einstein von der Physik aus, Bergson dagegen von der Psychologie, wenn auch von dem physikalischen Zeitbegriff „angestoßen". Vgl. Oger, 1991, XV. Wenigstens aber gehören sie demselben Prozess eines Umbruchs im Weltbild an. Über Pasternaks Verhältnis zur allgemeinen Relativitätstheorie vgl. Belenčikov 1993.

104 Bergson 2012, zusammengefasst 58f.

ist andererseits die Wahrnehmung des homogenen „Raums", der diskontinuierlichen äußeren Welt[105]:

> Wenn nun ein kühner Romandichter das geschickt gewobene Gewebe unseres konventionellen Ich zerreißt und uns unter jener scheinbaren Logik eine fundamentale Absurdität, unter jener Aneinanderreihung einfacher Zustände eine unendliche Durchdringung von Tausenden von verschiedenen Eindrücken sehen läßt, die im Augenblick, wo sie benannt werden, bereits zu sein aufgehört haben, dann spenden wir ihm Lob dafür, daß er uns besser kannte als wir selbst. So ist es indessen nicht; eben weil er unser Gefühl in eine homogene Zeit entfaltet und dessen Elemente in Worten ausdrückt, vermittelt er uns auch wieder einen Schatten davon; bloß hat er dieses Schattenbild so entworfen, daß er uns dabei die besondere und unlogische Natur des Gegenstandes ahnen läßt, der es projiziert; er hat uns zur Reflexion aufgerufen, indem er in den äußeren Ausdruck etwas von jenem Widerspruch, jener gegenseitigen Durchdringung hineinlegte, die das Wesentliche der ausgedrückten Elemente ausmacht. (Bergson 2012, 100f.)

Um dieses Zitat in den Rahmen meines Themas zu stellen, lässt sich Folgendes konstatieren: die spezielle Zeitbehandlung wirkt nicht nur gegen die im System verankerte Kategorie einer sprachlichen Orientierung in der Welt (s.o. Kap. 3 zur „Narration") sowie im Engeren gegen die überkommenen Gattungsmerkmale des Romans, sondern sie hat eine Eigenbedeutung, deren Konzept viel weiter reicht, als nur ein Merkmal im Funktionsgefüge eines literarischen Kunstwerkes zu sein. Wenn man das Zitat wörtlich nimmt, wird in diesem Funktionsgefüge Bergsons Konzept literarisch am ehesten im stream of consciousness verwirklicht. Allgemeiner gesehen, untermauert Bergson darüber hinaus *philosophisch* die eigentümliche Doppelheit, die den Symbolismus insgesamt prägt und die letztlich seine Bezeichnung motiviert hat. Von einigen Mustern war oben die Rede. Wenn ich den Rahmen noch weiter ziehe, lässt sich das Merkmal „Chaos", das Pasternaks Roman prägt, in Bergsons Konzept funktionell verankern.[106] Bergson gelangt nämlich auf seinem weiteren Denkweg bis zur Kategorie des „Lebens", als dessen Ausdruck für ihn schließlich die „Dauer" gilt. Die Frage wäre also, ob sich das durchgängige Darstellungsprinzip des Chaotischen, des Zufälligen, des Widersprüchlichen, des Doppeldeutigen etc. im Roman *Doktor Shiwago* als Isomorphie des „Lebens" verstehen lässt, als Qualität der inneren Welt, die im Sinne des Zitats nach außen gewendet

---

105 „Diskontinuierlich", weil die Elemente der äußeren Welt, im Unterschied zu denen der inneren Welt, ohne Einfluss aufeinander existieren.

106 Dabei spielt selbstverständlich keine Rolle, ob Pasternak von Bergson *sensu stricto* ‚beeinflusst' worden ist und ob er ihn überhaupt gelesen hat, wofür es im Übrigen keinerlei Belege zu geben scheint.

und somit notwendigerweise in eine ihr an sich nicht zukommende räumliche Ordnung gebracht worden ist. Es gibt zusätzliche Hinweise auf eine solche Möglichkeit der Konkretisation, wie beispielsweise den Titel des Romans, nota-bene als Quasi-Bibelzitat: *Der Arzt des Lebendigen,* oder den expliziten Hinweis auf die Ko-Präsenz der Dinge in der symbolistischen (urbanistischen) Dich-tung als Chiffre für das Leben (s.o.). Vom streng rezeptionellen Standpunkt aus dürfte allerdings klar sein, dass die künstlerische Valenz dieses Darstellungs-prinzips nicht ohne Weiteres *ästhetisch* aufgefasst werden kann. Die zitierten Kritikerstimmen belegen das zur Genüge. Bei *Doktor Shiwago* handelt es sich eben nicht um einen symbolistischen Roman.[107]

Mit Bergsons Auffassung von der „Zeit" kann schließlich noch etwas Weiteres verbunden werden, die Funktion des Gedächtnisses. Sie spielt in der *symbolisti-schen* Jahrhundertwende augenscheinlich keine Rolle, im Gegenteil, der Symbo-lismus thematisiert, wie erwähnt, eschatologische Motive und schaut sozusagen mit Hoffnung und Verzweiflung in die Zukunft. Prousts Romanzyklus *Auf der Suche nach der verlorenen Zeit* markiert dagegen eine Blickwendung, obwohl er bestimmte Merkmale, wie etwa den „Gang nach Innen", beibehält. „Erinnerung" und „Gedächtnis" sind insbesondere in der neueren Kulturwissenschaft zu Leit-begriffen geworden, auf die ich hier nicht näher eingehen will, weil ich einen textbezogenen Ansatz verfolge. Der je zugehörige Kontext bleibt in meiner Auffassung trotz seiner grundsätzlichen Bedeutung bei der Konkretisation des Text-Schemas letztlich sekundär. Zudem scheint Bergson in den kulturwissen-schaftlichen Ansätzen keine besondere Rolle zu spielen. Die Grundlagen des Bergsonschen „Gedächtnisses" fasst Erik Oger folgendermaßen zusammen:

Zeitlichkeit (als Dauer) wird von Bergson weniger als Vergänglichkeit aufgefaßt, sondern eher als Beständigkeit. Die Vergangenheit ist darum für Bergson überraschenderweise nicht in erster Linie das, wovon wir unwiderruflich Abschied genommen haben, son-dern etwas, was uns wie ein Schatten ständig folgt und begleitet. Wir können sie nicht wie eine verschlissene Puppe in einer Ecke zurücklassen. Die Dauer ist in der Sichtweise Bergsons gerade das Gegenteil eines unaufhörlichen Vorbeigehens, eines Verschwindens ins Nichts, eines Alterns und Vergehens. Sie ist ein Bewahren und Behalten. Nichts geht verloren. Ich bleibe der, der ich war. (Oger 1991, XVIII)

---

107   Entgegen der Auffassung von Masing-Delic 1982, 130, die „symbolisch" und „sym-bolistisch" gleichzusetzen scheint. Statt „symbolisch" würde ich in Bezug auf das Bedeutungsgefüge des *Doktor Živago* eben lieber von einer „latenten Logik" spre-chen. Sie kann zu einer Allegorese führen, die in ihrem Bezug auf das „Ewige Leben" vielleicht eher mit *futuristischen* Vorstellungen zu tun hat.

Mit dem Verständnis einer in diesem Sinne *strukturellen* Zeitbehandlung in Pasternaks Roman fällt sein berühmter Anfang ins Auge: „Sie gingen und gingen und sangen das ‚Ewige Gedenken'". (Shiwago, 9; Pasternak 3, 7) Die deutsche Übersetzung verdeckt notwendigerweise, dass der Romananfang neben dem manifesten „Gedenken" ein latentes Stichwort enthält, nämlich „Gedächtnis". Das Russische verwendet für beide Bedeutungen denselben Ausdruck *pamjat'*. Das Stichwort referiert an hervorgehobener Position im Text, dem Anfang des Romans, auf die „Zeit", im Verständnis Bergsons eben auf die *durée*.

Ich möchte quasi in Parenthese den Wert von Bergsons Auffassung für dieses Argument noch einmal präzisieren. Bergson schafft die Möglichkeit, den umgangssprachlichen Ausdruck[108] begrifflich zu öffnen, zu vertiefen bzw. ihn überhaupt erst zu fundieren. So wird es möglich, den Begriff im Kontext des 20. Jahrhunderts bzw. enger: im Kontext der Jahrhundertwende zu sehen. Das Problem der „Zeit" prägt – auch in der Literatur – gewissermaßen das gesamte 20. Jahrhundert. Ihm kann man selbstverständlich auch in anderer Weise beizukommen versuchen. Der Rekurs auf Bergson liegt m.E. nicht zuletzt wegen der Wirkung von Prousts Romanzyklus in den 1920/1930er Jahren aus literaturwissenschaftlicher Sicht zwar nahe, ist aber keineswegs zwingend.[109]

Um den letzten Schritt zu vollziehen, der dem Begriff des „Gedächtnisses" nach Bergsons Lesart innewohnt, korrespondiert das 17. Kapitel, die *Gedichte des Jurij Shiwago*, mit dem Stichwort „Gedächtnis (pamjat')" am unmittelbaren Beginn des Romans und bildet eine Klammer, weil die Gedichte, wie ich an anderer Stelle ausgeführt habe, das ‚Überleben' des Protagonisten sichern. Sie sichern sozusagen das „Ewige Gedenken" an den verstorbenen Jurij Shiwago, und zwar im Sinne Bergsons unabhängig vom Erleben ihres Urhebers:

---

108 Umgangssprachlich heißt „Gedächtnis" nichts anderes, als einen vergangenen Sachverhalt ins Bewusstsein heben zu können.

109 „Pasternak's time concept is Bergsonian. A philosophy which seems a little anaemic and arid in the French philospher becomes strong and fullblooded in the Russian poet. Pasternak is indeed a poet of the *élan vital* […]". Terras 1968, 264. Dergleichen dezidierte Zuweisungen halte ich für problematisch, weil eben die *Lebensphilosophie* in den allgemeinen Kontext der Epoche gehört. Auf Pasternaks Roman geht Terras im Übrigen mit keinem Wort ein. Mit Blick auf einen anderen Kontext und seine ‚Vorlieben' habe ich z.B. versucht, die eigenartige Zeitbehandlung im Drama *Drei Schwestern (Tri sestry)* mit Diskussionen der zweiten Hälfte des 19. Jahrhunderts innerhalb der Physik zu verknüpfen. (Steltner 2008)

Die Vergangenheit überlebt im Heute nicht nur, weil sie in der Erinnerung eine Spur hinterläßt, sie überlebt auch an sich, als eine ontologisch gedachte Vergangenheit selbst. Wie bereits gesagt, verweist ‚Dauer' auch auf eine Immunität gegen Verschleiß und Zerstörung. (Oger 199), XVIIf.)

Bei Bergson geht es zwar am Ende um das fortdauernde Seelenleben, das er in einem Vortrag von 1912 geradezu symbolistisch definiert[110], mir ging es hier um die *literarische* Wendung des Problems oder genauer seine *Ver*wendung in einem in sich geschlossenen Konstrukt der „Zeit", und selbstverständlich keineswegs um ein Fallbeispiel für Bergsons Theorem.[111]

Spiegelungen, Doppelroman, Selbstreferenzialität

Die strukturelle Zeitbehandlung, die für den Symbolismus qua Doppelung konstitutiv wird, wirkt über den Symbolismus bzw. die Jahrhundertwende hinaus, wie sich am Beispiel des Komplexes um „Gedenken (Erinnerung)" und „Gedächtnis" zeigt. Pasternaks Wortkunst ist von Anfang an darin sozusagen eingebettet. Allerdings vollzieht sich die *symbolistische* Doppelung als metaphorischer Prozess in der Dimension der Similarität (vgl. „Welt hinter der Welt" und Ähnliches), wie der Sachverhalt von Roman Jakobson begrifflich gefasst worden ist. (Jakobson 1974, 117–141) Bei Pasternak dagegen wird die Doppelung auf die Kontiguität,

---

110   „Wenn aber das Seelenleben [...] über das Leben des Hirns hinausgeht, wenn das Gehirn nichts weiter tut, als nur einen kleinen Teil von dem, was im Bewußtsein vorgeht, in Bewegung umzusetzen, dann wird das Fortleben so wahrscheinlich, daß die Beweispflicht eher dem Leugner zufällt als dem Bejaher [...]." (Bergson 1928, 53) Da im Folgesatz die Metaphysik zur Lösung der impliziten Problematik dieses Urteils abgelehnt und auf das „Feld der Erfahrung" verwiesen wird, bleibt unausgesprochen als *eine* Möglichkeit der Deutung die symbolistische Vorstellung einer ‚Welt hinter der Welt', die zwar existiert, aber (einstweilen) nicht erreicht werden kann oder nur durch die Kunst partiell erreichbar wird.

111   Wenn man so will, lassen bestimmte Äußerungen insbesondere von Shiwagos Onkel Wedenjapin Bergsons Zeitauffassung auch im Romantext erkennen. Z.B. wird Wedenjapin folgendermaßen eingeführt: „Wedenjapin lebte in Lausanne. In den Büchern, die er dort auf russisch und in Übersetzungen veröffentlichte, entwickelte er seinen alten Gedanken, daß die Geschichte ein zweites Universum sei, von der Menschheit erschaffen als Antwort auf das Phänomen des Todes mit Hilfe der Phänomene Zeit und Gedächtnis. Herzstück dieser Bücher war ein neu gesehenes Christentum, ihre direkte Folge eine neue Kunstidee." (Shiwago, 85; Pasternak 3, 67) Vgl. auch Gaumnitz 1969, 11–16.

auf das Nebeneinander, verlagert:[112] In Pasternaks Redekonzept dominiert die Metonymie. Sie wird in der frühen Dichtung, ob Lyrik oder Prosa, am deutlichsten wahrnehmbar in den antropomorphen Vertauschungen zwischen Agens und Patiens bzw. Agens und Umgebung. Um den Gedanken näher zu erläutern, möchte ich ein Beispiel aus *Shenja Lüvers' Kindheit* zitieren:

> Es war ein warmer sonniger April. „Die Füße, tretet euch die Füße ab!" – so wehte es der helle, nackte Korridor von einem Ende zum andern. Die Felle wurden für den Sommer weggeräumt. Die Zimmer [...] seufzten sanft und erleichtert. Den ganzen Tag [...] lachte und tobte unersättlich und unstillbar [...] der Faulbeerbaum, und badete, sich fast am Wasser verschluckend, das Geißblatt. Volle vierundzwanzig Stunden währte das gelangweilte Murmeln der Höfe; sie erklärten die Nacht für entmachtet und versicherten hartnäckig und ununterbrochen [...], daß es nie mehr Abend sein würde, daß sie niemand schlafen lassen würden. (Werkausgabe 1, 229f.; Pasternak 4, 43)

Es geht nur um die Demonstration dieser metonymischen Vertauschung und ihrer nachvollziehbaren künstlerischen Valenz – der *Korridor* gibt Anweisungen, die *Zimmer* seufzen erleichtert, *Faulbeerbaum* und *Geißblatt* lachen und prusten und die *Höfe* verkünden, dass es keinen Abend mehr gibt und niemand mehr ins Bett muss etc. – und dabei sind es doch die Kinder, die den Frühling draußen genießen. Ähnlich funktioniert die Vertauschung von lexikalischen Solidaritäten[113] und anderes mehr. Im Roman wird dergleichen anders eingesetzt, tendenziell wie ein Selbstzitat, durchgehend als Mittel der allseits gerühmten Naturbeschreibung und grundsätzlich in der Perspektivierung der dargestellten Welt hinsichtlich Shiwagos Handlungsrolle, nämlich Patiens statt Agens zu sein, sowie im chaotischen Nebeneinander zahlloser heterogener Momente im Ablauf der „Zeit".[114]

In dem Gedicht *Wie das Kohlenbecken mit bronzener Asche... (Kak bronzovoj zoloj žaroven'...)* aus der Frühzeit findet sich eine Wendung, die figürlich die Anordnung in der Vertikale vertauscht: „[...] und der Garten *hängt* als Pfahlbau //

---

112 Darauf hat ebenfalls Jakobson 1935 in seinem berühmten und oben (Kap. 3) schon zitierten Aufsatz zur *Prosa des Dichters Pasternak* verwiesen. (Jakobson 1991) In dieser Beziehung hat Pasternaks Werk geradezu etwas Anti-Symbolistisches.

113 Als Beispiel seien die ersten beiden Verse des ersten Gedichtes von Pasternak zitiert, das alle seine Werkausgaben eröffnet (Pasternak 1, 47): „Der Februar – Tinte nehmen und *weinen* // über den Februar laut schluchzend *schreiben* (Февраль – достать чернил и *плакать* // *писать* о феврале навзрыд)", anstelle der erwartbaren ‚solidarischen' Ordnung „Tinte nehmen und *schreiben*" sowie „über den Februar laut schluchzend *weinen*". (Vgl. Steltner 1993) Eine künstlerische Übersetzung von Christine Fischer findet sich in: Werkausgabe. 1, 11.

114 Es gibt Versuche, auch die schematische Darstellung gerade der obligaten Handlungsträger in das Verdoppelungssystem einzubeziehen. Vgl. Rylkova 1998.

und hält vor sich den Himmel [[...] и сад *висит* постройкой свайной // и держит небо пред собой]".[115] Dies mag in Pasternaks Werk der erste figürliche Ausdruck einer sogenannten „Spiegelhaftigkeit (zerkal'nost')" sein, über die gerade in der neueren Sekundärliteratur diskutiert worden ist. Gemeint sind nicht nur wiederum die metonymischen Vertauschungen oder das direkte Spiegelmotiv und seine Thematisierung z.B. in dem berühmten Gedicht *Der Spiegel (Zerkalo)* (vgl. Steltner 2002), sondern weit darüber hinaus die spiegelbildlich[116] verstandenen Bezüge in Pasternaks Werk, wie z.B. der Bezug des Romans *Doktor Shiwago* zur Gedichtsammlung *Meine Schwester – das Leben (Sestra moja – žizn')* (1922), in der auch das Gedicht *Zerkalo* zu finden ist.[117] In den Titeln von Pasternaks frühen Gedichtsammlungen wird das Moment der Doppelung schon parat gehalten und in den Gedichten selbst entsprechend ausgeführt: *Der Zwilling in den Wolken (Bliznec v tučach), Über den Barrieren (Poverch bar'erov), Meine Schwester – das Leben (Sestra moja – žizn')* oder *Zweite Geburt (Vtoroe roždenie)*.[118] Bei Pasternak ist die Doppelung also ein Merkmal seines ‚Systems', das in verschiedener Weise realisiert wird, im Roman *Doktor Shiwago* schließlich auch in der hier interessierenden Teilung zwischen Prosa und Vers.

1964 erschien in Groningen die erste Auflage einer „literatursystematischen Studie über duplikative Erzählstrukturen", so der Untertitel des Buches von Frank C. Maatje *Der Doppelroman*. (Maatje 1968) Auch hier gilt, wie bei den anderen von mir als Folie zitierten Mustern, dass es sich nach Maatjes Definition bei Pasternaks *Doktor Shiwago* natürlich nicht um einen Doppelroman handelt, allein schon deshalb nicht, weil „Erzählstrukturen" im engeren Sinne fehlen und es nur zwei aufeinander bezogene, in der Redeführung allerdings strikt unterschiedene Teile gibt. Aber der von Maatje beschriebene „Doppelroman" hat eine

---

115 Pasternak 1, 48 (Hervorhbg. von mir); eine deutsche Übersetzung wiederum von Chr. Fischer in: Werkausgabe. 1, 12.

116 Um die metaphorische „Spiegelhaftigkeit (zerkal'nost')" zu meiden oder wenigstens den metaphorischen Anteil in der Ausdrucksweise zu verkleinern, verwende ich den Ausdruck „Doppelung".

117 Sendelbach 1997. Vgl. das „Abstract" unter URL http://philpapers.org/rec/SENMAS; [13.4.2016].

118 Selbst in seinem ersten Prosastück, der *Apelleslinie (Apellesova čerta)* (1915), wird vermutlich auf eine Grenze referiert, die zwei Bereiche trennt bzw. einander zuordnet, eben diese „Apelles-Linie" als Terminus für den Übergangsbereich zwischen Licht und Schatten, auch „Kernschattenlinie" genannt, obwohl die Erzählung die antike Überlieferung um die Konkurrenz zweier Maler per Überschrift und per Epigraph assoziiert, Apelles und eigentlich Protogenes, bei Pasternak allerdings im Epigraph – Zeuxis.

Wirkungsmacht im 20. Jahrhundert erlangt, die es erlaubt, seine Regularien als ein Muster zu betrachten. Zudem tritt die Doppelstruktur von Pasternaks Roman in einer Weise in den Vordergrund, dass jeder Leser gezwungen ist, und zwar nicht erst im Prozess des Lesens, sich damit auseinanderzusetzen. Das ist für den forschenden Blick von der Wirkung her ein wichtiges Kriterium. Die Kritikerstimmen belegen allerdings auch die einfachste Lösung, sich damit zu arrangieren, indem sie nämlich den Gedichtteil vernachlässigen und den Roman um eine Dimension verkürzen.

Maatje untersucht eine ganze Reihe von Romanen, darunter aus dem 20. Jahrhundert André Gides *Falschmünzer (Les faux-monnayeurs)* (1925) und Thomas Manns *Doktor Faustus* (1947). Was die russische Literatur betrifft, so wird in der Forschung Lev Tolstojs Roman *Anna Karenina* (1875–1877) genannt (Wedel 1978), der ja innerhalb der Gattungsentwicklung eine große Rolle spielt, und ebenso *Der Meister und Margarita (Master i Margarita)* von Michail Bulgakov.[119] Man könnte schließlich auch die symbolistische Trilogie *Eine Legende im Werden (Tvorimaja legenda)* (1906–1913) von Fedor Sologub in diese Reihe stellen, – ein ganzes Ensemble von Romanen also, deren experimenteller Zug sich im Moment des Doppelten manifestiert.

Etwas sehr Wichtiges kommt hinzu, nämlich die mögliche textinterne Funktion der formalen Verdoppelung gerade in den Romanen aus dem 20. Jahrhundert. Maatje hebt in dieser Hinsicht „die Tendenz des Doppelromans" hervor, „zu einem *Roman über den Roman* zu werden" (Maatje 1968, 140; Hervorhbg. i.O.), also das Medium zu reflektieren, innerhalb dessen der künstlerische Ausdruck möglich wird. Das betrifft gewiss nicht nur die Gattung, sondern Literatur bzw. Kunst überhaupt. Die metapoetische Reflexion ist ein fester Bestandteil von Literatur seit der Moderne. Maatje entwickelt also einen Grundzug romanhaften Erzählens, v.a. im 20. Jahrhundert, der sich für meine Begriffe in den hier schon angedeuteten größeren Rahmen stellen lässt, so dass auch Pasternaks Roman bzw. das mit ihm verbundene Phänomen der Doppelung in diesem Rahmen gesehen werden können.

Als Beispiel möchte ich einen Augenblick bei Thomas Mann verweilen, dessen *Doktor Faustus* einerseits Züge eines Doppelromans hat, weil er in sich zwei Erzählstränge, Serenus Zeitblohm vs. Adrian Leverkühn, birgt. Thomas Mann veröffentlichte andererseits den *Roman eines Romans: Die Entstehung des Doktor Faustus* (1949), in dem Fiktion und kontextueller Kommentar verknüpft werden,

---

119 Bulgakov hat den 1966/67 veröffentlichten Roman zwischen den Jahren 1929 und 1940 verfasst.

und zwar so, dass am Ende der Eindruck entsteht, die im *Doktor Faustus* vermittelten Geschehnisse bzw. besser: Quasi-Urteile gründen in der historischen Lebenswelt des Autors Thomas Mann, obwohl sie als solche dieses Merkmal nicht mit sich führen. Da es sich um den *Roman eines Romans* handelt, ist natürlich auch die Rede des Autors „Thomas Mann" fiktional, obwohl der Autor nicht fiktiv ist. Es handelt sich um das obligate Maskenspiel des 20. Jahrhunderts, in dem die Fiktion selbst sozusagen ins Zwielicht gerät und in das sich auch *Doktor Shiwago* subtil einfügt.[120]

Mithin sind es zwei Struktur-Merkmale, die ineinandergreifen: die formale Verdoppelung und ihre metapoetische Funktionalisierung, sowie das davon theoretisch zu unterscheidende Moment des Oszillierens zwischen den auktorialen Positionen innerhalb und außerhalb des Textes. Vor allem in der angelsächsischen bzw. anglistischen Literaturwissenschaft wird der Begriff „Metafiktion" mittlerweile als Oberbegriff für alle Arten von solchermaßen verfremdenden Strategien verwendet. Werner Wolf weist der „Metafiktion" den Effekt einer „Illusionsstörung" bzw. „Illusionsdurchbrechung" zu.[121] Diese Illusionsstörung hat wiederum als *funktionale* Kategorie zu gelten, sofern man „Metafiktion" auf dieser Ebene des Form-Funktions-Gefüges als *Form* versteht. Zudem könnte man mit Fug und Recht sagen, in Pasternaks Roman werde die Illusion in verschiedenerlei Hinsicht gestört. Zur Illusionsdurchbrechung führt letztlich auch das chaotische Ineinander der verschiedenen Redeformen und Darstellungsstrategien. Wegen ihres fast durchgängig impliziten Charakters sperren sie sich gegen ihre künstlerische Funktionalisierung innerhalb eines ganzheitlich empfundenen ästhetischen Objektes, auf dem die Illusion beruht.

Der Gedichtteil bewirkt eine Illusionsdurchbrechung allerdings dem Grunde nach gerade nicht. Der Arzt Shiwago schreibt Gedichte, von denen – entgegen der zeitweise geltenden Behauptung des Erzählers – 25 übrig geblieben sind. Die

---

120 *Doktor Živago* hatte verschiedene Arbeitstitel, bis sich Pasternak für den endgültigen Wortlaut entschied. Die Spekulation sei erlaubt, dass bei dem endgültigen Titel nicht nur Goethes *Faust* eine Rolle gespielt hat, der ja von Pasternak in dieser Zeit quasi parallel zu seiner Arbeit am Roman übersetzt wurde, sondern auch Thomas Manns im Jahre 1947 veröffentlichter *Doktor Faustus*. In russischer Übersetzung erschien dieser in Moskau 1959 als *Doktor Faustus (Доктор Фаустус)*. Vgl. Pasternaks Reaktion auf die Frage von Henrik Birnbaum, ob er *Doktor Faustus* kenne: „Darauf erwiderte mir Pasternak ein wenig ausweichend, er kenne *Doktor Faustus* allerdings und Manns letzter großer Roman, obwohl einem ganz anderen Temperament [...] entsprungen, habe ihn in der Tat sehr beeindruckt – er sagte wohl absichtlich nicht beeinflußt." Birnbaum 1976, 8.
121 Vgl. Wolf 1993, zur „Metafiktion" v.a. 220-265. Wolf entwickelt eine differenzierte Terminologie für die unterschiedlichen Phänomene.

Gedichte als solche sind also im Vorgang motiviert. Dennoch melden sich Zweifel, ob es nicht eher die Gedichte des Lyrikers Boris Pasternak seien. Das damit verbundene Problem zeigt sich wiederum in den Schwierigkeiten, ein ästhetisches Objekt zu konkretisieren, d.h. der nunmehr auf einer Hierarchiestufe höher als Form zu verstehenden Illusionsstörung eine künstlerische bzw. ästhetische Funktion zuzuweisen.

Doch zurück zum „Doppelroman" – Maatje nennt fünf Merkmale, die den „Doppelroman" konstituieren:

> Romanhaftigkeit, zwei Haupterzählstränge mit zwei Haupthelden, korrelative und häufig auch konsekutive Verbindung der Stränge, Selbständigkeit der Stränge, und personale Abhängigkeit des einen Stranges von dem anderen. (Maatje 1968, 138)

Das Problem, *Doktor Shiwago* in dieser Definition wiederzufinden, liegt im Begriff der „zwei Haupt*erzähl*stränge mit zwei Haupthelden", während sich „Romanhaftigkeit", „korrelative / konsekutive Verbindung", „Selbständigkeit" und die „personale Abhängigkeit" durchaus bestimmen lassen, wenn sicherlich auch mit Modifikationen. Dem naheliegenden Einwand, dass es besser wäre, von Vornherein nur mit dem weiten Begriff der Metafiktion zu argumentieren und nicht quasi einen Umweg über die Untergattung „Doppelroman" zu nehmen, möchte ich damit begegnen, dass formale Auffälligkeiten rezeptionslenkend sind und dass sie deshalb auch im diachronen Schnitt eine Rolle spielen. Sie lassen sich in unterschiedlichen Binnendifferenzierungen variieren, in unterschiedlichen Funktionszuweisungen sowieso. In dieser Hinsicht bleibt die quasi ‚sichtbare' Doppelung ein wichtiges Signal.

Um zwecks Erläuterung nur bei den russischen Romanen mit Doppelstruktur zu bleiben, sind es in *Anna Karenina* die Parallelhandlungen bzw. -räume, nämlich die Anna-Vronskij-Handlung bzw. „die Stadt" vs. die Kitty-Levin-Handlung bzw. „das Land" mit der konkretisierbaren Funktion eines didaktisch zu verstehenden Kontrastes „Unglück" vs. „Glück". Das Moment der Selbstreferentialität fehlt. Der Kontrast folgt also nicht der Frage, ‚wie man *schreiben* soll', sondern ganz im Sinne des epochalen Realismus der Frage, ‚wie man *leben* soll'. Sie wird allerdings nur implizit gestellt. Obwohl der Roman auch nach Wedels Anschauung nur eine Übergangsform repräsentiert, setze ich mit *Anna Karenina* bewusst den Anfang eines dynamischen Form-Funktions-Gefüges innerhalb der russischen Literatur, ohne behaupten zu wollen, dergleichen Phänomene gäbe es vielleicht nicht schon vorher. Mit dem sog. „Kritischen Realismus" des 19. Jahrhunderts tritt Russland spektakulär in die Weltliteratur ein. Folglich müssen sich die Nachgeborenen nolens volens daran messen lassen. Es macht also Sinn, den Anfang gerade auf ein Muster aus dem Realismus zu setzen. Im konkreten

Falle der *Anna Karenina* fiel den Zeitgenossen zudem die Doppelstruktur negativ auf. Tolstoj sah sich gezwungen, insbesondere die Implizitheit ihrer Funktionalisierung zu verteidigen. (Wedel 1978, 420–425) Das ‚realistisch' gesonnene Publikum erwartete offenbar eine handfeste und v.a. explizit geäußerte Moral.

In Sologubs Trilogie *Eine Legende im Werden* wird der Kontrast zweier diskreter Schauplätze hergestellt, nämlich „Russland" vs. (fiktives) „Königreich der Vereinigten Inseln" im Mittelmeer. Sie werden am Ende per Handlung verknüpft. Die Funktion bleibt vieldeutig. Sie lässt sich z.B. als Grundlage der symbolistischen Utopie einer (Welt)Herrschaft des Dichters erfassen und bildet somit eine thematische Variante der erwähnten Endzeiterwartung der Jahrhundertwende: Die Insel „Dragonera" wird durch einen Vulkanausbruch zerstört, das traditionelle Herrschaftssystem geht unter. Auf den Trümmern dieser „alten Welt" wird durch die Krönung des Dichters und ‚Übermenschen'[122] Trirodov eine „Neue Welt" errichtet. Damit beginnt offensichtlich auch eine „Neue Zeit". Von der Doppelstruktur her gesehen, könnte man den in Russland handelnden Teilen das „Stück grobes und armes Leben" zuordnen, aus dem die Poesie die „sinnliche Legende" – des Inselreiches – macht, wie es am Anfang des Romans als eine Art Leseanweisung heißt.[123] Diese Leseanweisung in Ich-Form lässt sich zweifellos unter der Kategorie Selbstreferentialität subsumieren. Das „Ich" taucht nie wieder auf und wird folglich im Fortgang der Konkretisation vergessen.

Bulgakovs Roman schließlich weist die komplizierteste Struktur der drei Romane auf. Zumindest können im Sinne der Doppelung die obligaten beiden Handlungsräume Moskau vs. Jerusalem (zur Zeit Christi) benannt werden sowie ihre Verknüpfung, die durch das selbstreferentielle Motiv des Schreibens hergestellt wird. Es geht um einen Roman im Roman, der den Handlungsraum Jerusalem und seine Fabel zum Gegenstand hat. Eine Kuriosität sei noch erwähnt: Fliegt in Sologubs Trilogie der Protagonist Trirodov mit einem selbstgebauten Raumschiff in sein neues Königreich der Balearen, so kann sich der *Meister* für seinen Flug in die Welt seines Romans satanischer Zauberkräfte bedienen.[124]

---

122 Masing-Delic 1982, 130, nennt Trirodov ein „Universalgenie" und verknüpft ihn in diesem Attribut mit Shiwago. Sie belegt damit einmal mehr die Verankerung der Figur Shiwago in der Jahrhundertwende, die besser mit dem zeittypischen Konzept des „Übermenschen" zu verbinden wäre (s.u.).

123 „Ich nehme ein Stück Leben, graues und armes Leben, und schöpfe daraus eine sinnliche Legende, denn ich bin Dichter. [Беру кусок жизни, грубой и бедной, и творю из него сладостную легенду, ибо я – поэт.]" (Sologub, 2002, 7).

124 Die Parallelität in der Nutzung des Flugmotivs zur handlungsmäßigen Verknüpfung hat eine gewisse Signifikanz. Zudem scheinen beide Flüge auch ‚Zeitreisen' zu sein,

Maatjes Kategorien müssen allerdings auf Pasternaks Roman adaptiert werden. Das erste Kriterium, die „Romanhaftigkeit" des *Doktor Shiwago*, wurde im Laufe meiner Erörterung für den Prosateil schon positiv geprüft. Sodann folgen die 25 Texte des Gedichtteils zwar nicht einem anderen Handlungsstrang, aber sie eröffnen eine andere Welt als die der Prosa.[125] Diese Welt ist selbständig (Kriterium 2), auch wenn ihr Entstehen fallweise in der Welt des Prosateils fundiert ist. Daher kann sowohl die Bedingung der „Korrelation" als auch der „Konsekution" (Kriterium 3) als erfüllt gelten. Ein Agens („Held") gibt es in dieser Welt nicht, aber einzelne Gedichte zeigen Handlungsmuster, die sich im Vorgang innerhalb des Zyklus der 25 Gedichte als Aktivität verstehen lassen. (Bodin 1976) Ebenso scheint die „personale Abhängigkeit" zu fehlen. Sie könnte man durch Shiwagos schlichte Autorschaft substituieren, d.h. nach dem intuitiven Verständnis der Gedichte auch durch das „lyrische Ich", das unmittelbar wiederum mit Shiwago – und nicht mit Pasternak! – verbunden ist. Das werde ich im nächsten Kapitel noch genauer herausarbeiten. Hier soll erst einmal die Abwägung genügen, dass die Doppelstruktur des *Doktor Shiwago* modifiziert an das Modell angeschlossen werden kann. Wichtiger ist freilich die damit ggf. verbundene Funktion, nämlich das Moment des Selbstreferentiellen im engeren Sinn, und genauso der Metafiktion – das Oszillieren zwischen den Urhebersubjekten; denn es sind schließlich auch die Gedichte, die eine Identität zwischen Pasternak und Shiwago suggerieren.

Shiwago wird weniger als Arzt denn als Autor dargestellt. Der ‚inkorrekte' Erzähler legt verschiedene falsche Fährten in Bezug auf Shiwagos Œuvre. Da sie die Literatur und ihre Machart betreffen, erfüllen sie potenziell das Kriterium der Selbstreferentialität. Es scheint sogar so zu sein, dass beispielsweise der Hinweis auf den Urbanismus – in Shiwagos vom Erzähler zitierter Aufzeichnung – gerade diesen Roman betrifft, in dem Shiwago als Protagonist handelt. Eine solche Bemerkung referiert somit auf den Erzähler als Kreatur des abstrakten Autors und seiner Vertextungsstrategien. Zudem ist ja die Faktur des Romans *Doktor Shiwago* undurchsichtig bzw. chaotisch und bedarf einer Erklärung.

---

bei Sologub in ein märchenhaftes Mittelalter mit modernen Zügen, anscheinend zugleich nach vorn und zurück, d.h. im Paradoxon der *Vierten Dimension*, deren Funktionsweise von H.G. Wells in der *Zeitmaschine (The Time Machine)* (1895) literarisch vor Augen geführt worden war, bei Bulgakov in eine literarisierte Gegenwart von Pontius Pilatus.

125   Genauer gesagt ein Vielzahl anderer Weltausschnitte, die je nach Gedicht differenziert werden müssen.

Als Zweites wird zuweilen das Entstehen der Gedichte bzw. die Arbeit daran thematisiert. Die differenziertesten Ausführungen betreffen die Entstehung des Gedichtes *Märchen (Skazka)*, das als Gedicht Nr. 13 genau die Mitte der Gedichtsammlung bezeichnet und damit einen besonderen Platz einnimmt.[126]

Trotz der eingehenden Beschäftigung Shiwagos mit diesem Gedicht wird sein Titel nicht genannt, im Unterschied zu Titeln wie *Hamlet (Gamlet)* (s.o.), und an anderer Stelle: *Winternacht (Zimnjaja noč), Stern der Geburt (Roždestvenskaja zvezda)*, „und eine Anzahl ähnlicher Gedichte, die später in Vergessenheit gerieten, verlorengingen und nicht mehr aufgefunden wurden". (Shiwago, 544; Pasternak 3, 430) Es handelt sich um die Nummern 15 und 18. Das metafiktionale Verwirrspiel des Erzählers wird an dieser Stelle nicht durchschaubar,[127] sofern ein Leser die Gedichte nicht unabhängig vom Prosateil und seinem erzählten Vorgang liest oder gelesen hat. Erinnern müsste er sich so oder so, im Idealfall beim Lesen der Gedichte als Erinnerung an den dargestellten Moment ihrer Entstehung. Sie werden nicht unmittelbar präsentiert. Der Vorgang im Prosateil ist jedenfalls nicht so gestaltet, dass die Bezüge zwischen einer zeitlich-räumlichen Situation und dem jeweiligen Gedicht zum Thema würden. Die Situationen lassen sich eventuell über Schlüsselwörter, Motive oder Themen mit den Gedichten verknüpfen, sind aber im Einzelnen unerheblich, mit Ausnahme der Situation dieses selbstreferentiell behandelten Gedichtes Nr. 13, *Märchen (Skazka)*, das dadurch auch im Prosateil hervorgehoben wird.

Ein metafiktionales Moment verwendet im Übrigen auch einer der bekanntesten, weil per Schullektüre verbreiteten Romane des Sozialistischen Realismus, Nikolaj Ostrovskijs *Wie der Stahl gehärtet wurde (Kak zakaljalas' stal')* (1932–34). Auf ihn möchte ich bei meiner Erörterung kontextueller Muster, quasi zur Überleitung auf den nächsten Punkt, verweisen. Auch hier fehlt in der Sekundärliteratur der nichtssagende Hinweis „autobiografisch" nicht, der mittlerweile in Bezug auf Romane ganz anderen künstlerischen Kalibers wieder Konjunktur hat, nur handelt es sich hier offenbar tatsächlich um das metafiktionale Spiel mit der Illusion. Der Protagonist Pawel („Pawka") Kortschagin schreibt am Ende seines fiktiven Daseins unter großen Mühen, ans Bett gefesselt und halb blind, einen Roman des Titels *Die Sturmgeborenen (Roždënnye burej)*. Dessen Manuskript geht auf dem Postweg zum Verlag verloren. Kortschagin macht sich unverdrossen noch einmal an die Arbeit. Als Ostrovskij 1936 nach langem Leiden,

---

126 Vgl. unten Kap. 6 Abschnitt *Variabilität und Artifizialität*.

127 Streng genommen bezieht sich der Relativsatz bzw. im Russischen die partizipiale Konstruktion nur auf die „Anzahl ähnlicher Gedichte". Die Formulierung lässt allerdings die weitere Deutung zu.

gelähmt und fast blind, gestorben war und zu Grabe getragen wurde, dachten viele Zeitgenossen, Pawka Kortschagin werde beerdigt. An diesem Spiel mit Fiktion und Authentizität hatte natürlich die Propaganda ihren Anteil, die gelenkte Rezeption, die es ja bis heute erschwert, die gebotene Neutralität des historischen Urteils zu wahren. Dennoch wird letztlich insbesondere das inhärente metafiktionale Moment des „Romanschreibens im Roman" propagandistisch genutzt. Die Metafiktion dient quasi der Beglaubigung im Sinne der Abbildhaftigkeit des Dargestellten; denn Ostrovskij hatte tatsächlich einen (zweiten) Roman begonnen. Dessen Fragment (Teil 1) erschien in Ostrovskijs Todesjahr 1936 unter dem Titel *Die Sturmgeborenen (Roždënnye burej)*.

Übermensch, Neuer Mensch, positiver Held

Ostrovskijs sozialistisch-realistischer Musterroman[128] ist allerdings in ganz anderer Hinsicht von einschlägigem Interesse, und zwar als historisch erste Ausfüllung eines Schemas der Figurendarstellung, das im Pleonasmus „positiver Held (položiteľnyj geroj)" gefasst wird und das als solches zum Merkmalsbestand des Sozialistischen Realismus gehört hat. Zwischen den drei Begriffen „Übermensch", „Neuer Mensch" und „positiver Held" besteht eine vermutlich genetische Verbindung. (Günther 1984, 40) Sind die beiden ersten als Embleme einer säkularisierten Heilserwartung zu verstehen, die aus christlichen Wurzeln stammt,[129] so scheint der „positive Held" als Merkmal des Sozialistischen Realismus deren künstlerische Verwirklichung zu betreffen.

Das eigentliche Bindeglied wird auch hier von Maksim Gor'kij repräsentiert, der sich in verschiedenen Etappen von einem verdeckten Nietzsche-Verehrer und Anhänger der Ideen von Max Nordau („Entartung") zu einem Meister der Heroisierung literarischer Figuren entwickelte. Hans Günther schreibt, in Gor'kijs Roman *Die Mutter (Mat')* (1906) seien „alle Linien der Heroisierung unter der Dominante gotterbauerischer Vorstellungen zusammengeführt" und zum ersten Mal „umfassend auf die soziale Thematik angewendet" worden. Damit konnte der „Heldenmythos aus dem Stadium des literarischen Entwurfs ins Leben treten"

---

128   Die eigenartige Popularität von Ostrovskijs Roman legt nahe, an intertextuelle Spuren anderer Art zu denken, die sich in *Doktor Živago* zeigen. So fällt auf, dass auch Kortschagin mit drei Frauen zu tun hat, deren erste, eine Bürgertochter, *Tonja* heißt. Diesen Namen trägt gleichfalls Shiwagos Ehefrau. Er ist in Russland verbreitet, dennoch bekommt er durch Ostrovskijs Roman eine literarische Aura.

129   Tetzner 2013, passim, vgl. das *Resümee*, 371–376.

und „zur wirklichkeitsgestaltenden Macht werden".[130] Diese Macht entfaltet sich für meine Begriffe am deutlichsten in dem propagandistischen Identifikationsangebot, das beispielsweise in der Figur *Kortschagin* und ihrer Nachfolger[131] liegt. Günther gelangt auf diese Weise über das literarische Schema der Heroisierung hinaus zu einer kontextgebundenen Wirkung, die den Bereich des politischen Handelns betrifft. Wie oben schon in anderen Zusammenhängen erwähnt, speist sich das literarische Politikum des *Doktor Shiwago* aus dem impliziten Gegenteil des Musters, dem absolut passiven „Anti"-Helden. Dennoch liegen die Verhältnisse im Blick auf das mögliche Muster etwas komplizierter.

Günther resümiert das von Gor'kij geschaffene literarische Schema folgendermaßen:

> Gor'kijs Heroisierungsrepertoire ist damit [*sc.* mit dem Roman *Die Mutter*] im wesentlichen abgesteckt. Es wird von nun an nicht mehr wesentlich erweitert, seine Elemente werden nur umgruppiert und durch Einfügung in neue Zusammenhänge in ihrer Bedeutung modifiziert. Es ist wohl kein Zufall, daß diese Entwicklungsphase etwa mit dem Jahr 1909 ausklingt, wenn man bedenkt, daß insgesamt die Krise des Symbolismus in Rußland etwa um das Jahr 1910 angesetzt wird. Diese Konstellation spricht dafür, daß Gor'kijs heroischer Mythos im Umfeld des symbolistischen Mythenschaffens zu verstehen ist. (Günther 1993, 68)

Auf die motivisch-thematische Verbindung Gor'kijs zu den -*ismen* der Moderne, d.h. nicht nur zum *Symbolismus*, wurde weiter oben schon hingewiesen. Gar nicht überraschend, lässt sie sich auch in den Aporien des Sozialistischen Realismus erkennen, nämlich in der Verbindung von „Wirklichkeit" mit deren Transzendenz, insbesondere im Postulat der „Darstellung der Wirklichkeit in ihrer revolutionären Entwicklung", ob die Formulierung nun unmittelbar auf Gor'kij zurückgeht oder nicht. Das Postulat lässt sich problemlos mit Solov'evs „allgemeiner Definition der Kunst ihrem Wesen nach" in Verbindung bringen. Solov'ev entwirft die für den Symbolismus typische Teilung in eine ‚gegenständliche Welt' und eine ‚Welt der Idee', die gern auch mit dem Höhlengleichnis aus Platons *Politeia* erklärt wird:

---

130 Günther 1993, 68f. Günther fasst an anderer Stelle die einzelnen Linien folgendermaßen zusammen: „Elemente der Philosophie Nietzsches, der Folklore, der literarischen Romantik und des Symbolismus, des Marxismus, des Narodničestvo und des Gotterbauertums. Dominierend aber ist das prometheische Denken." (Günther 1993, 102)

131 Pars pro toto sei nur auf Boris Polevojs Roman *Der wahre Mensch (Povest' o nastojaščem čeloveke)* (1946) verwiesen. Ein Pilot, der im Einsatz während des Krieges beide Unterschenkel verloren hat, trainiert mit den Prothesen so ausdauernd und pflichtbewusst, dass er am Ende wieder gegen den Feind fliegen kann.

[J]ede wahrnehmbare Darstellung irgendeines Gegenstandes und einer Erscheinung im Hinblick auf ihren endgültigen Zustand oder im Lichte der zukünftigen Welt ist ein Kunstwerk.[132]

In beiden Äußerungen wird ein abbildbarer Zusammenhang der Welt, d.h. Gegenständlichkeiten, Handlungen etc., doppelt gebunden, einerseits als schlichtes Abbild, andererseits in der potenziellen Teilhabe an einem ganz anderen Zusammenhang, der als Ideal gesetzt ist. Er liegt zwar ‚sächlich‘ in der Zukunft, ist aber als eine mögliche „Welt hinter der Welt" immer anwesend.

In den anschließenden Erläuterungen weist Solov'ev allerdings darauf hin, dass in der Literatur lediglich „negative menschliche Typen" künstlerisch möglich sind, denn der „Hauptgegenstand der Dichtkunst" sei „das sittliche und soziale Leben der Menschheit, das noch unendlich fern von der Verwirklichung seines Ideals ist".[133]

Shiwagos potenzielles Übermenschentum wird über eine gewisse ‚charakterliche‘ Makellosigkeit sowie die insbesondere auch von anderen anerkannte Meisterschaft auf den Gebieten der Medizin und der Literatur vermittelt. Er ist zweifellos zuallererst ein „positiver menschlicher Typ", um Solov'evs Klassifikation aufzunehmen. Das inhärente Schema hat deswegen spürbar die Tendenz, ästhetisch negativ zu wirken. Shiwago steht damit allerdings in einer literarischen Reihe mit anderen Figuren, wie z.B. den bereits genannten: Trirodov in Sologubs *Legende im Werden* und Bulgakovs *Meister*, der im Übrigen seinen internen Wert schon in der Bezeichnung anzeigt.[134]

Trirodov überwindet den Konflikt mit seiner feindlichen Umgebung dank übersinnlich-technizistischer Fähigkeiten, der *Meister* erreicht sein Ziel mit metaphysischer Unterstützung, Kortschagin aber siegt letzten Endes über die Natur, sowohl die äußere, wie der Bau der Eisenbahn durch widriges Gelände belegt, als auch die innere – seinen körperlichen Verfall. Shiwago überlebt einfach bzw. wird vom Leben „konsumiert", wenn ich in Anlehnung an Arnold Gehlen so sagen darf. (Gehlen 1966, 342) Nur seine Gedichte bleiben, wenn auch aus dem prinzipiellen Zufall, der in diesem Roman die dargestellte Welt regiert

---

132 Solowjew 1953a, 171–190, hier 182f. (Im Original kursiv).

133 Ebenda, 187. Ein Beispiel für die negative Wirkung des positiven Typus sei Schiller, „der eine Schwäche für tugendhafte Typen beiderlei Geschlechts hatte". (188).

134 Als erster in dieser Reihe literarisierter ‚Übermenschen‘ betritt Russland Anfang des 20. Jahrhunderts ein Protagonist namens *Falk* aus der Trilogie *Homo Sapiens* (dt. bzw. poln. 1895/96) des polnisch-deutschen Schriftstellers Stanisław Przybyszewski, der eben in Russland zu Anfang des 20. Jahrhunderts als Nietzsche-Apologet seine größten Triumphe feierte. (Vgl. Steltner 2003).

und der zum Emblem des „Lebens" gehört. Die Gedichte sind der Ausweis seiner besonderen Fähigkeiten, übernehmen also, so gesehen, eine Funktion, die für Trirodov, den *Meister* und Kortschagin jeweils anders begründet wird. Gemäß dem ideologischen Konstrukt verkörpert selbstverständlich allein Kortschagin einen „positiven Helden", der durch sein Handeln „die feste Verbundenheit von Individuum und sozialistischer Gesellschaft als Stütze und Grundlage des menschlichen Lebens"[135] unterstreicht.

Solov'ev sieht den wahren ,Übermenschen' in seinem Bezug auf den Tod:

> [D]er Mensch ist vor allem und im besonderen „Sterblicher" in dem Sinne, daß er vom Tode *besiegt, überwunden* wird. Wenn dem aber so ist, so folgt, daß der „Übermensch" vor allem und im besonderen *Besieger des Todes* sein muß, der befreite Befreier der Menschheit von jenen wesentlichen Bedingungen, unter denen es möglich ist, entweder nicht zu sterben oder aber zwar zu sterben, aber danach aufzuerstehen zum ewigen Leben.[136]

Es geht also nicht um die Leiblichkeit, die dem Menschen sozusagen ,naturwüchsig' eigen ist und die er weiterentwickeln müsste, bis er beispielsweise den monumentalen Heroen in der bildenden Kunst der 1930er Jahre gleicht, seien sie völkisch oder sowjetisch inspiriert, sondern es geht allein um ein geistiges Prinzip. Solov'ev verwendet die christliche Formel vom „ewigen Leben". Sie führt einerseits in die Aporien der christlichen Tradition zurück,[137] andererseits verbindet Solov'ev augenscheinlich damit die Kunst. Solov'ev schreibt nämlich über den russischen romantischen Dichter Lermontov: „ohne Zweifel ein Genie, das heißt ein Mensch, der schon von Geburt her dem Übermenschen nahe war, der Anlagen zu einem großen Werk empfangen hatte und der fähig und folglich verpflichtet war, dieses Werk zu vollbringen." (Solov'ev 1953b, 409) Ludolf Müller erläutert, Lermontov wäre demnach verpflichtet gewesen, „das Werk, Ziel und Sinn unserer Existenz zu erkennen, sich selbst diesem Ziel zu nähern und damit auch die anderen Menschen ihm näher zu bringen." (Müller 1961, 176f.) Aber er sei zu stolz und von zu großer Eigenliebe erfüllt gewesen. Ihm fehlte also die gebotene christliche Demut. Im Lichte dieser Erläuterungen lässt sich Shiwagos Passivität dem Leben gegenüber als Ausdruck eben dieser Demut verstehen und sein Werk, das im 17. Kapitel abgedruckt wird und folglich für sich konkretisiert werden kann, ebenso als Erkenntnisinstrument für „Ziel und Sinn unserer Existenz".

---

135 Ludwig 1976, s.v. *Ostrowski, Nikolaj Alexejewitsch*, 385f., hier 386.
136 Solov'ev, Vladimir: *Die Idee des Übermenschen.* (1899). Zitiert nach Müller 1961, 163–178, hier 173. (Hervorhbg. i.O.)
137 Vgl. Tetzner 2013, insbesondere 42–61: Abschnitt 3.2. *Der Neue Mensch in Christus.*

Damit habe ich die Erörterung auf den Bereich einer rein intellektuellen Deutung ausgeweitet, die sich für mein Empfinden ästhetisch nicht oder nicht ohne Weiteres konkretisieren lässt, die allerdings dem merkwürdigen Schema eines zwar makellosen, aber dennoch passiven ‚Helden‘ einen Sinn zuweisen kann. Der Sinn ist des Weiteren kontextuell begründbar, weil es andere Figuren ähnlichen Musters gibt.[138] Sie sind zudem in den Vorlieben der Jahrhundertwende verankert, werden aber jeweils anders funktionalisiert. Diese Deutung mit Blick auf die Diskussion um den „Neuen Menschen“ und seine Ableitungen ist selbstverständlich nur eine Facette im Form-Funktions-Gefüge des Textes und nicht sozusagen ‚das letzte Wort‘. Immerhin eröffnet sie auch eine weitere Möglichkeit, den Gedichtteil in die Sinnzuweisung einzubeziehen.

---

138 Es gibt in der zugehörigen Situation eben das genaue Gegenteil, den Protagonisten in einem *sozialistisch-realistischen* Roman. Wie unter Kap. 4 dargestellt, barg seinerzeit diese Spannung zum obligaten Vorbild (je nach Wahrnehmungshorizont: negatives oder positives) ästhetisches Potenzial. In der kontextuellen Spannung der Figur liegt die eigentliche Voraussetzung zum ‚Weiterdenken‘.

6. Die Funktionalisierung des 17. Kapitels

Die 25 nummerierten *Gedichte des Jurij Shiwago*[139] werden für den ersten Blick durch Nennung ihres fiktiven Urhebers in der Überschrift zu einem Ganzen gefasst und als solche in der Darstellung im Prosateil motiviert. Beim genaueren Hinsehen zeigen sich Ordnungsmomente, die es erlauben, von einem „Zyklus" zu sprechen, wodurch die 25 Einzelgedichte zu einem größeren Ganzen wirklich zusammengeschlossen werden. Dennoch weisen die Gedichte eine ziemliche Variabilität in Bezug auf Themen, Motive und formensprachliche Momente auf. Hinsichtlich seiner variablen Kleinteiligkeit ist das 17. Kapitel zur Prosa der Kapitel 1–16 mit ihren mehr als 200 Abschnitten gewissermaßen isomorph,[140] aber eben nicht ‚chaotisch', weil diese Art Kleinteiligkeit funktional eher zur Lyrik gehört als zur Großprosa und nur in der Lyrik problemlos konkretisiert werden kann.[141]

Der Zyklus

Wurde die Gliederung des Prosateils von Ortsangaben als Merkmal des durchgängigen Motivs der „Reise" bestimmt, so fallen in der Gedichtsammlung die expliziten oder impliziten Zeitangaben ins Auge. Sie umfassen knapp die Hälfte der Gedichte, nämlich 13 von insgesamt 25: (2) *März (Mart)*, (3) *In der Karwoche (Na Strastnoj)*, (4) *Weiße Nacht (Belaja noč')*, (5) *Wegelosigkeit im Frühling (Vesennjaja rasputica)*, (7) *Sommer in der Stadt (Leto v gorode)*, (10) *Altweibersommer (Babe leto)*, (12) *Herbst (Osen')*, (14) *August (Avgust)*, (15) *Winternacht*

---

139   Vgl. die im Anhang von mir angefertigte „Interlinear"-Übersetzung.

140   Die 25 Gedichte bestehen aus insgesamt 232 Strophen, die sich selbstverständlich nicht einfach zu den über 200 Abschnitten in Beziehung setzen lassen. Andersherum stützt die Anzahl der Strophen aber die Auffassung, dass die Abschnitte ein – formensprachlich gesehen – lyrisches Moment in die Prosa bringen.

141   Die Frage, ob ich hier scheinbar fraglos von „Lyrik" sprechen kann und um welche Art „Lyrik" es sich handelt, soll an dieser Stelle heuristisch gelöst werden. So wie über dem Textganzen die Gattungsbezeichnung „Roman" steht, die die Rezeption zunächst einmal bestimmt, fungiert auch die Bezeichnung „Gedichte" als Überschrift des 17. Kapitels bzw. des Zyklus als Leseanweisung, dass es sich um Gebilde aus dem lyrischen Bereich handele. Die Leseanweisung wird ja auch zumindest formensprachlich, d.h. vor allem durch die gebundene Rede, bestätigt. Im Zuge der folgenden Argumentation soll das „Lyrische" dieser Gedichte auch systematisch diskutiert werden.

(Zimnjaja noč'), (18) *Stern der Geburt [Christi] (Roždestvenskaja zvezda)*, (19) *Dämmerung (Rassvet)*, (22) *Schlechte Tage (Durnye dni)*, (25) *Der Garten Gethsemane (Gefsimanskij sad)*.[142]

Der Ablauf der dargestellten Zeit folgt sichtbar dem Kalender und gleichzeitig der Abfolge der christlichen Feste, ohne freilich mit dem „Kalenderjahr" oder dem orthodoxen „Kirchenjahr" *sensu stricto* identisch zu sein.[143] Ausnahmen sind neben den zeitlich unbestimmten Gedichten die auffälligen Vertauschungen, nämlich (12) *Herbst* und (14) *August*, sowie der Platz von (4) *Weiße Nacht*[144] zwischen *Karwoche* und *Wegelosigkeit im Frühling*. Gut formalistisch gedacht, könnte man die Abweichungen als Aufmerksamkeitssignal verstehen und als Hinweis auf eine komplexere ‚Tiefenstruktur'.

Die Zeitbehandlung des Zyklus lässt sich nämlich wiederum im Lichte der Auffassung von Bergson sehen, d.h. als strukturelle Zeit, allerdings ‚bloßgelegt' in der Verdoppelung nach Quantität: die Zählbarkeit der Monate etc., und nach Qualität: das biblische Geschehen bzw. die damit verbundene Festlichkeit. Das Modell passt selbstverständlich nur in der Abstraktion auf die zeitliche Ordnung des Zyklus. Bei den einzelnen Gedichten liegen die Verhältnisse *per definitionem* anders. Sie haben jeweils in einem „Zeitfenster", wenn ich so sagen darf, ihr eigenes Thema.

Die übrigen 12 Gedichte tragen keine Zeitangabe im Titel: (1) *Hamlet (Gamlet)*, (6) *Erklärung (Ob"jasnenie)*, (8) *Der Wind (Veter)*, (9) *Hopfen (Chmel')*, (11) *Hochzeit (Svad'ba)*, (13) *Märchen (Skazka)*, (16) *Trennung (Razluka)*, (17) *Wiedersehen (Svidanie)*, (20) *Das Wunder (Čudo)*, (21) *Die Erde (Zemlja)*, (23) *Magdalena I (Magdalina I)*, (24) *Magdalena II (Magdalina II)*.

Die inhärenten Teilungs- und Zuordnungsmöglichkeiten wurden in der Sekundärliteratur unterschiedlich behandelt, ein Indiz für die Mehrdeutigkeit des Zyklus. Aufschlussreich ist in dieser Hinsicht die Erstveröffentlichung von Teilen des

---

142 Natürlich handelt es sich um eine explizite Ortsangabe, die aber emblematisch für einen Vorgang in einer bestimmten Zeit steht.

143 In dieser Hinsicht argumentiert Andrea Uhlig in ihrem kurzen Beitrag im Handbuch des russischen Gedichtzyklus zu pauschal. Uhlig 2006, 470. Zur Einordnung in das Kirchenjahr der Orthodoxie vgl. Bodin 1976, 18.

144 Die berühmten und durch Dostoevskij literarisch funktionalisierten (Petersburger) „Weißen Nächte" betreffen die Zeit von Anfang Juni bis Mitte Juli. Das Gedicht entwirft zwar eine Situation in Petersburg, aber eher im Sinne einer „Nacht ohne Schlaf", so wie das Syntagma offenbar in den romanischen Sprachen bzw. Milieus metaphorisch verwendet wird, vgl. <frz.> *nuit blanche*, <ital.> *notte bianca*, <rum.> *noapte albă* etc.

Zyklus im Lande selbst. 1954 erschienen nämlich im vierten Heft der Zeitschrift *Znamja* unter der Überschrift *Gedichte aus dem Roman in Prosa „Doktor Shiwago"* zehn Texte in einer spezifischen Anordnung, und zwar wurden alle Gedichte mit einem christlichen Motiv oder Thema weggelassen, darunter auch das programmatische Eingangsgedicht (1) *Hamlet.* (Pasternak 1954) An seiner Stelle beginnt der verkürzte Zyklus mit dem Gedicht (5) *Wegelosigkeit im Frühling* und endet mit (11) *Hochzeit.* Im Blick auf die dazwischen gesetzten acht Gedichte[145] rückt das Liebesmotiv in den Vordergrund. Assoziativ ergibt sich sogar eine Narration mit zwei Haupthandlungsträgern, d.h. einem Konflikt zwischen Mann und Frau. Narration bzw. Konflikt werden in der Entwicklung von Motiven manifest, die man z.B. „Heimkehr" (5), „Erinnerung" (4), „Alltag" (2), „Streit" (7) etc. nennen könnte. Und es gibt mit der „Hochzeit" (11) ein Happy End. Der Ausdruck „Partisanen" im Eingangsgedicht *Wegelosigkeit im Frühling* verweist zudem auf einen Kontext, und zwar, erstens, im Sinne des Prosateils auf die Zeit des Bürgerkriegs der 1920er Jahre, aber nur, weil der Publikation ein kurzes Vorwort Pasternaks vorangestellt ist, in dem der Zeitraum der Roman-Handlung „von 1903 bis 1929" angegeben wird. Der Prosateil wurde dem russischen Publikum offiziell ja erst 1988 zugänglich gemacht. Assoziativ könnte in der Auffassung der Leser im Jahr 1954 daher, zweitens, auch der zeitlich näherliegende und thematisch in der Literatur viel präsentere 2. Weltkrieg, der bis heute in Russland sog. *Große Vaterländische Krieg,* als aktualisierbare Parallele eine Rolle gespielt haben.[146]

Im Lichte der Erörterungen über das Moment der Verdoppelung in Pasternaks Werk und eben auch im Prosateil des Romans kann die Verdoppelung, die oben als Bloßlegung der strukturellen Zeit bezeichnet wurde, innerhalb des Gedicht-Zyklus nicht überraschen. Sie hat eine motivisch-thematische Seite. Ihre Funktion liegt sicherlich im Bereich der Apotheose des Haupthandlungsträgers, wenn ich das so dezidiert ausdrücken darf, ohne damit dem Ganzen einen eineindeutigen Sinn zuzuweisen. Um dieser Funktionalisierung auf die Spur zu kommen, lassen sich die Gedichte, die von einer christlichen Motivik bestimmt sind, genauso isolieren, wie die Zeitschrift *Znamja* mit deren Komplement, den ‚weltlichen Liebesgedichten',[147] verfahren war.

---

145 Die Gedichte (4) *Weiße Nacht,* (2) *März,* (7) *Sommer in der Stadt,* (8) *Der Wind,* (9) *Hopfen,* (10) *Altweibersommer,* (16) *Trennung* und (17) *Wiedersehen.*

146 Vgl. die Figur des Kriegs-Heimkehrers, wie sie in dem berühmten und populären Gedicht von Konstantin Simonov *Warte auf mich (Ždi menja)* (1941) perpektivisch verheißen wird.

147 Hier zeigt sich, dass die Teilung selbstverständlich nur heuristisch oder, wie im Falle der Zeitschrift *Znamja,* nur pragmatisch möglich ist; denn z.B. die beiden Gedichte

Es stellt sich die Frage, welche Gedichte des Zyklus ein Motiv verwenden, das in den Evangelien wiedergefunden werden kann oder das mit der christlichen Tradition verbunden ist, wie z.b. die Legende vom Heiligen Georg dem Drachentöter in dem zentral positionierten Gedicht (13) *Märchen*,[148] oder schließlich auch ein Motiv, das nurmehr in der Wortwahl das Christentum konnotiert. Die Auswahl der Zeitschrift *Znamja* ließe sich als Negativliste nehmen. Aber sie versammelt bei näherem Hinsehen nicht alle Gedichte ohne christlichen Bezug. Offenbar spielten auch andere Kriterien eine Rolle. So fehlen die Gedichte (6) *Erklärung* und (12) *Herbst*. Beide enthalten zwar keinen Hinweis auf das Christentum, dafür jedoch ein erkennbar negatives Urteil über den Alltag des Lebens. Sie kollidieren daher explizit mit der vom Sozialistischen Realismus verlangten optimistischen Perspektive, die in dem verkürzten Zyklus zweifelsfrei vorhanden ist, wie im Übrigen genauso in der kanonischen Fassung der 25 *Gedichte des Doktor Shiwago*. Nur liegt das Happy End hier in der Auferstehung im Sinne des Neuen Testaments.

In der Sekundärliteratur gibt es Versuche einer positiven Auswahl der Gedichte, d.h. ihrer Zusammenstellung nach christlichen Motiven, sei es nach auffindbaren Zäsuren in der Abfolge der Teile, sei es als thematische Zusammenschau aller in dieser Hinsicht für relevant gehaltenen Gedichte. In der Publikation von Per-Arne Bodin werden neun Gedichte behandelt,[149] offenbar also wiederum nicht alle, die ein entsprechendes Motiv enthalten, sondern nur diejenigen, die „Pasternaks Interesse an Christus als einem *aktiven* Streiter" belegen, indem sie als Hauptmotiv den „Kampf zwischen einem passiven und einem aktiven Prinzip" gestalten.[150] Daher fehlen diejenigen Texte, in denen bestimmte Ausdrücke Gegenständlichkeiten mit einem christlichen Bezug nur benennen oder wenigstens konnotieren. Sie fehlten im Übrigen auch in der Zeitschrift *Znamja*, – für

---

23 und 24 zu (Maria) Magdalena (*Magdalina I* bzw. *II*) thematisieren das Motiv der Liebe ebenfalls, sind aber motivisch mit der biblischen Geschichte verbunden.

148 Verschiedentlich wird auf das Sexualsymbol verwiesen. (Davie 1962, 101; Gaumnitz 1965, 77; Bodin 1976, 61) Der Rückgriff auf freudianische oder symbolistische Vorstellungen lässt angesichts der Handlung an den sog. „Liebestod" oder deutlicher auf den Inhalt des französischen Euphemismus *le petit mort* denken.

149 Die folgenden Gedichte: (1) *Hamlet*, (3) *In der Karwoche*, (13) *Märchen*, (18) *Stern der Geburt*, (20) *Das Wunder*, (22) *Schlechte Tage*, (23/24) *Magdalena I/II*, (25) *Der Garten Gethsemane*.

150 Bodin 1976, 6 (Hervorhbg. von mir). Dass die Gedichte von Jurij Shiwago sind und nur auf einem anderen Kommunikationsniveau (natürlich!) von Boris Pasternak, soll weiter unten diskutiert werden.

meine Begriffe ein deutliches Indiz für den schmalen Grat, auf dem die Redaktion der Zeitschrift mit dieser Veröffentlichung wandelte. Die Bandbreite reicht hier von direkten Benennungen bzw. Thematisierungen, wie die „Verklärung des Herrn (preobraženie Gospodne)" in (14) *August*, das „[Neue] Testament (Zavet)" in (19) *Dämmerung*, bis zu Ausdrücken, die im religiösen Bereich verwendet werden, wie z.B. in (12) *Herbst* „der *Kelch* des Kummers (*čaša goreči*)" (Strophe 5, Vers 3) und „das *Heil* im Schritt zum Untergang (*blago* gibeľnogo šaga)" (Strophe 8, Vers 1), bis hin zu bloßen Assoziationen, wie der dreimaligen Nennung des Ausdrucks „skreščeňe" in (15) *Winternacht* (Strophe 4, Vers 3–4), wörtlich „Kreuzung", übersetzt von mir in dem Syntagma „gekreuzte Arme, gekreuzte Beine, gekreuztes Schicksal". Damit scheint insbesondere im Ko-Text des Zyklus die Bildungsweise des Ausdrucks „skreščeňe" als Ableitung vom Grundwort bzw. Stamm „krest" mitzuschwingen, analog zum Verhältnis des deutschen Ausdrucks „Kreuzung" zu „Kreuz".[151] Schließlich kann im Gedicht (21) *Die Erde* die letzte Strophe als Anspielung auf das Abendmahl nach Matth. 26, 26–29 verstanden werden:

Deswegen kommen im zeitigen Frühling
meine Freunde mit mir zusammen,
und unsere Abende sind Abschiede,
unsere Feste Vermächtnisse,
damit der verborgene Strom des Leidens
die Kälte des Seins erwärme.

Для этого весною ранней
Со мною сходятся друзья,
И наши вечера — прощанья,
Пирушки наши — завещанья,
Чтоб тайная струя страданья
Согрела холод бытия.

Im Zyklus werden also zwei Motivstränge entwickelt, einmal lebensweltliche Motive, wie beispielsweise die „Liebe", und zum anderen christliche Motive, und zwar in der oben skizzierten subtilen Verflechtung ineinander. In den beiden Magdalenen-Gedichten (23/24) werden die Stränge deutlich zusammengeführt. Dennoch bleiben die Gedichte jeweils doppelsinnig. Ein Gleiches gilt für den Haupthandlungsträger, das lyrische Ich, dessen Schicksal am Ende in Christus gespiegelt wird.

---

151 Für „Kreuzigung" verwendet das Russische mit dem Ausdruck „raspjatie" dagegen einen ganz anderen Wortstamm. Dennoch wird die dargestellte Situation auch religiös verstanden; vgl. Baird 1962, 181.

Demgegenüber sind die verschiedenen anderen Ordnungsmomente des Zyklus für meine Untersuchung zumindest an dieser Stelle von geringerem Belang.[152]

Die hinsichtlich der Zeit-Behandlung vermerkte Bloßlegung des von Bergson beschriebenen Prinzips der Doppelung, motivisch zwischen „Alltag" bzw. „Leben" und christlicher Überlieferung, lässt sich noch abstrakter fassen. Im Ganzen des Zyklus geht es um Parallelisierung, Verknüpfung und Thematisierung zweier „Welten", einer real vermeinten und einer Welt der (christlichen) Idee, ganz im Sinne der Auffassungen von Solov'evs „Gottmenschentum", dem wahren „Übermenschen", der „wahren Kunst" etc., wie anlässlich des Prosateils schon ausgeführt wurde.

Schließlich implementiert die Parallele zwischen Shiwago und Christus in den Zyklus die Dynamik der biblischen Geschichte, im Engeren – den erwähnten „Kampf zwischen einem passiven und einem aktiven Prinzip". Eine solche Dynamik fehlt im Prosateil. Es handelt sich, so gesehen, geradezu um eine Umkehrung dominanter Gattungsmerkmale zwischen epischen und lyrischen Strukturen in Hinblick auf die Narration.[153]

Variabilität und Artifizialität

Die Variabilität in der Formensprache der Gedichte und die damit verbundene Artifizialität möchte ich insbesondere vor dem Hintergrund des Kunstbegriffs erörtern, der Pasternak seit den 1920er Jahren in einer speziellen Weise offen oder verdeckt beschäftigt hat. Im 2. Kapitel über die Bemühungen Pasternaks um eine Narration ohne ‚technische' Schnörkel war davon die Rede. Der Kunstbegriff hat unmittelbar mit meinem Thema zu tun, den hybriden Roman *Doktor Shiwago* zwischen den Redeformen *Prosa* und *Vers* zu beschreiben und Möglichkeiten seiner Konkretisation zu prüfen. Es mag nicht überflüssig sein, noch einmal zu erwähnen, dass selbstverständlich keineswegs angenommen werden darf, zwischen explizit geäußerter Intention des psychophysischen Autors und der konkretisierbaren Intention seines Schattens im Text, des abstrakten Autors,

---

152 Vgl. z.B. Bodin 1976, 17, der eine Isomorphie zu dem Ikonentyp der *žitijnaja ikona* sieht, also einer Ikone gewissermaßen als Heiligenvita, in der der Heilige im Mittelpunkt steht und um ihn herum die Stationen seines Lebens abgebildet sind. Im Zyklus wäre es das Bild des Hl. Georg alias Jurij Shiwago. Nur müsste geklärt werden, welches die Stationen seines Lebens sind.

153 Selbstverständlich gilt diese Dynamik auch für die ‚Liebesgeschichte'. Sie tritt allerdings nur in der Verkürzung klar zutage, wird im Originalzyklus also von der biblischen Geschichte verdeckt.

herrsche Übereinstimmung. Am Beispiel der von Pasternak angestrebten „Einfachheit", „Klarheit" bzw. „Verständlichkeit" in Bezug auf den Prosateil konnte diese Inkongruenz schon konstatiert werden.

An dieser Stelle möchte ich gleichsam als kurzen Exkurs etwas zur Gattungsproblematik nachtragen. Hans Mayer schreibt, *Doktor Shiwago* sei „ein *Künstlerroman* der eminent bürgerlichen Tradition" und konstatiert als Schwäche aller Künstlerromane eine „Divergenz zwischen Inhalt und Form". (Mayer 1962, 222f.; Kursiv i.O)

> Wie diese [Künstlerromane] aber geriet Pasternaks Romanheld in die Gefahrenzone einer leisen Komik, die immer dort entsteht, wo ein Schriftsteller große geistige und künstlerische Leistungen seines Helden beschreiben muß, ohne mit den Mitteln des Wortes den Eindruck vermitteln zu können, der literarische Held habe große Kunst geschaffen. (Mayer 1962, 223)

Mayer nennt als Beispiele das Werk des Protagonisten und Malers in Gerhart Hauptmanns Drama *Michael Kramer* (1900) oder „die Werke großer Musik" des „Jean-Christophe" in Romain Rollands gleichnamigem Roman (1904–1912):

> Beim Lesen winden wir uns vor Unbehagen. Vielleicht gelang es nur Gide und Thomas Mann, diesem Dilemma zu entgehen: die *Falschmünzer* parodieren das Künstlerthema, und der Verfasser des *Doktor Faustus* bannte die ironische Brechung durch äußerste fachmusikalische Akribie. (Mayer 1962, 223)

Mayer verwechselt m.E. das begründbare Unbehagen an dem positiven Helden und Übermenschen Shiwago mit dem Unbehagen an dessen Werk. Die Dinge liegen in Pasternaks Roman doch gerade andersherum als in den Fällen Hauptmann und Rolland. Die Artifizialität des lyrischen Nachlasses von Shiwago lässt sich prüfen und positiv nachvollziehen. Mayer traut sie dem Protagonisten angesichts der Trivialität von dessen „geschichtsphilosophischen und soziologischen Entdeckungen" nur nicht zu. Aber das scheint mir doch zu kurz gedacht bzw. einem bestimmten Kunstverständnis[154] geschuldet. Ein eigenes Urteil zu den Gedichten formuliert Mayer nämlich nicht.

Folglich ist es angebracht, genau andersherum das formensprachliche Inventar der Gedichte in den Mittelpunkt zu stellen, die Gedichte im Prosateil zu spiegeln und nicht mit dem Etikett „Künstlerroman" und zwei negativen Mustern das

---

154 Vgl. den verwendeten Dualismus „Inhalt und Form" Hegelscher Provenienz, der nicht operationalisierbar ist, sondern allenfalls ideologisch genutzt werden kann, wie Mayers Formulierungen „anachronistisches Buch" oder „eminent bürgerliche Tradition" vermitteln.

Ganze abzutun. *Doktor Shiwago* ist so wenig ein „Künstlerroman" wie er sich ohne Differenz mit anderen Untergattungen oder epochalen Vorlieben verrechnen lässt.

Die 25 Gedichte des Zyklus sind von einer Fülle formensprachlicher Merkmale geprägt, die ich für meinen Zweck, die besondere Artifizialität des Zyklus zu erweisen, kursorisch behandeln möchte. Um einen Überblick zu geben, habe ich eine Gruppe wichtiger Merkmale zu einer Matrix vereint, und zwar Strophenbau, Versmaß, Reim und Kadenz, die Präsentation des lyrischen Urheber-Subjektes („Origo") sowie das verwendete Tempus. Das Tempus ist für den Vorgang des jeweiligen Gedichtes von Bedeutung. Angefügt habe ich noch die Verteilung zweier Motive, „Alltag" und „Bibel", nach denen sich, wie oben dargelegt, die Gedichte thematisch ordnen lassen. Die Bezeichnung „Alltag" ist schlicht als Gegenpol zur Nutzung der biblischen Geschichte des Neuen Testaments formuliert. Die Matrix soll die Grundlage entsprechender Erläuterungen sein. Andere formensprachliche Merkmale, die künstlerisch von nicht geringerer Relevanz sind, wie z.B. die Reim-Schemata, die Art der Reime, die sog. „Lautwiederholungen (zvukovye povtory)" oder der Rhythmus als Funktion der Wort- und Satzbetonung in Spannung zum Metrum, lassen sich schlecht in einer Matrix verzeichnen. Sie werden ggf. exemplarisch zu behandeln sein.

Matrix zu ausgewählten Merkmalen der Einzelgedichte des Zyklus

Nr.	Strophen / Verse pro Strophe[155]	Versmaß / Hebungen	Reim[156] / Kadenz	Origo Ich[157] (Figur : Adressat)	Tempus	Thema Alltag (ggf. Liebesmotiv)	Thema Bibel (Christl. Motiv)
1	4	Trochäus / 5	w / m	[Ich : Du] (‚Hamlet': Gott)	Präteritum	X	X
2	4	Trochäus / 5	w / m	–	Präsens	X	–
3	12/4–7	Jambus / 4/3[158]	variabel[159]	–	Präsens	–	X
4	9	Anapäst / 3	w(dakt.) / w[160]	[Ich : Du]	Präsens (Präteritum)	X (Liebe)	–

---

155 In der Regel 4 Verse, wenn nicht anders vermerkt.
156 In der Regel Kreuzreim, wenn nicht anders vermerkt.
157 Alle Gedichte ohne explizit ausgedrücktes „Ich" gelten *per definitionem* als ‚neutral'.
158 Innerhalb der Strophe alternierend, so auch im Folgenden notiert.
159 Ein variables Reimschema zieht variable Kadenzen nach sich.
160 Daktylische Kadenzen, d.h. Kadenzen mit zwei Senkungen, sind in der russischen Lyrik vergleichsweise häufig anzutreffen. Sie stammen aus der Volksdichtung. Die in der Matrix unbezeichnete weibliche Kadenz besteht immer aus nur einer Senkung.

Nr.	Strophen / Verse pro Strophe	Versmaß / Hebungen	Reim / Kadenz	Origo Ich (Figur: Adressat)	Tempus	Thema Alltag (ggf. Liebesmotiv)	Thema Bibel (Christl. Motiv)
5	9	Jambus / 4	w / m	–	Präteritum	X	–
6	10 (2mal 5)	1.: Trochäus / 5 2.: Jambus / 5	1: w / m 2: m / w	[Ich : Du]	1. Präteritum 2: Präsens	X (Liebe)	–
7	7	Anapäst / 2	w(dakt.) / w	–	Präsens	X (Liebe)	–
8	1/12	Jambus / 4	variabel	[Ich : Du]	Präsens	X (Liebe)	–
9	2	Anapäst / 3	w / m	[Ich : Du]	Präsens	X (Liebe)	–
10	6	Anapäst / 3	w / m	–	Präsens	X	–
11	13	Trochäus / 4/3	m / w	–	Präteritum	X	–
12	8	Jambus / 4	w / w	[Ich : Du]	Präsens	X (Liebe)	–
13	25 (7:10:8)	Trochäus / 3	w / m	–	Präteritum	–	X
14	12	Jambus / 4	w(dakt.) / w	[Ich : Ihr]	Präteritum	X	(X)[161]
15	8	Jambus / 4/2	m / w	–	Präteritum	X (Liebe)	–
16	12	Jambus / 4/3	m / w	–	Präsens	X (Liebe)	–
17	10	Jambus / 3	m / w	[Ich : Du]	Präsens	X (Liebe)	–
18	20/3–7	(komplex)[162]	variabel	–	Präteritum	–	X
19	8	Jambus / 4	m / w	[Ich : Du (Gott)]	Präsens	–	X
20	8/2–6	Amphibrachys / 4	variabel	–	Präteritum	–	X
21	7/4–6	Jambus / 4	variabel	X	Präsens	–	(X)
22	9	Amphibrachys / 3	w / m	–	Präteritum	–	X

---

161 Die Klammern bezeichnen einen lediglich motivischen Anklang.

162 Strophen 1–8 zu je 4 Versen mit in Strophen 2–8 alternierenden zwei- und vierhebigen Amphibrachien und umfassendem Reim nach dem Schema m/w/w/m. Die erste
Strophe weicht davon ab, so dass sich die regelhafte Alternation der Hebungen dieser
ersten Hälfte erst ab Strophe Zwei etabliert. Die Strophen 9–20 bestehen durchgängig
aus vierhebigen Amphibrachien, sind aber mit einer unterschiedlichen Anzahl von
Versen, zwischen 3 und 6, versehen. Sie weisen darüberhinaus deutliche Binnenreime
und Assonanzen auf. Es handelt sich wohl um das komplexeste Gedicht des Zyklus.

Nr.	Strophen / Verse pro Strophe	Versmaß / Hebungen	Reim / Kadenz	Origo Ich (Figur: Adressat)	Tempus	Thema Alltag (ggf. Liebesmotiv)	Thema Bibel (Christl. Motiv)
23	5/5–7	Jambus / 4	variabel	[Ich : Du] (*Magdalena*: Christus)	Präsens	(X)[163] *(Liebe)*	X
24	9	Trochäus / 5	w / m	[Ich : Du] (*Magdalena*: Christus)	Präsens	(X) *(Liebe)*	X
25	14	Jambus / 5	w / m	–	Präteritum	–	X

Der feste Kern, um den sich der Zyklus formensprachlich gruppiert, besteht aus 17 Gedichten mit Strophen zu je vier Versen.[164] Diese vier Verse werden in der Regel im Kreuzreim verknüpft. D.w. ist etwa die Hälfte aller Gedichte (12) im Jambus geschrieben, dem populärsten Versfuß der russischen Dichtung, zumal im Maß von 4 oder 5 Hebungen. Überhaupt entspricht die Verteilung der Versmaße im Zyklus dem Entwicklungsstand des russischen Verssystems in der 2. Hälfte des 20. Jahrhunderts.[165] Sie wäre also zwar nicht innovatorisch, aber doch insgesamt variabel. Diese Variabilität hat eine deutliche künstlerische Funktion in der Abfolge der Teile. Wenn die Gedichte hintereinander gelesen werden, wird das Ineinander der verschiedenen formensprachlichen Mittel wahrnehmbar.

Auch bei den Kadenzen überwiegt die konventionelle Alternation „w[eiblich] / m[ännlich]" (et vice versa), so dass andere, wie eben die daktylischen Schlüsse in der Kombination „w / w", besonders auffallen. Die Variabilität zeigt sich weiter generell sowohl in den Abweichungen vom postulierten Kern als auch in der Kombinatorik mit den übrigen Merkmalen. Hier lassen sich andererseits bedeutungsvolle Zuordnungen hinsichtlich der Kombination z.B. von Tempus und Motiv erkennen, als nämlich das Liebes-Motiv mit dem Präsens einhergeht

---

163 Es geht um die Profanierung des biblischen Motivs um Maria Magdalena.

164 Dieser „Kern" beruht selbstverständlich auf einem heuristischen Konstrukt, um die Tabelle diskutieren zu können, die wiederum nur der Versuch ist, die ästhetische Auffassung beispielsweise der Abfolge der Gedichte zumindest zu Teilen am Text zu begründen.

165 Gasparov 1974, 46 (Tabelle 1). Statistisch gesehen, folgt dem Jambus in der Häufigkeit traditionell der Trochäus. Im Zyklus kommt er sechsmal vor und nimmt insofern ‚regelrecht' den zweiten Platz ein. Auch das Vorkommen der beiden übrigen Versfüße, Anapäst und Amphibrachys, entspricht der traditionellen Entwicklung des russischen Verssystems. Außerhalb der Kadenz sind Daktylen in der russischen Lyrik selten, im Zyklus gibt es sie nicht.

und die christliche Motivik mit dem Präteritum. Zumindest das Letztgenannte ergibt sich nachvollziehbar, wenn auch nicht zwangsläufig aus der Nutzung der biblischen Geschichte. Analog scheint es sich mit der monologischen Hinwendung an ein „Du" und der Verknüpfung mit dem Liebesmotiv zu verhalten. Auch hier gilt, dass die Ausnahmen die Regel bestätigen, oder besser: *spürbar* werden lassen. Einerseits wendet sich im Eingangsgedicht *Hamlet* das lyrische Ich an Gott, andererseits gibt es mit (7) *Sommer in der Stadt* ein Liebesgedicht, das sich neutral in einem komplizierten metaphorischen Prozess entwickelt.

Die vorherrschende Strophenform zu je vier Versen wird im Gedicht (8) *Der Wind* am deutlichsten durchbrochen. (Reimwörter in Umschrift und mit Betonungszeichen)

8. DER WIND
Ich bin gestorben, aber du lebst.
Und der Wind, weinend und klagend,
wiegt Wald und Sommerhaus.
Nicht jede Fichte einzeln,
sondern alle Bäume insgesamt
in der ganzen grenzenlosen Weite,
wie der Segler Rümpfe
auf der Wasserfläche der Bucht voller Schiffe.
Und das nicht aus Wagemut
oder zielloser Wut,
sondern um in der Schwermut Worte zu finden
für dich zu einem Wiegenlied.

8. ВЕТЕР	
Я кончился, а ты жива.	*živá*
И ветер, жалуясь и плача,	*pláča*
Раскачивает лес и дачу.	*dáču*
Не каждую сосну отдельно,	*otdél'no*
А полностью все дерева	*derevá*
Со всею далью беспредельной,	*bespredél'no*
Как парусников кузова	*kuzová*
На глади бухты корабельной.	*korabél'noj*
И это не из удальства	*udal'stvá*
Или из ярости бесцельной,	*bescél'noj*
А чтоб в тоске найти слова	*slová*
Тебе для песни колыбельной.	*kolybel'noj*

Dieses Gedicht möchte ich daher exemplarisch genauer beschreiben. Es besteht aus 1 Strophe zu 12 Versen. Diese eine Langstrophe modifiziert die Auffassung des Gedichtes als Ganzes, wie sich leicht nachvollziehen lässt. Sie ermöglicht ein wirkungsvolles Spiel mit dem Reimschema: a // b / b // c / a / c / a / c / a / c / a / c.

Die beiden Doppelstriche markieren hier zwei interne syntaktische Grenzen, die dem Reimschema parallelisiert sind, die aber auch semantisch für sich stehen können. Vers 1 etabliert nämlich den Gegensatz „Ich" vs. „Du", die Verse 2 und 3 bringen einen dritten Handlungsträger ins Spiel, den „Wind", der den Vorgang im Weiteren bis zur Pointe bestimmt: dem Ausdruck „Wiegenlied" bzw. die mit ihm verbundene Handlung, „Worte zu finden […] für ein Wiegenlied". Der Rückblick von Vers 12 aus zeigt, dass sich das Gedicht als genau das „Wiegenlied" auffassen lässt, dessen Entstehung der Vorgang entwirft. Daran wirkt insbesondere das Reimpaar „a / c" mit. Es wird fünfmal verwendet und schafft mit der Alternation *männlich : weiblich* den entsprechenden Rhythmus. Die Alternation fungiert noch als weiteres Gliederungsmoment. Die Grenze „b // c" wird nämlich durch die weitergeführte Verwendung des weiblichen Reims über den Reimwechsel hinaus gewissermaßen konterkariert: a (m) // b (w) / b (w) / c (w) usw.

Strukturell gesehen, kann dergleichen Variabilität natürlich nur in größeren Einheiten erscheinen. In anderen Gedichten wird zuweilen die Strophengrenze durch den Reim übersprungen oder wird in längeren Strophen der perennierende Reim als Mittel der Steigerung eingesetzt, wie z.B. in (3) *In der Karwoche* die ersten beiden parallel gebauten Strophen: 1. Strophe – a (m) / b (w) / a (m) / a (m) / a (m) / a (m) / b (w); und 2. Strophe – a (m) / c (w) / a (m) / a (m) / a (m) / c (w).[166]

3. IN DER KARWOCHE
Ringsum noch nächtliches Dunkel.
So zeitig noch im Universum,
dass am Himmel Sterne ohne Zahl,
und jeder hell wie der Tag,
Und wenn die Erde könnte,
sie würde Ostern verschlafen
beim Lesen des Psalters.

Ringsum noch nächtliches Dunkel.
Eine solche Frühe in der Welt,
dass der Platz sich in die Ewigkeit gelegt hatte
von der Kreuzung bis zum Winkel,
und bis zur Morgendämmerung und Wärme noch ein Jahrtausend.

    3. НА СТРАСТНОЙ
    Еще кругом ночная мгла.   *mglá*
    Еще так рано в мире,   *míre*

---

166 Ähnlich verhält es sich in den Strophen 7 bis 12. Die Übersetzungen von Richard Pietraß (Shiwago, 646–677) ignorieren den Strophenbau, so dass die Funktion der Strophen sozusagen *ex negativo* geprüft werden kann.

Что звездам в небе нет числа,   *čislá*
И каждая, как день, светла,   *svetlá*
И если бы земля могла,   *moglá*
Она бы Пасху проспала   *prospalá*
Под чтение Псалтыри.   *Psaltýri*

Еще кругом ночная мгла.   *mglá*
Такая рань на свете,   *svéte*
Что площадь вечностью легла   *leglá*
От перекрестка до угла,   *uglá*
И до рассвета и тепла   *teplá*
Еще тысячелетье.   *tysjačelét'e*

Der Reim „a" bestimmt d.W. auch noch die 3. und 4. Strophe (zu vier Versen) jeweils in den ungeraden Verszeilen. Die Reihung gleicher Reime wirkt wie ein *Crescendo*, das mit dem Reimwechsel abrupt beendet wird. Der Reimwechsel setzt den rhythmischen Schlusspunkt.

Mit Blick auf weitere Funktionalisierungen mag von Interesse sein, dass die beiden Gedichte, die neben (25) *Der Garten Gethsemane* die Bibel bzw. die daraus folgende Tradition am deutlichsten schon in der Überschrift aufrufen, nämlich (3) *In der Karwoche* und (18) *Stern der Geburt,* die artifiziellste Binnengliederung zeigen.[167] Es sind die beiden Gedichte, die die christliche Motivik jeweils als erste thematisieren: Nr. 3 für den gesamten Zyklus, Nr. 18 für das *Finale* des Vorgangs, – die „letzte Sinndeutung" von Shiwagos Leben, die „sein Schicksal in Beziehung setzt zu dem Leben und Sterben Christi".[168] Neben dem Aufmerksamkeitssignal für den Wechsel der dargestellten Welt sehe ich hier noch eine andere künstlerische Funktion. Sie beruht in der Dominanz der formensprachlichen Mittel gegenüber der schlichten Mitteilung des eigentlich ja allbekannten biblischen Mythos. Die Mitteilung ist gewissermaßen redundant und bedarf daher der Einbettung in einen speziellen Kontext, wie z.B. normalerweise in die liturgischen Zusammenhänge der christlichen Religion. Im vorliegenden Zyklus legitimiert sie sich durch die verwendeten formensprachlichen Mittel, also die „Einstellung auf die Nachricht als solche". (Jakobson 1971, 151) Die bekannten Ausschnitte aus der biblischen Geschichte werden sozusagen erst einmal ‚interessant' gemacht. Damit dient diese Dominanz der Parallele Shiwago – Christus, d.h.

---

167 Gaumnitz 1969, 99: „Die religiösen Gedichte leiten eine neue Vielgestaltigkeit der Verse und Rhythmen ein." Diese Vielgestaltigkeit gilt m.E. eben generell für alle religiösen Gedichte und nicht nur für diejenigen am Ende des Zyklus.

168 Vgl. Ludolf Müller über die Gedichte 18–24. Das Gedicht Nr. 25 *Der Garten Gethsemane* folge dagegen am deutlichsten Matth. 26, 36–54. (Müller 1963, 9 bzw. 13.)

der oben zitierten „letzten Sinndeutung" von Shiwagos Leben. Es geht um eine dezidiert *neue* Fassung des altbekannten Mythos und seine Auslegung in Bezug auf das „Leben". Diese Auslegung bleibt allerdings implizit, im Unterschied etwa zur obligaten Auslegung eines Bibeltextes per Predigt im Gottesdienst.

In einer ganz anderen Weise fällt die Strophik der Gedichte (11) *Hochzeit* und (13) *Märchen* auf. Beides sind lange Gedichte, *Hochzeit* mit 13 und *Märchen* mit 25 Strophen zu je vier Versen. *Hochzeit* ist im Versmaß einer Ballade gehalten, wie es sich im sog. „Balladenstreit" Anfang des 19. Jahrhunderts herausgebildet hat. Es ging seinerzeit um die Übersetzung von Gottfried August Bürgers *Lenore* (1773). Pasternaks Gedicht ist im weiteren Sinne sogar ein intertextueller Verweis auf die Anverwandlung von Bürgers Ballade an das russische Milieu durch Vasilij Žukovskij, und zwar in dessen zweiter Übersetzungsvariante *Svetlana* (1813), in der neben abergläubischen Vorstellungen insbesondere auch Hochzeitsbräuche dargestellt werden. Sie sind ja auch das Thema des Gedichtes von Pasternak.

Das Gedicht (13) *Märchen* wird in vielerlei Hinsicht markiert: durch seine Situierung im Prosateil, durch seine Position genau in der Mitte des Zyklus, durch seine Länge[169], durch die mythisch-märchenhaften Handlungsträger sowie schließlich durch das Metrum, den dreihebigen Trochäus. Das Gedicht wird als einziges im Prosateil in statu nascendi dargestellt und mit einer auktorialen Bedeutung versehen, die auch das in der russischen Lyrik recht ungewöhnliche Metrum betrifft:

Nach und nach schrieb er die Entwürfe um, und dann gestaltete er in der gleichen lyrischen Manier die Legende vom Tapferen Georg. Er begann mit fünfhebigen Zeilen, die ihm viel Raum boten. Der Wohlklang, der diesem Versmaß unabhängig vom Inhalt eigen ist, verdroß ihn in seinem hölzernen, falschen Singsang. Da gab er das aufgeblasene Metrum mit seiner Zäsur auf und drängte die Zeilen auf vier Hebungen zusammen, so wie man in der Prosa gegen den Wortreichtum kämpft. Nun wurde das Schreiben schwerer und zugleich verlockender. Die Arbeit lief lebhaft, und doch war noch immer Geschwätzigkeit zu spüren. Da zwang er sich, die Zeilen noch mehr zu verkürzen. In der dreihebigen Zeile wurde es den Wörtern zu eng, die letzten Spuren der Schläfrigkeit verließen den Schreibenden, er war hellwach, geriet in Feuer, die knappen Zwischenräume in den Zeilen sagten von selbst, womit sie gefüllt werden wollten. Die kaum mit Wörtern benannten Gegenstände wurden aus dem Zusammenhang ersichtlich. Er hörte

---

169 Die Anzahl der Strophen ist mit der Anzahl der Gedichte des Zyklus identisch. Ob sich daraus etwas Funktionelles ableiten lässt, sei dahingestellt. Da die Strophen im Unterschied zu den Gedichten nicht nummeriert sind, müsste ein Leser schon auf die Idee kommen, sie zu zählen, um ein Zahlenspiel zu erkennen und als eine Art graphisches Moment, wie z.B. in der konkreten Lyrik, ästhetisch zu bewerten.

den Gang des Pferdes im Gedicht, so wie das Straucheln des Pferdes in einer Ballade von Chopin zu hören ist. Georg der Siegbringende sprengte durch den unendlichen Raum der Steppe, und Shiwago sah ihn in der Ferne immer kleiner werden. (Shiwago, 550; Pasternak 3, 435)

Im Übrigen gilt auch hier, dass der bekannte Mythos vom Heiligen Georg durch auffällige formensprachliche Mittel sozusagen künstlerisch legitimiert wird, von der ebenso wirksamen Hervorhebung des Gedichtes im Prosateil ganz zu schweigen.

Die Art der Reime, die in den *Gedichten des Jurij Shiwago* auftauchen, lässt sich schlecht generalisieren. Bei ihrer formalen Bildung gilt augenscheinlich das Prinzip der Variabilität, d.h. vermutlich lassen sich so ziemlich alle denkbaren Varianten nachweisen, die der russischen Lyrik zur Mitte des 20. Jahrhunderts zu Gebote standen, – um nur die wichtigsten zu nennen:

- genaue Reime[170] – <1> „vstrevóžil : óžil" (19: 2, 2/4)[171], oder die morphologisch weniger komplexen männlichen Reime der Form – <2> „putí : perejtí" (1: 4, 2/4);
- reiche Reime – <3> „malokróv'em : koróv'em" (2: 2, 1/3),
- seltene ‚grammatische' Reime, ein morphologisch begründeter Sonderfall der genauen Reime, – <4> „proščán'ja : zaveščán'ja : stradán'ja" (21: 7, 3/4/5);
- ungenaue Reime verschiedenster Provenienz – <5> „líca : plaščanícej" (3: 8, 3/5); – <6> „uróčiščam : grochóčuščim" (4: 5, 1/3); – <7> „podmóstki : otgolóske" (1: 1, 1/3); – <8> „bezmólvie : mólnii" (7: 5, 1/3).

Statistisch gesehen, überwiegen in den *Gedichten des Doktor Shiwago* die genauen Reime mit gut 56%, hinzu tritt deren Erweiterung, die reichen Reime, mit 12%. Sie machen *in summa* also mehr als zwei Drittel gegenüber gut 31% ungenauer Reime aus. Letztere etablieren sich eigentlich erst in der Dichtung des 20. Jahrhunderts. Dieser statistisch darstellbare Sachverhalt betrifft neben dem Hinweis auf Eigenarten von Pasternaks Lyrik sicherlich auch den Wohlklang der Gedichte. In dieser Hinsicht scheint mir allerdings die Umgebung der Reime bei Weitem aussagekräftiger zu sein, wie sich an den oben genannten, eher zufällig ausgewählten Beispielen pars pro toto genauer demonstrieren lässt.

---

170 Ich verwende die russische Nomenklatur. „Genaue Reime (točnye rifmy)" liegen vor, wenn die Laute rechts vom Stützkonsonanten identisch sind, mit gewissen Ausnahmen für bestimmte Laute, wie „i/y [и/ы]" oder Gruppen wie „i/ij [и/ий]", die als identisch angesehen werden. Bei „reichen R. (bogatye r.)" ist zusätzlich mindestens der Stützkonsonant identisch, wenn nicht sogar obendrein weitere Laute links davon. „Ungenaue R. (netočnye r.)" eröffnen rechts vom Stützkonsonanten ein weites Feld assonantischer Möglichkeiten.

171 Hier und im Folgenden nach der Notation: [Gedicht Nr.]: [Strophen-Nr.], [Verse] x/y.

In Beispiel <1> „vstrevóžil : óžil" wirkt der Reim auf Grund der Morphologie der beteiligten Ausdrücke wie ein Echo auf den zweiten Teil des ersten Reimwortes. Bei den nächsten Fällen <2> „putí : perejtí" und <3> „malokróvem : koróvem" wirken die „Lautwiederholungen (zvukovye povtory)" außerhalb der Kadenz mit, und zwar <2> der Anlaut *p* der Reimwörter plus Kadenz *tí* sowie <3> die Gruppe „ok/ko" malokróviem : koróviem. Ein Gleiches, und zwar noch komplexer, gilt für das Beispiel <6> „uróčiščam : grochóčuščim", in dem sich nicht nur ein Teil der Konsonanten, die Sibilanten „č/šč", wiederholen, sondern auch die Vokale, und zwar in anderer Reihenfolge, so dass eine Art Wortspiel entsteht: „u-ó-i-a" : „o[a]-ó-u-i".[172]

Die wegen ihrer leichten Verfügbarkeit eigentlich eher anrüchigen ‚grammatischen' Reime in Beispiel <4> werden durch die gesamte Folge von acht Reimen innerhalb der Strophen 6 und 7[173] gewissermaßen neutralisiert. Darüberhinaus gehören die parallel gesetzten Reimwörter proščán'ja : zaveščán'ja wegen der in ihnen vorhandenen Erweiterung „-šč-" – zu einem reichen Reim – enger zusammen bzw. werden in der Abfolge hervorgehoben.

Das Gedicht (14) *August* beginnt mit einem komplizierten Spiel: „obmányvaja : ráno : šafránovoju : divána" (14: 1, 1/2/3/4).[174] Die gesamte Vierergruppe wird nicht nur von einem „nicht gleichsilbigen Reim (neravnosložnaja rifma)" der Lautgruppe „-an-" zusammengehalten, der in den weiblichen wie in den männlichen Kadenzen erscheint, sondern in den parallelen Reimen 2/3 wird auch das Reimwort „ráno" in Gänze wiederholt. So ergibt sich ein artifiziell verknüpfter „tiefer" Reim.[175] Nur der Ordnung halber sei angefügt, dass selbstverständlich die Wirkung der Reime von den Bedeutungen der zugehörigen Reimwörter abhängt. Dieser Prozess lässt sich allerdings schlecht summarisch fassen, sondern jeweils nur für die Einzelgedichte, ein Verfahren, das hier wegen meines anders gerichteten Erkenntnisinteresses nicht angebracht ist.

Schließlich fehlen in Shiwagos Gedichten auch Binnenreime, Assonanzen und darauf aufbauende Wortspiele nicht, von denen vornehmlich Pasternaks frühe Gedichte gekennzeichnet sind. Sie werden im Zyklus i.S. der von mir postulierten Variabilität allerdings nur als *ein* Mittel unter anderen verwendet. Ein treffendes Beispiel liefert die Strophe 4 des Gedichtes (18) *Stern der Geburt*, und zwar die

---

172 In unbetonter Position sind die Phoneme /a/ und /o/ phonetisch identisch.

173 Im Einzelnen: v tumáne : prizván'e : rasstoján'ja : grán'ju : ránnej : proščán'ja : zaveščán'ja : stradán'ja.

174 Zudem liegt mit obmányvaja : šafránovoju einer der seltenen hyperdaktylischen Reime vor.

175 „Glubokaja rifma", im Deutschen ein „identischer" oder „rührender Reim".

Verse 2 und 3: „ogrády, nadgrób'ja // oglóblja v sugróbe". Es geht um die Wiederholung der Konsonanten „g", „b" und „r" bzw. „l", das dem russischen „r" phonetisch benachbart ist, sowie um die Vokale „o/a". Die Übersetzung kann offenlegen, dass die Zusammenstellung der entworfenen Gegenständlichkeiten einem anderen Prinzip geschuldet ist als der eingängigen Plausibilität eines möglichen Abbildes: „Umzäunungen, Grabsteine, // eine Deichsel in der Schneewehe":

> In der Ferne ein Feld im Schnee und ein dörflicher Kirchhof,
> Umzäunungen, Grabsteine,
> eine Deichsel in der Schneewehe,
> und der Himmel über dem Friedhof voller Sterne.

> Вдали было поле в снегу и погост,
> Ограды, надгробья,
> Оглобля в сугробе,
> И небо над кладбищем, полное звезд.

Ein besonderes Augenmerk hinsichtlich des funktionellen Zusammenhangs von Variabilität und Artifizialität ruht bei der Lyrik herkömmlich auf der Wortverwendung, bei der wegen der grundsätzlichen Verknüpfung von Wortlaut und Wortbedeutung die konzeptuelle Bedeutung der Ausdrücke eine Rolle spielt. Auch hier möchte ich nur einige Auffälligkeiten sozusagen pars pro toto hervorheben:

- Auffällig sind Ausdrücke, die zwei lexikalische Bedeutungen haben, wie der Titel des Gedichtes (9) *Chmel'*, zu Deutsch *Hopfen* oder *Rausch*. Im Vorgang des zweistrophigen Gedichtes werden beide aktualisiert, und zwar „Hopfen" per Referenz, „Rausch" per Assoziation.
- Anders gelagert, aber doch vergleichbar, ist die Verwendung des Ausdrucks „mirom" im Gedicht Nr. 24, mit dem Titel *Magdalena II (Magdalina II)*, Strophe 1, Vers 3. Im russischen Lexikon wird „mirom" als Ableitung von „mir (Frieden)", d.h. „friedlich", aufgeführt. Im Kontext der russischen Bibel erscheint „mirom" als Instrumental des kirchenslawischen Substantivs „miro (Balsam)", – Magdalena wäscht Jesu Füße „mit Balsam".[176] Neben dieser sozusagen kanonischen Deutung legt der Ko-Text „abseits von diesem Getümmel" auch die profane Variante nahe: „wasche ich friedlich [...] deine allerreinsten Füße".
- Wenn in (14) *August* im 4. Vers der letzten Strophe die Ausdrücke „tvorčestvo (Schaffen)" und „čudotvorstvo (Wundertat)" unmittelbar nacheinander genannt werden, rückt die gemeinsame Wurzel „tvor" ins Bewusstsein und

---

176 Vgl. Lukas 7, 38: „i celovala nogi Ego, i mazala mirom"; Übersetzung nach Luther: „und küßte seine Füße und salbte sie mit Salbe". Die Rede ist nicht wörtlich von Maria Magdalena, sondern von einer „Sünderin (grešnica)".

schafft per Wortspiel einen assoziativen Zusammenhang beider Tätigkeiten bzw. deren Ergebnis.

- Die Abfolge der vier Reimwörter des ersten sowie des letzten Verses von Abschnitt 3 des Gedichtes (13) *Märchen*, nämlich „véki : oblaká : réki : veká (Augenlider : Wolken : Flüsse : Jahrhunderte)", bringt „véki (Augenlider)" und „veká (Jahrhunderte)" in einen spürbaren Zusammenhang, der aber letztlich irrational bleibt. Daran wirkt auch die Alternation der Lautgruppe „-ki / -ka" mit:

> Geschlossene Augenlider.
> Gipfel. Wolken.
> Wasser. Furten. Flüsse.
> Jahre und Jahrhunderte.
>
> Сомкнутые веки.
> Выси. Облака.
> Воды. Броды. Реки.
> Годы и века.

- In (3) *In der Karwoche* finden sich in der letzten Strophe die Lexeme „vesna (Frühling)", das davon abgeleitete Adjektiv „vesennij" sowie dessen poetische Variante „vešnij" in Engführung, so dass hier die morphologische Variation in den Vordergrund rückt. Die beiden ersten Strophen, die ich weiter oben schon zitiert habe, entwerfen die Situation von einem auch wörtlich identischen Ausgangspunkt, sodann variiert zwar der Wortlaut, aber der Sachverhalt bleibt prinzipiell der gleiche. Der jeweils dritte Vers schließlich setzt zwar syntaktisch in gleicher Weise ein, aber der dargestellte Sachverhalt ändert sich:

> (1. Strophe)
> Ringsum noch nächtliches Dunkel.
> So zeitig noch im Universum,
> dass am Himmel Sterne ohne Zahl,
> [...]
>
> Еще кругом ночная мгла.
> Еще так рано в мире,
> Что звездам в небе нет числа,
> [...]
>
> (2. Strophe)
> Ringsum noch nächtliches Dunkel.
> Eine solche Frühe in der Welt,
> dass der Platz sich in die Ewigkeit gelegt hatte
> [...]

Еще кругом ночная мгла.
Такая рань на свете,
Что площадь вечностью легла
[...]

- Ähnlich verhält es sich in den Fällen, da verwandte Gegenständlichkeiten mit wechselnden Namen belegt werden. In (13) *Märchen* sind es die Benennungen von ‚Berg und Tal', die der Protagonist überwindet, am dichtesten in den Strophen 4 bis 7: „lesnoj bugor (Waldhügel)" : „kurgan (Hünengrab)" : „suchodol[177] (trockenes Tal)" : „gora (Berg)" : „ložbina (Niederung)", sodann „obryv (Abhang)" (Str. 7) und „ovrag (Schlucht)" (Str. 10).
- Das Musikinstrument, das in (11) *Hochzeit* erklingt, hat drei verschiedene Namen bzw. drei verschiedene Aspekte: „tal'janka (Harmonika)" : „akkordeon (Akkordeon)" : „bajan (Quetschkommode)" (Strophen 1, 3 und 4).
- Der Schein des Sterns von Bethlehem wird in (18) *Stern der Geburt* in immer neuen und unerwarteten bzw. unkonventionellen Bild-Varianten gefasst und eindrücklich ins Bewusstsein gehoben: (Strophen 6 bis 8) „es funkelte der Stern" : „flammte, wie ein Heuschober" : „wie der Widerschein einer Brandstiftung" : „wie der Weiler in Flammen und ein Scheunenbrand" : „als brennender Schober" : „ein wachsender Feuerschein" : „nie dagewesene Feuer":

> Er flammte, wie ein Heuschober, abseits
> vom Himmel und von Gott,
> wie der Widerschein der Brandstiftung,
> wie der Weiler in Flammen und der Scheunenbrand.
>
> Er erhob sich als brennender Schober
> aus Heu und Stroh
> inmitten des gesamten
> von diesem neuen Stern beunruhigten Alls.
>
> Ein wachsender Feuerschein wurde über ihm rot
> und bedeutete etwas,
> und drei Sterndeuter
> sputeten sich auf den Ruf der nie dagewesenen Feuer.
>
> Она пламенела, как стог, в стороне
> От неба и Бога,
> Как отблеск поджога,
> Как хутор в огне и пожар на гумне.

---

177 Der deutsche Ausdruck für ein „Tal ohne fließendes Gewässer" lautet eigentlich „Tobel". Er ist aber nicht im ganzen deutschen Sprachraum verbreitet.

Она возвышалась горящей скирдой
Соломы и сена
Средь целой вселенной,
Встревоженной этою новой звездой.

Растущее зарево рдело над ней
И значило что-то,
И три звездочета
Спешили на зов небывалых огней.

Einleitend habe ich die Kleinteiligkeit des Zyklus aus 25 Gedichten mit gut 230 Strophen zu den 16 Kapiteln und ihren rund 200 Abschnitten der Prosa in eine isomorphe Beziehung gesetzt. Wie in aller Kürze entworfen, liegt unterhalb dieser rein numerischen Kleinteiligkeit des Zyklus die Variabilität in den verwendeten Mitteln einer wesentlich kleinteiligeren Formensprache, die einerseits prinzipiell gattungskonform ist, selbst wenn sie bis auf die Ebene der Phonetik reicht, die andererseits hier in einer besonderen Weise ‚gemacht' zu sein scheint. Sie wird geradezu ‚ausgestellt' und zeugt von einer subtilen Beherrschung des Metiers, die angesichts von Pasternaks lyrischem Œuvre kaum überraschen kann. Wenn Andrej Voznesenskij hervorhebt, es handele sich nicht um ein Traktat, wie man Verse mache, und damit subtil auf Pasternaks Freund und Konkurrenten Majakovskij verweist,[178] könnte man ihn auch so verstehen, dass der Aspekt der ‚ausgestellten' Variabilität die Demonstration eines artifiziellen Vermögens ist. Diese Artifizialität ruft die Möglichkeiten der russischen Lyrik der Zeit auf, so wie im Prosateil z.B. stilistische Versatzstücke der russischen Prosa aufgerufen werden, die dort allerdings im Gegenteil das obwaltende Chaos nähren. Andersherum betrachtet, bildet die ausgestellte Artifizialität zur „schnörkellosen", aber chaotischen Prosa einen deutlichen Kontrast, der letzten Endes in Bezug auf ein künstlerisches Ganzes einer Sinnzuweisung bedarf.

Der Vorgang: Narration, Pointe und Moral

Der Vorgang jedes Gedichtes hat eine bestimmte Struktur, die ich mit Hilfe der Begriffe Narration, Pointe und Moral erläutern möchte, um damit auch die Erörterung der jeweils dargestellten Welt und ihrer Perspektivierung vorzubereiten.

Wie in Bezug auf den Prosateil bereits begründet, betrifft die Narration eine kausal-temporale Ordnung des Vorgangs, die nicht explizit sein muss. Ohnehin würde man Lyrik intuitiv kaum mit Narration in Verbindung bringen. Unter

---

178 Vgl. oben Kap. 4. Voznesenskij hat allerdings den Zusammenhang von Prosateil und abschließendem Gedichtkapitel im Blick.

Shiwagos Gedichten gibt es denn auch nur einige wenige, die überhaupt eine narrative Struktur vermuten lassen, in denen also durch Handlung ein Konflikt entsteht bzw. gelöst wird.

Das Gedicht (13) *Märchen* trägt schon im Titel die Bezeichnung einer narrativen Gattung. Dennoch bleibt die Narration vergleichsweise undeutlich. Der Protagonist erhält eine Warnung, der er nicht folgt. So kann er einen Hilferuf vernehmen, dem er nachgeht, um schließlich seine Heldentat zu vollbringen. Er befreit die Jungfrau aus der Gewalt des Drachens. Die zu lösende Aufgabe bleibt implizit. Sie wird als solche erst aus der Lösung klar, obwohl sie sich in den konventionellen Attributen des Protagonisten andeutet. Er eilt als „Reiter (Ritter)" „in die Schlacht". Er ist also auf einen Kampf vorbereitet. In gewisser Weise ähnelt das Gedicht der verschachtelten Handlungsstruktur des Prosateils. Auch dort ließen sich erst aus einer Handlungsrolle, nämlich der des „Helfers" Jewgraf, sowohl die Aufgabe des „Helden"[179] erkennen – nämlich zu überleben, als auch deren Lösung – die Gedichte.

Im Eingangsgedicht (1) *Hamlet* besteht die Aufgabe darin, eine Rolle (*sc.* in Shakespeares Stück) zu spielen, die sich im Vorgang aber als die Rolle Christi erweist. Im Einklang mit deren Schema besteht der Konflikt in der momentanen Ablehnung des zugedachten Schicksals. Die Lösung scheint im abermaligen Rollenwechsel zu liegen, nämlich dem Wechsel von Christus zum lyrischen Ich und der Annahme des „Lebens", das „kein Spaziergang" ist.

Von hier aus möchte ich den Blick auf den Schluss des Zyklus richten, das Gedicht (25) *Der Garten Gethsemane*. Es korrespondiert explizit mit dem ersten Gedicht, indem es zu dem Bibelzitat zurückkehrt, und zwar nunmehr nach Matth. 26, 39 (Wortlaut der Lutherbibel): „Mein Vater, ist's möglich, so gehe dieser Kelch an mir vorüber".[180] Interessant ist die Variation; denn in (1) *Hamlet* wird dasselbe nach Mrk. 14, 36 zitiert (Lutherbibel): „Abba, mein Vater, es ist dir alles möglich; nimm diesen Kelch von mir."[181] In der Variation sehe ich wiederum ein Merkmal der ‚ausgestellten' Artifizialität, des Spiels mit den Möglichkeiten.

---

179 Genau genommen, wird überhaupt die Rolle des „Helden" durch den „Helfer" etabliert, wie ich im Kap. 3 ausgeführt habe.

180 Ebenda im Wortlaut der russischen Bibel: „Отче мой! если возможно, да минует Меня чаша сия."

181 Ebenda im Wortlaut der russischen Bibel: „Авва Отче! все возможно Тебе; пронеси чашу сию мимо Меня." Neben der unterschiedlichen Anrede geht es um die unterschiedliche Satzstruktur im russischen Original, im Fall des Zitats nach Matthäus eine modale Konstruktion im Präsens, im zweiten Fall nach Markus ein Imperativ. In dieser Weise wird auch von Pasternak quasi zitiert.

Der Vorgang des Gedichtes 25 folgt, wie bereits festgestellt, insgesamt dem Evangelisten Matthäus, so dass auch der Konflikt zwischen Widerstand und Demut gegenüber Gottes Plan aus der Bibel übernommen wird.

In allen anderen Gedichten, in denen das Erzähltempus Präteritum vorherrscht und die fast ausnahmslos den Mythos der Bibel nutzen, geht es um temporale Abläufe, die allenfalls den Anschein einer Kausalität vermitteln. In (20) *Das Wunder* werden die Naturgesetze gegen die Macht von Gottes Wort gestellt, aber es gibt keine Ausgangssituation, die sich verändern könnte. Es wirkt eher so, als habe Christus schlechte Laune, die er an einem unschuldigen Feigenbaum auslässt, wenn ich so sagen darf.[182] Am Ende steht denn auch eine explizite Moral, die den Vorgang abstrakt als Gleichnis deutet.

Jesu Einzug in Jerusalem und das Umschlagen der allgemeinen Stimmung werden in (22) *Schlechte Tage* nach der biblischen Geschichte gestaltet, die allerdings, wie übrigens in allen den Evangelien folgenden Gedichten, mit einer geradezu profanierenden Detailfreude dargestellt wird.[183] Dennoch wird der eigentliche Konflikt zwischen Jesus und seinen Widersachern nicht handlungsmäßig entworfen, sondern der Vorgang endet unvermittelt „wie im Traum" mit der Erinnerung an bestimmte Lebensstationen und Wundertaten.

Das lange Gedicht (18) *Stern der Geburt* wirkt wie eine Reportage des Geschehensablaufes. In der langen Kette der Besucher des Jesuskindes erscheint am Ende gleichsam auch der Stern von Bethlehem. Er setzt unerwartet den Schlusspunkt, eine Art Pointe, ohne die sich die rein temporale Folge gewissermaßen *ad infinitum* fortsetzen ließe.

Damit habe ich etwas angesprochen, das den Vorgang in Shiwagos Gedichten offensichtlich sehr viel stärker prägt als die mögliche Logik einer narrativen Struktur. Es geht um den Schluss der Gedichte. Die Narration setzt den Schluss mit der

---

182   Das Motiv bzw. Gleichnis vom unfruchtbaren Feigenbaum findet sich in unterschiedlicher Darstellung bei Lukas 13, 6–9 und Markus 11, 12–14.

183   Es ist ein Verfahren, den biblischen Mythos zu ‚realisieren‘ und damit auch umzudeuten, das beispielsweise Thomas Mann in seiner 1948 erschienenen Tetralogie *Joseph und seine Brüder* ausgiebig verwendet hat. Ähnliches gilt für die Pilatus-Handlung in Bulgakovs *Der Meister und Margarita* oder Ajtmatovs *Placha (Der Richtplatz / Die Richtstatt)* (1986). Bis in die frühe Neuzeit war die sog. „Bibelepik" ein gängiges Verfahren. Es wurde zunehmend profaniert bzw. „säkularisiert". (Kartschoke 1984, 34–39) Insofern lässt sich von einer Wiederaufnahme reden, und zwar nicht nur wegen der Profanierung, sondern auch wegen der damit verbundenen Verankerung des biblischen Geschehens im Form-Funktions-Gefüge des Gesamttextes. Bodin 1976, 3, sieht in der Verbindung zwischen biblischem und zeitgenössischem Geschehen eine von Generation zu Generation geübte Praxis.

Lösung des Konfliktes bzw. nach dem Modell von Propp mit der Erfüllung der Aufgabe, wie es in (13) *Märchen* auch beschrieben werden konnte. Dennoch folgt in der Regel noch ein Teil, für den es m.E. keine eindeutige Bezeichnung gibt. Für die Sache selbst möchte ich auf die antike Rhetorik verweisen. Roland Barthes schreibt unter dem Stichwort „Epilog":

> Woher weiß man, daß ein Diskurs endet? Das ist genauso willkürlich wie der Anfang. Also bedarf es eines Zeichens für den Abschluß. [...] Als Vorwand für dieses Zeichen diente die Lust (was bewiese, wie sehr die Menschen der Antike um die „Langeweile" ihrer Diskurse wußten!). Aristoteles erwähnt es, allerdings nicht im Zusammenhang mit dem Epilog, sondern mit der Periode: Die Periode ist ein „angenehmer" Satz, weil sie das Gegenteil eines endlosen Satzes ist; es ist unangenehm, nichts vorauszuahnen, nirgends ein Ende zu sehen. (Barthes 1990, 77)

„Epilog" ist mittlerweile anders besetzt. Ich werde statt dessen den Begriff der „Pointe" verwenden. Der Begriff hat allerdings in seinem Inhalt das Merkmal des Unerwarteten[184], so dass er ggf. in die Irre führen kann, denn es gibt sowohl Gedichtschlüsse, die im engeren Sinn „pointiert" werden, als auch solche, die den Schlusspunkt ganz anders setzen. Aber auch diese setzen wenigstens einen ‚Punkt'.

Unerwartet ist zum Beispiel das Sprichwort „Das Leben ist kein Spaziergang" als letzter Vers im Eröffnungsgedicht. Es bekräftigt den erneuten Rollenwechsel von „Hamlet" über „Christus" zum lyrischen Ich. Dass ausgerechnet der „Mist" zum „Lebensspender und Urheber von allem" erklärt wird ((2) *März*), setzt sowohl eine Pointe als auch einen Kontrapunkt zur Tonalität des vorangehenden Gedichtes (1) *Hamlet* in Bezug auf das „Leben", das Schlüsselwort des Romans. Schaut man von hier aus auf den Abschluss des dritten Gedichtes *In der Karwoche*, fällt der Begriff „Tod" auf, der das „Leben" nicht nur logisch inkludiert, sondern der im Sinne der christlichen Lehre im „ewigen Leben" aufgehoben wird. Das Gedicht endet mit der „Kraft der Auferstehung". Die Pointe aber liegt im Ausdruck davor: „Sonnenwetter (raspogod'[185])", mithin in der metaphorischen Verwendung einer meteorologischen Erscheinung für die Verheißung des Ostergeschehens. Diese drei Gedichte am Anfang des Zyklus werden über die Pointen im engeren Sinn thematisch verknüpft, so dass die Pointen auch die zyklische Ordnung stützen.

Ich möchte die Gedichtschlüsse nicht Stück für Stück erläutern, sondern auch hier die artifizielle Struktur herausarbeiten. Den Gegenpol zu einem in der

---

184   Vgl. Burdorf 2007, 596 s.v. „Pointe".
185   Vermutlich ein Neologismus zu „raspogodit'sja", zu Deutsch vielleicht mit „sonnig werden" zu übersetzen.

beschriebenen Weise pointierten Schluss bilden Fügungen, die allenfalls mehr oder weniger deutlich den Vorgang zusammenfassen. Sie kommen in der ersten Hälfte des Zyklus vor. Bei den folgenden Belegen handelt es sich jeweils um die letzten beiden Verse. Bei den transliterierten russischen Originalversen habe ich Betonungszeichen gesetzt, um den Rhythmus näherungsweise zu kennzeichnen, der offensichtlich den ‚Abgesang‘ verstärkt:

- (5) *Wegelosigkeit im Frühling*:
[D]iese abgemessenen Anteile
Wahnsinn, Schmerz, Glück und Qual.
    Razmérennye éti dóli
    Bezúm'ja, bóli, sčást'ja, múk"

- (11) *Hochzeit*:
[N]ur das Lied, nur der Traum,
nur die graublaue Taube.
    Tól'ko pésnja, tól'ko són,
    Tól'ko gólub' sízyj.

- (13) *Märchen*:
Wasser. Furten. Flüsse.
Jahre und Jahrhunderte.
    Vódy. Bródy. Réki.
    Gódy i veká.[186]

- (14) *August*:
[U]nd Bild der Welt, im Wort erschienen,
und Schaffen, und Wundertat.
    I óbraz míra, v slóve jávlennyj,
    I tvórčestvo, i čudotvórstvo.[187]

- (15) *Winternacht*:
[D]ie Kerze brannte auf dem Tisch,
die Kerze brannte.[188]
    Svečá goréla na stolé,
    Svečá goréla.

---

186 Im Grunde müsste hier die gesamte letzte vierzeilige Strophe zitiert werden, die zudem zweimal auftaucht.

187 Zum Wortspiel in der letzten Zeile vgl. oben im Abschnitt „Variabilität und Artifizialität".

188 Es handelt sich um einen Refrain, der viermal verwendet wird. In der letzten Strophe muss aus syntaktischen Gründen im Deutschen die Wortstellung geändert werden. Vgl. die Übersetzung im Anhang.

Die Wirkung beruht auf einer Kombination aus der Bedeutung v.a. bezüglich des Vorgangs, auf der Reihung der Ausdrücke bzw. der Syntagmen, den Wort- und Lautwiederholungen, den Binnenreimen und dem alles überwölbenden Rhythmus.

In der zweiten Hälfte des Zyklus tritt ein anderer Abschluss hervor,[189] die Abstraktion über den Vorgang und seine explizite Deutung, kurz: die „Moral". Auch hier gibt es beträchtliche Varianten. Das Liebesgedicht (17) *Wiedersehen* endet mit der rhetorischen Frage nach der Existenz, deren Antwort wohl in der christlichen Botschaft zu suchen wäre,[190] wenn man die Gesamtheit des Zyklus und seine Themen und Motive ins Auge fasst. Sie schafft allerdings auch einen indirekten Bezug zur Aufgabe des Protagonisten, zu „überleben", sofern das lyrische Ich und Shiwago korrelieren.[191] Die rhetorische Frage wird mithin vom Vorhandensein des Zyklus indirekt beantwortet:

> Doch wer wir sind und woher,
> wenn von all diesen Jahren
> nur Gerede übrig ist,
> es uns aber auf dieser Welt nicht mehr gibt?

> Но кто мы и откуда,
> Когда от всех тех лет
> Остались пересуды,
> А нас на свете нет?

Ähnlich explizite Deutungen lassen sich in (19) *Dämmerung*, (20) *Das Wunder* und (21) *Die Erde* finden, nunmehr in der Aussageform, die schließlich in Gedicht (25) *Der Garten Gethsemane* in der direkten (An)Rede endet. Sie wird Christus in den Mund gelegt:

> „Du siehst, der Lauf der Jahrhunderte ähnelt einem Gleichnis
> und kann Feuer fangen in seinem Lauf.
> Im Namen seiner schrecklichen Größe
> werde ich mit freiwilligen Qualen ins Grab hinabsteigen.

> Ich steige ins Grab hinab und werde am dritten Tage auferstehen,
> und, wie man flößt die Stämme auf dem Fluss,
> schwimmen zu meinem Gericht, wie eine Karawane von Schleppkähnen,
> die Jahrhunderte aus dem Dunkel heran."

---

189 Daran zeigt sich ganz nebenbei ein weiteres relativ verdecktes Merkmal der inneren Strukturierung des Zyklus.

190 In der o.g. Veröffentlichung von 10 Gedichten 1954 in *Znamja* fehlt denn auch diese letzte Strophe. (Pasternak 1954).

191 Vgl. zu diesem Problem unten den nächsten Abschnitt.

«Ты видишь, ход веков подобен притче
И может загореться на ходу.
Во имя страшного ее величья
Я в добровольных муках в гроб сойду.

Я в гроб сойду и в третий день восстану,
И, как сплавляют по реке плоты,
Ко мне на суд, как баржи каравана,
Столетья поплывут из темноты»

Es handelt sich um eine einigermaßen rätselhafte Wendung, weil die Deutung der Weltgeschichte in dieser Form nicht aus dem Neuen Testament stammt. Sie verweist aber auf explizite motivische Stützen im Eingangsgedicht (1) *Hamlet* und im zentralen Gedicht (13) *Märchen*, und reicht offenbar weit über das Gedicht hinaus. Sie wirkt nämlich wie das Schlusswort des gesamten Zyklus, wie eine „Pointe", und lässt sich v.a. im Weiteren auf den Roman insgesamt beziehen.

Als ein Schlüsselbegriff kann der Ausdruck „Jahrhundert" gelten, vgl. die Synonyme „vek" / „stolet'e" im russischen Original des Zitates oben (25) bzw. „vek" in (1) und (13). „Vek" kommt darüber hinaus in (6) *Erklärung* und (18) *Stern der Geburt* vor.[192] Der russische Ausdruck ist mehrdeutig. Er changiert je nach Umgebung zwischen „Jahrhundert", „Zeit(alter)" und „Leben".[193]

In der ersten Strophe von (1) *Hamlet* heißt es in den Versen 3–4: „Ich fange im fernen Widerhall ein // was in meiner Zeit [vek] geschieht." Wer hier eigentlich spricht, soll noch erörtert werden. Jedenfalls korrespondiert in gewisser Weise „Christus" in dem oben zitierten Schlusswort mit dieser Äußerung des „Ich", sei es Hamletdarsteller, Christus oder pronominaler Ausdruck der Origo. Das (Jüngste) Gericht betrifft ausdrücklich die Historie und nicht das Individuum und lässt sich daher a uf die dargestellte Welt des Prosateils beziehen. Wenn man so will, ‚realisiert' der Prosateil die Metapher vom in Brand geratenen Jahrhundert bzw. Zeitalter.

---

192 Und zwar in (6) *Erklärung* in der vorletzten Strophe: „Aber das Wunder von Frauenhänden, // Rücken, Schultern, Hals, // verehre ich mit der Anhänglichkeit von Dienern, // *mein ganzes Leben* lang." In (18) *Stern der Geburt* in Strophe 10, Verse 1–3: „Und als seltsame Vision künftiger Zeit // erstand in der Ferne alles später Kommende. // Alle Gedanken *der Jahrhunderte*, alle Träume, alle Welten […]". (Hervorhbg. von mir)

193 In verschiedenen Gedichten werden alle drei Bedeutungsvarianten von „vek" aktualisiert, und zwar (1) „Zeit(alter)", (6) „Leben", (13) bzw. (18) „Jahrhunderte" [Plural!], ein Verfahren, das weiter oben unter dem Stichwort „Variabilität" in Bezug auf Einzelgedichte schon vermerkt worden ist.

Die bisher nicht näher berücksichtigten übrigen zehn Gedichte beruhen auf einer Ordnung des Vorgangs, der in gewisser Weise auch das Moment des Unerwarteten eigen ist und die daher im weiten Sinn mit der Pointe zu tun hat, wie z.b. die Rolle des Windes als Souffleur für ein Wiegenlied in (8) *Der Wind*, oder der Kontrast zweier Bedeutungen bzw. die daraus abgeleiteten Handlungen in (9) *Hopfen*. Andere enden in einem einigermaßen verrätselten Bild, auf der für Pasternak typischen metonymischen Grundlage: in (4) *Weiße Nacht* geben die Bäume der ,Weißen Nacht' ein Abschiedszeichen; in (7) *Sommer in der Stadt* sind die „hundertjährigen Linden" unausgeschlafen usw.

„Lyrisches Ich" und dargestellte Welt

Die *Gedichte des Jurij Shiwago* gehen auf die fiktive psychophysische Urheberschaft von Shiwago zurück, selbstverständlich stammen sie *realiter* aber aus der Feder von Boris Pasternak. Die Uneinigkeit bereits unter den Kritikern[194] und auch später in der Sekundärliteratur, wer sich hier eigentlich äußere, und ggf. die Aufteilung nach „Pasternaks Gedichten" und „Shiwagos Gedichten"[195] haben m.E. ihren Grund sowohl in der mangelnden Trennschärfe des verwendeten literaturwissenschaftlichen Ansatzes als auch in der weiter oben (Kap. 3) behandelten Illusion von Authentizität, die dem Text inhärent ist und an der die Gedichte ihren Anteil haben. Wie ausgeführt, liegt darin ein ästhetisches Problem, das nicht durch Rückgriff auf biographische Daten und Fakten gelöst werden kann.

In einem weiteren Schritt möchte ich nun klären, welcher Art die Repräsentation des lyrischen Ichs der Gedichte ist und wie dieses Ich logisch zu Shiwago steht. So wie beispielsweise in Pasternaks Gedichtsammlung *Meine Schwester – das Leben* die Äußerungen von einem intentionalen Ich ausgehen, das eben *nicht*

---

194 Die Redaktion des *Novyj mir* spricht wegen der Stimmweitergabe vom „Opfern" des dichterischen Talentes zugunsten des fiktiven Urhebers. Andere sehen in den Gedichten allein die Äußerungen des psychophysischen Autors Pasternak und stellen sie damit außerhalb der in der Prosa entworfenen Welt. So verfährt Hans Mayer 1962, 223. Es handelt sich sozusagen um das Komplement zur Isolierung des Prosateils als des allein relevanten ,Stellvertreters' für den gesamten Roman.

195 Gaumnitz 1969, 20, folgt dem zweifelhaften Kriterium, ob sich einzelne Gedichte „problemlos" in andere Gedichtsammlungen Pasternaks einfügen ließen, so z.B. über (10) *Altweibersommer (Bab̕e leto)* (Gaumnitz 1969, 64). Davie 1965, 113, dagegen ist prinzipiell gegenteiliger Ansicht, wenn auch mit pragmatischer Begründung, z.B. über die Gedichte (16) *Trennung (Razluka)* und (17) *Wiedersehen (Svidanie)*. Vgl. die kritischen Bemerkungen dazu von John Bayley. (Bayley/Davie 1966, 212f.)

Pasternak *ist*, ist der ästhetisch aufzufassende Urheber der *Gedichte des Jurij Shiwago* nicht Shiwago. Oder etwa doch?

Die Zweifel gründen im Phänomen der Metafiktion, die im vorigen Kapitel im Rahmen der gattungsmäßigen Bestimmtheit des sog. Doppelromans erörtert worden ist. Während in *Meine Schwester – das Leben* der Dichter selbst keine Rolle spielt, es sei denn, man identifiziert naiv das intentionale Ich mit seiner Person, hat im Roman dieses Ich ein wirkliches Pendant, dessen Handlungen als Dichter thematisiert werden. Die Ergebnisse des Handelns lassen sich eben prüfen und bewerten. Shiwago wird allerdings von einem Erzähler entworfen. Von wenigen Ausnahmen abgesehen, erzählt er im Prosateil nicht selbst, so dass also wenigstens in Bezug auf den Prosateil die Repräsentation des Ich nicht konkretisiert werden muss.[196] Damit wäre eigentlich auch die Teilung zwischen Pasternaks und Shiwagos Gedichten ad acta gelegt. Aber die Metafiktion hat zwei Seiten. Sie ist auch von den Gedichten aus zu denken. Zu den im vorigen Kapitel genannten Kriterien des „Doppelromans" gehören die zwei selbständigen Handlungsstränge (Kriterium 2) bzw., schon auf den Sonderfall der Gedichte adaptiert, gehört die Selbständigkeit der dargestellten Welt. Die Spezifik der lyrischen Gattung schafft eine besondere Verbindung zwischen „Ich" und Welt. Folglich muss beides in dieser Verbindung erörtert werden.

Andrea Uhlig meint in ihrem Beitrag zum *Handbuch des russischen Gedichtzyklus*, grundlegend für die zyklische Struktur der Gedichte sei der Wechsel zwischen den Ebenen der Intentionalität des Verfassers Jurij Shiwago und der Lebens- und Leidensgeschichte Christi, der sich über den Perspektivenwechsel zwischen „einem lyrischen Ich-Sprecher und einem Er-Sprecher" zu erkennen gebe.[197] In der im vorigen Abschnitt entworfenen Matrix wurde dieser Wechsel berücksichtigt. Er ist formaler Natur, geht aber nicht durchweg mit der von Uhlig vermerkten Funktionalisierung zusammen, worauf sie auch hinweist: „Nichtsdestotrotz fallen an einigen Stellen beide Ebenen zusammen, da sich der Urheber des Zyklus, der Doktor des Lebendigen, augenscheinlich in der Nachfolge Christi sieht." (Uhlig 2006, 468) Dennoch gibt es eine Reihe Gedichte ohne explizites Ich, die sich in dieser Weise nicht funktionalisieren lassen. Schon mit Hilfe der Matrix lässt sich das erkennen.

Die Verhältnisse sind offensichtlich viel komplizierter, weil schon im Eingangsgedicht die Deixis „Ich" nicht unmittelbar auf das intentionale Ich verweist,

---

196 Die künstlerische Raffinesse dieser Stimmweitergaben wird wegen des Chaos in der Darstellung ästhetisch offensichtlich nicht erfahrbar.

197 Vgl. Uhlig 2006, 468. Ich gebrauche den missverständlichen Ausdruck „Er-Sprecher" nicht, sondern bezeichne alle Gedichte ohne explizites „Ich" als neutral.

sondern auf einen Handlungsträger in wechselnden Rollen. Dieses „Ich" ist ein Schauspieler, der Hamlet spielt oder spielen soll, sich unversehens in der Rolle Christi sieht, wenn man das Gedicht aus der dargestellten Situation versteht, und der schließlich existenziell zu einem normalen Sterblichen wird. Hier drängt sich das sprichwörtlich gewordene Zitat aus Shakespeares *Was ihr wollt* auf, dass die Welt eine Bühne sei, auf der Männer und Frauen ihre Rolle spielen müssen. (II. Akt, 7. Szene: Jacques) In der Art eines *metaphorischen Prozesses* umreißt das Eingangsgedicht den Bedeutungsrahmen für den Zyklus, aber auch im Nachhinein für den Prosateil, wenn man es denn so beziehen will. Beide sinnstiftenden Bezüge würden, formal gesehen, in der Verantwortlichkeit des abstrakten Autors liegen, der eben zuweilen gern auch in der genaueren literaturwissenschaftlichen Analyse mit seinem psychophysischen Pendant außerhalb des Textes, also mit Pasternak, absolut gleichgesetzt wird.[198]

Auch in den beiden Magdalenen-Gedichten (23) und (24) spricht nicht das intentionale Ich, sondern die Protagonistin, die im Gedichttitel benannt wird. Des Weiteren wenden sich die Gedichte mit explizit ausgedrücktem Ich hier immer an ein Gegenüber, sei es „Gott(vater)" in (1) *Hamlet* und (19) *Dämmerung*, sei es Christus wie in den gerade genannten Magdalenen-Gedichten, seien es offenbar Freunde oder Bekannte wie in (14) *August* oder sei es in den übrigen Gedichten ein nicht näher bezeichnetes und offenbar weibliches „Du", das in den Deutungen der Sekundärliteratur regelmäßig mit „Lara" in Verbindung gebracht wird, sofern man nicht Anlass sieht, in Pasternaks Biografie zu forschen.[199]

Ein Gedicht wie (4) *Weiße Nacht* stört nämlich die Zuordnung des „Du" zu „Lara". An seinem Beispiel lässt sich das Grundsätzliche des Problems herausstellen. Handlungsort ist Petersburg. Dem „Du" werden Attribute zugewiesen, wie „Kursantin aus Kursk", die im Prosateil nicht vorkommen, so wenig wie der Ort „Petersburg"[200], von der vermutlich unhistorischen Kopräsenz der Stadt dieses Namens und eines darin befindlichen „Wolkenkratzers" gar nicht zu reden. Ich sehe den künstlerischen Effekt in der Störung des Automatismus in Bezug auf den Zyklus, ein Effekt, der weiter oben gerade für dieses Gedicht schon in Bezug auf die im Titel vermeintlich verborgene Angabe der Jahreszeit beobachtet worden ist. Die Störung selbst hat zur Folge, dass weder das weibliche „Du"

---

198   Vgl. in Bezug auf den Zyklus z.B. Baird, 1962.
199   Z.B. hinsichtlich (4) *Weiße Nacht,* vgl. Lekmanov 2004, 251–257.
200   Petersburg ist nirgends Ort der Handlung. Der Name wird an verschiedenen Stellen nur genannt.

einfach mit „Lara" verbunden werden kann,[201] noch auch das intentionale Ich mit Shiwago als dem fiktiven Urheber der Gedichte, sofern man sich auf die rudimentären Mitteilungen des Erzählers zu Shiwagos Biografie und der Herkunft von Lara überhaupt verlassen möchte.

Da es möglich sein muss, dieses Gedicht wie jedes andere Kunstwerk ohne Kenntnis seiner Entstehungsbedingungen zu rezipieren, bleibt nichts anderes, als (4) *Weiße Nacht* wie ein originelles Liebesgedicht um das Wortspiel „Ty – na *kúr-sach*, ty ródom iz *Kúrska*", frei übersetzt eben „Du bist eine *Kursantin* aus *Kursk*", aufzufassen. Als Liebesgedicht fügt es sich thematisch in die Reihe aller anderen Liebesgedichte des Zyklus ein. Es scheint nur hinsichtlich der „Weißen Nacht" aus der konkretisierbaren zeitlichen Abfolge der Teile des Zyklus herauszufallen. Die Frage nach seinem psychophysischen Urheber, sei er fiktiv oder nicht, ist unerheblich. Gerade dieses Gedicht lässt die Bedingtheiten der lyrischen Dichtkunst und ihrer Auffassung deutlich werden. Auch wenn der Leser in einigen ausgewählten Momenten dem Dichter Shiwago bei der Arbeit zuschauen oder gar zuhören darf,[202] bleibt deren Ergebnis jeweils ein – auch gegen seine Entstehung – abgeschlossenes Ganzes,[203] ein „schematisches" Gebilde (Ingarden), das erst in einem Bewusstseinsakt konkretisiert werden muss, ohne dass man beispielsweise wegen der obligaten ‚Dunkelheiten' den Urheber fragen könnte. Dass dabei Irritationen in Bezug auf die Verantwortlichkeit auftauchen, gehört zur Machart des Romans *Doktor Shiwago*, deren Doppelsinn letztlich im Zentrum meiner Erörterungen steht.[204]

Um die Frage des dialogischen Moments abzuschließen, möchte ich feststellen, dass das Dialogprinzip der elf einschlägigen Ich-Gedichte als solches an der Variabilität in der Abfolge mitwirkt. Wie oben erörtert, ist es zudem in sich variabel, weil die Adressaten wechseln. So entsteht eine weitere Ordnung, die sich in das Grundmuster des Zyklus einfügt, indem es zu dessen Ganzheitlichkeit beiträgt und gleichzeitig der Differenzierung innerhalb des Ganzen dient.

---

201 Im Übrigen ist (4) Weiße Nacht das einzige Gedicht, soweit zu sehen, in dem es eine Abweichung im metrischen Schema gibt, und zwar ist Vers 2 der ersten Strophe eine Silbe kürzer als die metrische Norm eines dreihebigen Anapäst mit weiblicher Kadenz, die sich folglich erst danach in den geraden Versen etabliert.

202 Am nachdrücklichsten wird Shiwagos dichterische Inspiration in Kapitel 14 *Wieder in Warykino*, Abschnitt 8, thematisiert. (Shiwago 544f.; Pasternak 3, 430f.).

203 Zudem wird das Ergebnis erst im Nachhinein präsentiert.

204 Ein Kritiker hatte die Empfindung, „als gehörten [die Gedichte] gleichzeitig Pasternak und jemand anderem". (Verbin 1958, 102).

Nur eines der Gedichte mit explizit ausgedrücktem „Ich" bleibt ohne Adressaten, und zwar (21) *Die Erde*. Es bildet formal sozusagen den Übergang zu der anderen Hälfte der *Gedichte des Jurij Shiwago*, deren Origo unbezeichnet bleibt, – einen Übergang, weil die Ich-Perspektive erst in der vorletzten Strophe explizit wird (Strophe 6, Verse 3–6; Hervorhbg. von mir):

Das ist doch *meine* Berufung,
dass sich die Entfernungen nicht langweilen
und dass hinterm Stadtrand
die Erde nicht allein trauern muss.

На то ведь и *мое* призванье,
Чтоб не скучали расстоянья,
Чтобы за городскою гранью
Земле не тосковать одной.

Es handelt sich im Übrigen zweifellos um eines der besonders ‚dunklen' Gedichte des Zyklus. An ihm lässt sich nachvollziehen, dass die Offenlegung des Ich eigentlich nur ein Moment des Vorgangs ist, quasi dessen innere Dynamik, und dass das am Schluss erscheinende explizite Ich den Charakter der Äußerung nicht grundsätzlich ändert.

Die restlichen dreizehn Gedichte bleiben ‚neutral', d.h. ohne explizites Ich. Dennoch vermitteln auch sie den Eindruck, als seien sie von einem intentionalen Ich geäußert. Dafür ließen sich diverse Ursachen vermuten. In erster Linie wäre die Subjektivität der Darstellung zu nennen, wie sie insbesondere in den Gedichten auffällt, die das Neue Testament als Prätext haben, und zwar geradezu paradox, weil diese Gedichte z.T. Handlungen Dritter darstellen und also anscheinend den oben sog. ‚Er-Sprecher' zur Origo haben.[205] Weil die dargestellten Gegenständlichkeiten aus der Bibel bekannt sind, fällt die subjektive Darstellung umso stärker auf. Zur Klärung lässt sich die Beobachtung von Käte Hamburger zitieren, und zwar ausschließlich im Sinne einer nachvollziehbaren Beschreibung des Vorgangs der Konkretisation:

Denn daß wir das lyrische Gedicht als das Erlebnisfeld, und nur das Erlebnisfeld des Aussagesubjekts erfahren, kommt dadurch zustande, daß seine Aussage sich nicht auf den Objektpol richtet, sondern ihr Objekt in die Erlebnissphäre des Subjekts hineinzieht und verwandelt.[206]

---

205 Vgl. (18) *Stern der Geburt*, (20) *Das Wunder*, (22) *Schlechte Tage* und (25) *Der Garten Gethsemane*.

206 Hamburger 1968, 232. Dass Hamburger ihre Aussage mit einer kategorialen Teilung der Aussagesubjekte in „Ich" und „Er" verbindet, verbietet eigentlich, gerade sie

Käte Hamburger stellt ihre Beobachtung in den Rahmen einer „aussagenlogischen" Theorie hinsichtlich Fiktionalität bzw. Wirklichkeitsaussage, nach der, verkürzt gesagt, lyrische Texte Wirklichkeitsaussagen außerhalb eines Wirklichkeitszusammenhanges sind. Die Setzung ist wegen des unklaren Wirklichkeitsbegriffs und den daraus erwachsenden Widersprüchen umstritten, sie bringt aber das Problem einer Verankerung der *Gedichte des Jurij Shiwago* in der Wirklichkeit, die im Prosateil dargestellt wird, auf den Punkt. Die Gedichte stehen außerhalb dieser Wirklichkeit, obwohl sie ihr entstammen. Sie haben ihre eigene „Welt", wie ich lieber sagen würde.

Die Gedichte als Einzeltexte fungieren also innerhalb des in sich geschlossenen Zyklus, dessen Verbindung zum Prosateil nicht unmittelbar in den ggf. dargestellten Situationen liegt. Daher hat es eigentlich wenig Sinn, die Themen und Motive der Gedichte möglichst mit im Prosateil dargestellten Situationen zu verbinden. Anders wäre es, wenn sie jeweils unmittelbar in die Situation eingebettet würden.[207] Der Zyklus lässt sich zu Shiwago als seinem Urheber und zu dessen Welt als Ganzes zuordnen, und zwar insbesondere über die Metaebene, ein Sachverhalt, der bereits von der anderen Seite aus, eben der Prosa, mit dem Begriff „Metafiktion" erfasst worden ist. Hier schließt sich sozusagen der Kreis der Argumentation.

Des ungeachtet gibt es im Prosateil vier direkte Hinweise auf bestimmte Gedichte, nämlich auf das angebliche Thema „Stadt" bzw. „Moskau" des Gedichtes (1) *Hamlet*, auf die Genese von (13) *Märchen*, auf das Leitmotiv der brennenden Kerze in (15) *Winternacht* und auf (18) *Stern der Geburt*. Sie wurden von mir weiter oben schon kurz erwähnt. Sie sind sozusagen die Probe aufs Exempel. Die Funktion dieser Hinweise sehe ich in erster Linie in der Beglaubigung der Autorschaft von Shiwagos nachgelassenen Gedichten. Die Hinweise kumulieren in der Situation des Winters in Warykino, Kapitel 14, Abschnitte 8 und 9, also am Ende des dargestellten Zeitraums von Shiwagos Leben.

Während der Hinweis auf *Hamlet* offensichtlich in die Irre führt, erfährt der Leser aus der Genese des *Märchens*, dass der im Gedicht als „Reiter" bezeichnete Protagonist für Shiwago den Heiligen Georg darstellt, und noch mehr – es geht um die Wölfe, die sich plötzlich vor Shiwagos Winteridyll mit Lara gezeigt haben, gerade als er *Stern der Geburt* und *Winternacht* schrieb und – wie bereits

---

an dieser Stelle zu zitieren. Aber die der Bibel folgenden Gedichte vermitteln ganz deutlich, dass sie ihr gegebenes Objekt, die biblische Geschichte, „in die Erlebnissphäre des Subjektes hineinziehen und verwandeln."

207   Zum Problem solcher „Gedichteinlagen" vgl. Hamburger 1968, 228–231.

zitiert – „eine Anzahl ähnlicher Gedichte, die später in Vergessenheit gerieten, verlorengingen und nicht mehr aufgefunden wurden" (Shiwago 544):

> Die Wölfe [...] wurden zu einem Thema über Wölfe, zur Vorstellung von einer feindlichen Kraft, die ihn und Lara verderben und aus Warykino vertreiben wollte. Die Idee dieser Feindlichkeit verstärkte sich und erreichte bis zum Abend eine solche Kraft, als hätten sich in der Schlucht Schutma die Spuren eines vorsintflutlichen Ungeheuers gefunden oder als lebte dort ein gewaltiger Lindwurm wie im Märchen, der nach seinem und Laras Blut gierte. (Shiwago 549; Pasternak 3, 434)[208]

Nimmt man diese auktoriale Deutung für bare Münze, so ist sie geeignet, die ästhetische Auffassung des Gedichtes *Märchen* negativ zu beeinflussen, eben weil es in einen, zudem einigermaßen trivialen, Wirklichkeitszusammenhang gestellt wird. Ich meine allerdings, dass der Zusammenhang am Ende gewissermaßen in Vergessenheit gerät und die mythische Seite des Märchens die Oberhand gewinnt. Der Mythos um Bedrohung und Rettung umfasst existenziell mehr als nur das individuelle Glück Shiwagos, nicht zuletzt dank der Tonalität des Gedichtes, der Shiwago besondere Aufmerksamkeit schenkt, indem er die Reduktion des Versmaßes bis auf ungewöhnliche drei Hebungen gleichsam vorführt.[209]

Die motivische Verknüpfung der ‚brennenden Kerze‘ innerhalb des Prosateils bis hin zum Gedicht *Winternacht* ist weiter oben schon genauer erörtert worden. Das Motiv wird viel artifizieller eingeführt als der Mythos um den Heiligen Georg, aber ebenfalls am Ende auktorial gesetzt als Metonym für die „Vorbestimmung" der Liebesbeziehung zwischen Shiwago und Lara. Das Gedicht *Winternacht* mit dem Refrain „die Kerze brannte" lässt sich, wenn auch nur indirekt, mit der dargestellten Situation seiner Ersterwähnung als fertiges Gedicht in Warykino verknüpfen, obwohl es als Motiv schon viel früher (Kap. 3, Abschnitt 10) erscheint. Seine Situierung ist also mit derjenigen des *Märchens* identisch. Daher lässt sich diese Situation in Warykino schließlich insgesamt im Nachhinein, im Rückblick aus dem lyrischen Teil, als Metonym für die dargestellte Liebesbeziehung auffassen. In ihr sind alle Komponenten verbunden: die Vorbestimmung, die Idylle einer von der Welt abgeschlossenen Zweierbeziehung, deren Gefährdung durch

---

208 Die zugrundegelegte Übersetzung wurde von mir nach dem russischen Original modifiziert.

209 Der Heilige Georg ist Moskaus Schutzheiliger. Sein Abbild ziert auch das russische Staatswappen. Außerdem lässt sich Shiwagos Vorname Jurij auf Georgij zurückführen. Diese Momente bieten den Ansatz für mancherlei interpretatorische Sinnzuweisung. Vgl. z.B. Bodin 1976, 17.

die Außenwelt sowie das Essentielle des dargestellten Gefühls.[210] Auch hier möchte ich meine Skepsis gegenüber dem eigenen Argument nicht verschweigen, ob dergleichen Sinnzuweisungen zur ästhetischen Konkretisation gehören oder viel eher doch literaturwissenschaftliche Konstruktionen sind, deren Plausibilität nur in der Helle des Bewusstseins funktioniert. Wie dem auch sei, dieses Gedicht entgeht m.E. der künstlerischen Abwertung, bloße Illustration eines Vorgangs im Prosateil zu sein, d.h. innerhalb eines Wirklichkeitszusammenhanges zu fungieren und demzufolge nicht „lyrisch" zu wirken, vermutlich deswegen, weil es nicht monokausal verknüpft ist. Außerdem steht es, wie alle anderen, eben auch für sich[211] bzw. als Teil des Zyklus und wahrt den gebührenden Abstand zu der dargestellten Welt, der es entstammt.

Das vierte Gedicht, (18) *Stern der Geburt,* wird ebenfalls per Erwähnung in Warykino situiert. Da in Mittel- oder Nordeuropa Weihnachten mit einer Schneelandschaft assoziiert wird, scheint sich das Gedicht der dargestellten Welt des ‚Winters in Warykino' anzupassen. Seine Welt ist allerdings verfremdet. Es geht um die Weihnachtsgeschichte nach Matthäus bzw. Lukas. Zum Ort des Ereignisses, dem Heiligen Land, gehört einerseits das Inventar: Kamele, Esel, die Hirten und die Weisen aus dem Morgenland. Andererseits stimmt dazu aber die Umgebung nicht: der Wind aus der Steppe, Schnee, ein Dorffriedhof mit umzäunten Gräbern etc. Die Verfremdung der Weihnachtsgeschichte steht deutlich im Vordergrund. Sie macht den künstlerischen Reiz des Gedichtes aus. Eine innere Verbindung zur Welt des Prosateils, die dem Gedicht *Winternacht* vergleichbar wäre, scheint es nicht zu geben.

In der Sekundärliteratur wird auf der Suche nach motivischen Verankerungen der Gedichte im Prosateil für *Stern der Geburt* ein Textabsatz genannt, der unmittelbar vor der Setzung des gerade behandelten Motivs der Kerze sowie der Formulierung „die Kerze brannte" in Kapitel 3 *Weihnachten bei den Swentizkis,* Ende Abschnitt 10, wiedergegeben wird:

> Jura dachte auf einmal, Block sei eine weihnachtliche Erscheinung in allen Bereichen des russischen Lebens, im nördlichen Stadtalltag und in der neuesten Literatur, unter dem Sternenhimmel der gegenwärtigen Straße und rund um die angezündete

---

210 Im Übrigen war *Die Kerze brannte (Sveča gorela)* einer der ursprünglichen Titel des Romans, und zwar 1946–47, wodurch das Motiv wie auch das zugehörige Gedicht *Winternacht* noch stärker verankert worden wäre. Vgl. Tolstoj 2009, 440.

211 Das Gedicht hat als Liebesgedicht mittlerweile eine ziemliche Popularität erlangt, wenn man seine vertonten Darbietungen zum Maßstab nimmt, die sich auf YouTube besichtigen lassen. Vgl. z.B. gesungen von Alla Pugačëva URL https://www.youtube.com/watch?v=AAGQdl5ldgM [17.01.17].

Lichtertanne im Salon dieses Jahrhunderts. Er dachte, es bedürfe keines Aufsatzes über Block, es müsse lediglich eine russische Anbetung der Weisen geschrieben[212] werden, wie bei den Holländern, mit Frost, Wölfen und einem dunklen Tannenwald. (Shiwago, 104; Pasternak 3, 82)

Offensichtlich „malt" bzw. „schreibt" Shiwago genau das Bild, das nach dieser Setzung den russischen Symbolisten „Aleksandr Blok" ausdrücken soll, oder besser: er *beschreibt* ein vermutlich fiktives Bild, auf dem alle im Vorgang genannten Gegenständlichkeiten zu sehen sind. So lässt sich beispielsweise die merkwürdige Formulierung als Wiedergabe einer Bild-Perspektive verstehen: „Und angeschirrte Eselchen, eines kleinwüchsiger // als das andere, kamen trippelnd den Berg herab". (Strophe 9, Verse 2–3) Der Erzähler scheint auch hier eine falsche Fährte gelegt zu haben. Ganz abgesehen von der rätselhaften Gleichsetzung „Block [Blok]" mit der „russischen Weihnacht" durch Shiwago, geht es um die Zuordnung des Bildes zu „den Holländern". Im Gedicht findet die Heilige Familie in einer Felsspalte oder Höhle Zuflucht und nicht in einem Gebäude („Stall"). Das Bild gehört somit in eine andere ikonografische Tradition als der westlichen,[213] auch wenn es abbildhaft der angenommenen Geburtsstätte Jesu in Bethlehem entspricht. Ansonsten aber passt das beschriebene Bild in die westliche Tradition seit der Renaissance, die Weihnachtsgeschichte, speziell die Anbetung der Hirten bzw. der Könige, in eine zeitgenössische Lebenswelt zu setzen. So kann der jugendliche Shiwago eigentlich nur das Analogon dieser Versetzung meinen. Die Suche nach einem Bild als Prätext halte ich daher für unsinnig.[214] Im Übrigen schaffen das Mixtum aus den dargestellten Gegenständlichkeiten sowie der Vorgang als Bildbeschreibung eine doppelte Verfremdung. Die Verfremdung zieht eine deutliche Grenze zur Welt des Prosateils. Man könnte denken, dass einerseits die direkte Suggestion einer Parallele zwischen Shiwago und Christus

---

212 Das hier verwendete russische Lexem „(na)pisat'" ist doppeldeutig. Es heißt sowohl „schreiben" als auch „malen".

213 Vgl. die Folge von Abbildungen in URL http://www.pallottinerinnen.info/index. php?id=1986 (18.01.17), insbesondere die *Geburt Christi* aus dem *Menologion Basileios II.* (11. Jahrhundert), das als Einziges die Felsenhöhle stilisiert darstellt, während alle anderen Bilder westlicher Provenienz den „Stall" in ein Gebäude verlegen. Vgl. dazu auch Hartmann 1996, s.v. *Geburt Christi*, 532; auch URL http://www.beyars. com/kunstlexikon/lexikon_3284.html [18.01.17].

214 Davie 1965, 120, verweist auf italienische Bilder aus dem 15. Jhdt., namentlich auf Domenico Ghirlandaio. Ghirlandaio hat zwar tatsächlich die Anbetung mehrfach gemalt, aber offenbar in der westlichen Tradition. Vgl. URL http://www.domenico-ghirlandaio.org/ [21.01.17].

hier generell abgeschwächt wird. Andererseits lässt sich die Hineinnahme der Weihnachtsgeschichte in eine zeitgenössische Welt auch als bedeutungsvolles Analogon verstehen, als indirekte Leseanweisung für die Funktion der christlichen Motivik im Gesamtgefüge des Romans. So ist diese Funktion ja auch durchweg konkretisiert worden.

Was den Zusammenhang von Gedicht und Prosaformulierung betrifft, wird bekräftigt, dass die Gedichte aus der Feder von Shiwago stammen und es sich im konkreten Fall vielleicht lohnt, das Rätsel der Gleichung zwischen „Blok" und „russischer Weihnacht" zu lösen. Es handelt sich um eine Metapher von Jurij Shiwago, die die einige Absätze zuvor mitgeteilte Absicht Shiwagos *ad acta* legt, einen Aufsatz zu Blok für die von seinem Freund Mischa Gordon herausgegebene Studentenzeitung zu verfassen; denn „[f]ür Block schwärmte die Jugend beider Hauptstädte, er und Mischa noch mehr als andere." (Shiwago, 102; Pasternak 3, 81). Der Bezug von Blok zur russischen Weihnacht liegt wohl in der Allusion an Bloks Gedicht *Weihnachten (Roždestvo)* (1907), die sich, wenn man so will, schließlich auch in *Stern der Geburt* wiederfinden lässt.[215]

Obwohl wenigstens der Sache nach plausibel – das Gedicht wird im Prosateil immerhin erwähnt –, zeigt sein Beispiel die ganze Problematik der Suche nach unmittelbaren Korrespondenzen zwischen den Einzelgedichten und dem Prosateil. Der wiederholt von mir zitierte Donald Davie, der Mitte der 1960er Jahre die Gedichte ins Englische übersetzt hat, erweist sich in dem umfänglichen Kommentar dazu als einer der eifrigsten Sucher nach solchen Korrespondenzen. Wenn man sie recht versteht, haben sie einen gewissen Beweiswert. Um diesen Wert, vermutlich gegen Davie, näher zu bestimmen, wähle ich als Beispiel seine Ausführungen zu (3) *In der Karwoche*. Die „Quelle" dieses Gedichtes liege in den ersten fünf Abschnitten des Kapitels 10 *Auf der großen Straße*. Die Strophen 3 und 4 beziehen sich nach seiner Ansicht auf eine Stelle im zweiten Abschnitt. (Davie 1965, 55–59) Vermutlich meint er insbesondere die folgenden beiden Absätze daraus, die ich zuerst zitieren möchte:

> In der siebten Kirchenstunde, nach der allgemeinen Zeitrechnung um ein Uhr nachts, lösten sich von der schwersten Glocke des Klosters, die sich kaum bewegte, eine Welle leisen, dunklen und süßen Geläuts und vermischte sich mit der dunklen Feuchtigkeit des Regens. Sie stieß sich von der Glocke ab, so wie sich bei Hochwasser ein unterspülter Erdbatzen vom Ufer losreißt, untergeht und sich im Fluß auflöst.

---

215 Blok 1980, 411f. Vgl. Strophe 10 Vers 6: „alle Tannen auf der Welt, alle Träume der Kinderschar [Все ёлки на свете, все сны детворы]". Bloks Gedicht verknüpft Weihnachten mit der Sicht eines Kindes.

Es war die Nacht auf Gründonnerstag, den Tag der zwölf Evangelien. Hinter dem Netz des Regenschleiers bewegten sich und schwebten kaum unterscheidbare kleine Lichter und von ihnen beschienene Stirnen, Nasen und Gesichter. Die Fastenden gingen zur Frühmesse. (Shiwago, 385f.)

В час седьмый по церковному, а по общему часоисчислению в час ночи, от самого грузного, чуть шевельнувшегося колокола у Воздвиженья отделилась и поплыла, смешиваясь с темною влагой дождя, волна тихого, темного и сладкого гудения. Она оттолкнулась от колокола, как отрывается от берега и тонет, и растворяется в реке отмытая половодьем земляная глыба.

Это была ночь на Великий четверг, день Двенадцати евангелий. В глубине за сетчатою пеленою дождя двинулись и поплыли еле различимые огоньки и озаренные ими лбы, носы, лица. Говеющие прошли к утрене. (Pasternak 3, 305f.)

Die damit korrespondierenden Strophen lauten:

Noch ist die Erde splitternackt,
Und in den Nächten hat sie nichts,
die Glocken zu läuten
und von draußen die Sänger zu begleiten.

Und von Gründonnerstag
bis hin zum Karsamstag
löchert das Wasser die Ufer
und windet Wasserwirbel.

Еще земля голым-гола,
И ей ночами не в чем
Раскачивать колокола
И вторить с воли певчим.

И со Страстного четверга
Вплоть до Страстной субботы
Вода буравит берега
И вьет водовороты.

Die Korrespondenz liegt im Wesentlichen in der identischen Stimmung, die durch den Zeitraum, die Gegenständlichkeiten und die mit ihnen verbundenen Handlungen erzeugt wird. Deutlich ist die Variation der Aussagen zwischen Prosa und Lyrik, die allerdings das Wiedererkennen nicht stört. Aber schon die von Davie behauptete weitere Korrespondenz in der „Topografie der Stadt" unter Verweis auf Strophe 8 lässt sich nur nachvollziehen, wenn man sie denn unbedingt nachvollziehen will. Sie ist allenfalls rudimentär. Im Gedicht ist vom „Königstor [царские врата]" die Rede, in Kap. 10 Abschnitt 2 dritter Absatz heißt es: „Die Ikone im *Eingangsgewölbe* war im Halbkreis von einer goldenen Schrift umrahmt

[…] [*Вратную* икону *на арке входа* полувенком обрамляла надпись золотом […]]" etc. (Shiwago, 384; Pasternak 3, 304; Hervorhbgn. von mir)

Hella Gaumnitz wendet sich dezidiert gegen Davies Deutung und meint, „die christliche Symbolik des Gedichts" weise „auf die Sphäre Vedenjapins und Zima [Sima!] Tuncevas". (Gaumnitz 1969, 44) Auch das ist nachvollziehbar, bleibt aber allgemein, genau wie alle anderen von Gaumnitz angemerkten Korrespondenzen, und gehört damit in den Gesamtkomplex des Themas *Christentum* mit seinen zahlreichen im Gesamttext verwobenen Motiven.

Davies jeweilige ‚Fundstellen' möchte ich im Einzelnen nicht weiter behandeln. Sie sind prinzipiell von der oben demonstrierten Machart, d.h. sie sind mal mehr, mal weniger überzeugend. Davie hat aber die unbestreitbare Fähigkeit, Stimmungen aufzuspüren, die sich jeweils mit dargestellten Situationen oder Formulierungen im Prosa- bzw. Lyrikteil verbinden lassen. Er erfasst damit etwas Wesentliches in der Komposition des Romans. Es sind *moments of being*, um hier den Ausdruck der englischen Dichterin Virginia Woolf zu verwenden.[216] Sie gehen im Chaos der Darstellung in Prosa eigentlich unter, erst in der Ordnung der lyrischen Gedichte treten sie als Momente der ästhetischen Auffassung deutlich hervor.

Alle diese mehr oder weniger nachvollziehbaren Korrespondenzen ohne direkte genetische Verbindung zwischen einem Gedicht und dem Prosateil halte ich in einem besonderen Sinne für funktionsgerecht. Sie sind bedeutsam für eine Frage, die im Roman implizit verhandelt wird, nämlich die Frage nach dem lebensweltlichen Charakter von Kunst bzw. im Engeren von Dichtung insgesamt. Die Darstellung in zwei unterschiedlichen Gattungsformen, zudem in genau der Weise, wie sie im Gesamtgebilde des Romans *Doktor Shiwago* ausgeführt wird, lässt sich als deren metafiktionale Funktionalisierung verstehen. Davon soll im letzten Abschnitt die Rede sein.

Diesen Abschnitt aber möchte ich nicht schließen, ohne noch ein paar weiterführende Bemerkungen zur uneigentlichen Rede in den *Gedichten des Jurij Shiwago* anzufügen. Redefiguren wie Metaphern, Metonymien, Symbole etc. wirken an der Darstellung der Welt in den Gedichten mit, und zwar auf Grund der Kürze der Texte und ihrer formensprachlichen Stilisierung sehr viel stärker als im Prosateil, in dem sie ja auch verwendet werden. Dort tritt in dieser Hinsicht die spezielle Naturdarstellung am deutlichsten hervor, wie sie im 3. Kapitel schon beschrieben wurde.

---

216 *Moments of being* lautet der Titel ihrer zuerst 1976 postum veröffentlichten autobiografischen Essays, und zwar nach einem von ihr darin selbst geprägten Ausdruck.

Die von Gor'kij kritisierte undurchsichtige Bildlichkeit der Gedichte Pasternaks aus den 20er Jahren taucht hier nur noch vereinzelt auf, beispielsweise in (6) *Erklärung*, Strophe 3, Verse 3–4, von mir hier und im Folgenden jeweils Kursiv gesetzt:

Frauen in billiger Alltagskleidung
treten ebenso [wie einst] nächtens ihre Schuhe runter.
Sie werden danach ebenso von den Dachböden
auf dem Blechdach gekreuzigt.

Женщины в дешевом затрапезе
Так же ночью топчут башмаки.
Их потом на кровельном железе
Так же распинают чердаки.

Ein Blick auf die nachschaffenden Übersetzungen von Keil und von Pietraß stärkt die Vermutung, dass hier an ein empathisches Frauenbild, vielleicht aber auch an die Prostitution gedacht werden kann. Im Sinne eines Euphemismus steht der schäbige Ort metonymisch für das Geschehen. Keil übersetzt:

Frauen in blauweißgestreiftem Zwillich
Treten noch die Sohlen ab bei Nacht,
Werden von Mansarden grad so billig
Dann gekreuzigt auf dem Wellblechdach.[217]

Pietraß übersetzt:

Frauen in billigen Fetzen
Laufen die Hacken sich ab
Und werden auf den Eisenblechen
Der Dächer aufs Kreuz gepackt. (Shiwago, 651f.)

Dagegen sind die folgenden Zeilen in (21) *Die Erde* eher konkretisierbar (letzte Strophe, Verse 5–6): „damit der verborgene Strom des Leidens // die Kälte des Seins erwärme". In der Strophe geht es um die Zusammenkunft von Freunden, sozusagen um eine Schicksalsgemeinschaft. Sie wird hier über den konstruierten Gegensatz eigentlich doch ähnlicher potenzieller Gefühlswerte zu den Referenten „Leiden" vs. „Kälte" verbildlicht, woraufhin das „Leiden" unvermittelt positiv erscheint. Dazu passt auch die weiter oben erwähnte Deutung auf der Ebene der christlichen Motivik, dass es sich bei dem im Vers ausgedrückten Vorgang um die Parallele zum „letzten Abendmahl" handele. Das Bild beruht auf einer Metapher, die aus der Prädikation entsteht. Im Zyklus scheint diese Art der

---

217   R.-D. Keil in Pasternak 1960, 614.

Metaphernbildung auffällig oft benutzt zu werden. Ich zitiere, und zwar nicht unbedingt wörtlich, sondern in Paraphrase:

(1) *Hamlet* – „Die Dämmerung der Nacht schaut auf mich".

(2) *März* – „Der Schnee verkümmert, leidet an Blutarmut"; „die Gabelzinken strotzen vor Gesundheit".

(3) *In der Karwoche* – „Die Erde würde Ostern verschlafen"; „der Blick der Bäume ist von Entsetzen umfangen" u.a.m.

(4) *Weiße Nacht* – „Laternen berührte der Morgen mit dem ersten Frösteln"; „die Bäume strömen auf den Weg" u.a.m.

(5) *Wegelosigkeit im Frühling* – „Die Feuer des Sonnenuntergangs brannten herunter".

(6) *Erklärung* – „Die Nacht fesselt mit einem Schwermutsring"; „Der Abend des Todes hatte den Brand des Sonnenuntergangs an die Manege genagelt".

(7) *Sommer in der Stadt* – „Die heiße Nacht verkündet Unwetter"; „der Morgen trocknet die Straßenpfützen"; „die Linden schauen finster".

(8) *Der Wind* – „Der Wind wiegt Wald und Sommerhaus"; „der Wind will Worte finden".

(10) *Altweibersommer* – „Der Wald wirft Lärm auf den Steilhang"; „der Herbst hat das trockene alte Holz zusammengefegt".

(19) *Dämmerung* – „Der Schneesturm webt das Netz aus Flocken".

(20) *Das Wunder* – „Die Bitterkeit [Jesu] streitet mit der Bitterkeit des Meeres".[218]

(21) *Die Erde* – „Die Straße übt Vertraulichkeit mit dem Fenster"; „Nacht und Sonnenuntergang können sich nicht aus dem Weg gehen"; „der April spricht mit den Wassertropfen" u.a.m. (In diesem Gedicht werden die meisten prädikativen Metaphern verwendet.)

(23) *Magdalena I* – „Die Ewigkeit wartete auf mich".

(25) *Der Garten Gethsemane* – „Olivenbäume versuchten durch die Luft zu schreiten".[219]

Die prädikativen Metaphern lassen sich vergleichsweise gut verstehen, sofern die Aktanten nicht zusätzlich verschlüsselt werden, wie in den beiden erstgenannten Fällen oder im zweiten Beispiel aus Gedicht (6) *Erklärung*: „Der Abend des Todes hatte den Brand des Sonnenuntergangs an die Manege genagelt". Ihre

---

218 Gleichzeitig ein Wortspiel mit dem Ausdruck „Bitterkeit" in seiner abstrakten bzw. konkreten Bedeutung.

219 Die gesamte Strophe 2 des Gedichtes fungiert darüberhinaus als Metonymie, indem die subjektive Wahrnehmung des intentionalen „Ich" als Merkmal des Objektes gesetzt wird.

verfremdende Wirkung beruht auf dem Phänomen der Anthropomorphisierung, das in Bezug auf Naturdarstellung seit der Romantik gängig ist, vielleicht mittlerweile sogar die romantische Epoche evoziert, aber auf jeden Fall das Verständnis sichert. Wie erwähnt, prägen sie auch die Naturdarstellung im Prosateil.

Auffallend ist, dass in den Gedichten 11 bis 18 offenbar keine prädikativen Metaphern vorkommen. Die Gedichte entwickeln demzufolge einen anderen Ton und entwerfen eine andere Perspektive auf die dargestellte Welt. (11) *Hochzeit* hält sich an die Balladenform, deren Versmaß, Strophenbau und ‚schneller‘ Rhythmus sich vermutlich gegen diese Art von Metaphern sperren. Die Gedichte 12 bis 17 betreffen angeblich „die Begegnung mit Lara“. (Müller 1963, 9) Ich verstehe diese Deutung so, dass sich die Gedichte am leichtesten mit der Situation in Warykino verbinden lassen. Dazu würde, wie oben ausgeführt, auch die Nr. 18 *Stern der Geburt* gehören. Das wäre das einende Merkmal; denn es gibt ja schon vorher eine ganze Reihe von Liebesgedichten, nämlich Nr. 4 sowie Nrn. 6 bis 9, die man somit wohl eher „Pasternak“ zurechnen möchte. Ich sehe darin aber nur ein weiteres Indiz für die prinzipielle Motivgebundenheit des die Darstellung betreffenden Zusammenhangs zwischen dem Prosateil und den Gedichten. Der Zyklus entwickelt seine eigene Logik.

Neben den prädikativen Metaphern gibt es eine Reihe ähnlich aufgebauter Vergleiche. Die von ihnen gestiftete Verfremdung ist weniger überraschend, d.h. sie sind deutlicher. Fast in jedem der Gedichte gibt es einen Vergleich, meistens *nur* einen. Hier einige Beispiele – wiederum von mir in der Regel lediglich paraphasiert:

(2)   *März* – „Wie der Viehmagd die Arbeit geht dem Frühling das Geschäft von der Hand“.

(5)   *Wegelosigkeit im Frühling* – „Wie lauttönendes Sturmgeläut wütete die Nachtigall“.

(12)   *Herbst* – „Du wirfst die Kleidung ab wie der Hain die Blätter“.

(14)   *August* – „Der Wald brannte wie ein Pfefferkuchen in Zuckerguss“.

(25)   *Der Garten Gethsemane* – „Die Jahrhunderte schwimmen, wie man flößt die Stämme“; „die Jahrhunderte schwimmen wie eine Karawane von Schleppkähnen heran“.

Schließlich kommen vereinzelt sowohl nominale Vergleiche als auch attributive Metaphern vor, z.B.

– nominale Vergleiche:

(4)   *Weiße Nacht* – „Laternen wie Schmetterlinge aus Gas“.

(10)   *Altweibersommer* – „Der Wald wie ein Spötter“.

(11)   *Hochzeit* – „Ein Taubenschwarm als Wirbel graublauer Flecken“.

– attributive Metaphern:

(10) *Altweibersommer* – „Der Herbst, der Lumpensammler".
(18) *Stern der Geburt* – „Verschämter als ein Öllämpchen".
(21) *Die Erde* – „Das schwachsichtige Fenster".

Der Überblick vermittelt einen Eindruck von der Darstellung der Welt in einem Merkmal, das Lyrik konventionell besonders prägt. Pasternaks Handschrift zeigt sich einmal mehr in der Bevorzugung der Kontiguität bei der Bildung von Figuren uneigentlicher Rede. Deren Grundfunktion liegt, wie gesagt, in der Verfremdung der dargestellten Welt. Natürlich handelt es sich um Pasternaks bekannte und berühmte Meisterschaft, die Shiwago lediglich verliehen wird. Sie bleibt insofern doppeldeutig, fügt sich in das immer wieder vermerkte Grundproblem der Konkretisation dieses Romans ein und wirkt daran suggestiv mit, sofern Pasternak als Lyriker im Bewusstsein der Rezipienten präsent ist. Seine westeuropäischen Leser beispielsweise wussten von seiner Lyrik in aller Regel nichts. Eine Soziologie des Lesens würde vermutlich ohnehin erweisen, dass die Konsumenten von Lyrik mit denen, die Romane lesen, nicht identisch und auch von ihrer Anzahl her nicht annähernd vergleichbar sind. Insofern bleibt die Spiegelung des Lyrikers Pasternak in Shiwago wohl ein akademisches Problem, das allerdings in der literaturwissenschaftlichen Erörterung der Zusammenhänge beachtet werden muss.

Abschließend bleibt festzuhalten, dass jedes der Gedichte seine eigene ‚Welt' schafft, an der alle Kunstmittel beteiligt sind. Deren kleinteilige Funktionalisierung läst sich wie eine Partitur verstehen.[220] Die beteiligten Instrumente haben jeweils eine eigene Stimme, die sich im Rahmen ihrer speziellen Möglichkeiten bewegt. Bestimmte Merkmale werden immer wieder aufgenommen, aber mit anderen jeweils unterschiedlich kombiniert. Demgegenüber hat die Erzählprosa diese Kombinatorik in kurzen Folgen nicht aufzuweisen, selbst wenn es tatsächlich kurze Folgen, wie die Abschnitte des Prosateils, sind. Ihre Partitur würde ganz anders aussehen, um in diesem Bild zu bleiben. Beiden gemeinsam ist aber die Zuordnung jeweils zu einem Ganzen, dessen Rahmen von den Grenzen des Prosateils bzw. der einzelnen Gedichte gezogen wird.

---

220 Die eingangs aufgestellte Matrix ist zumindest der Versuch, die beteiligten ‚Instrumente' – um im Bild zu bleiben – wenigstens zu benennen und ihre ‚stimmliche' Variabilität in der Abfolge zu erfassen. Den Gedanken, die Kohärenzmittel eines konkreten Textes als eine ‚Partitur' binärer Oppositionen zu beschreiben, hat Harald Weinrich in der Hoch-Zeit der Textlinguistik vorgelegt. (Weinrich 1972).

In einem weiteren Rahmen fungieren die Gedichte innerhalb des Zyklus. Dessen Ordnungsmomente wurden zu Anfang dieses Kapitels erörtert. Vielleicht könnte man auch von einer ‚Welt' des Zyklus sprechen. Jedenfalls hat sie insofern abstraktere Züge, als ihre Konkretisation bereits die Konkretisation der Einzeltexte voraussetzt. Den dritten Funktionsrahmen bildet der Gesamtroman auf der Grundlage einer weiteren Abstraktion. Das sei unbedingt hervorgehoben; denn dergleichen Abstraktionen lassen vermutlich allenfalls die ‚Schönheit des Sinns' erfahren, d.h. beispielsweise die Einsicht in einen Zusammenhang, nicht aber die Sinnfälligkeit des Zusammenwirkens der einzelnen Komponenten, eben die „Polyphonie".

Vom Ansatz her wird dieses Problem schon von Hella Gaumnitz in den Vorüberlegungen ihrer Arbeit über *Die Gedichte des Doktor Živago* abgebildet. Gaumnitz geht von der Prämisse einer angeblichen Nähe des Romans zur Biografie seines Verfassers aus bzw. von einer bewusst oder unbewusst angelegten, aber verschlüsselten Autobiografie:[221]

> So kann man den Roman als eine von der Person Pasternaks abgelöste Autobiographie verstehen. Die erste Stufe der Ablösung bezeichnet die Prosa als eine objektive Erzählform ohne vorgeschobene Erzählerfigur. Die zweite Stufe der Ablösung bilden die Gedichte, die aus dem erzählten Leben entstanden sind und das Individuelle in den Kreis des allen Bekannten und Allgemeinen aufheben. (Gaumnitz 1969, 2)

In dieser Vereinfachung führt der Gedanke in die Irre, und zwar nicht nur wegen der ominösen „Autobiografie", sondern auch wegen der unzureichenden Berücksichtigung der Funktionalität der einzelnen Gedichte je für sich. Aber der Ansatz berücksichtigt in dem Begriff der „Ablösung", dass ein wesentlicher Zusammenhang von Prosateil und Gedichtkapitel letztendlich als Vorgang einer Abstraktion erfasst werden kann.

Prosarede, Versrede und das funktionelle Ganze des Romans

Die Ganzheitlichkeit des Romans als Verknüpfung zweier gegensätzlicher Redeformen lässt sich, wie oben bereits vermerkt, im Sinne einer metafiktionalen Funktion verstehen. Im Idealfall werden darin die Merkmale integrierbar, die im Laufe der Erörterung von mir beschrieben worden sind und die den Versteil bzw. den Prosateil in Hinblick auf explizite Verbindungen, motivische Verknüpfungen,

---

221 Darin äußert sich ein leider gängiges Missverständnis. Natürlich kann ein Autor nur über etwas schreiben, das er kennt, aber der Ausweis der Kunst bzw. ihre unmittelbare Wirkung liegt nicht im Zurückverfolgen der Gegenständlichkeiten und Sachverhalte in das individuelle Leben bzw. Erleben des Autors.

isomorphe Momente, benennbare Parallelen, jeweils gattungsgebundene Eigenarten und Sonderformen etc. charakterisieren. Diese Merkmale können in der folgenden Erörterung nicht im Einzelnen wiederholt werden. Sie sind von mir differenziert herausgearbeitet worden, sollen daher im Hintergrund bleiben und sind allenfalls explizit per Verallgemeinerung zu berücksichtigen.

Da das Grundmuster des Romans vom Gegensatz von *Prosarede* vs. *Versrede* bestimmt wird, bleibt die Frage, ob dieser Gegensatz als solcher mit einem künstlerischen Wert verbunden werden kann und somit eine künstlerische Funktion erhält, die an der Ganzheitlichkeit mitwirkt und sich nicht in der „Metafiktion" erschöpft. Im Form-Funktionsgefüge des literarischen Kunstwerkes wäre dann die Metafiktion als Form anzusehen. Ein solcher künstlerischer Wert lässt sich beispielsweise in dem von Bodin (1976) postulierten aktiven Handlungsmuster vermuten, das im Zyklus vor allem in den Gedichten mit dem Thema „Christentum", insbesondere vermittels der suggerierten Parallele *Shiwago – Christus*, eine Rolle spielt und als Gegensatz zu Shiwagos *passivem* Handlungsmuster aufgefasst werden kann. Sehr viel augenfälliger und grundsätzlicher scheint mir aber der Gegensatz zwischen dem undifferenzierten „Chaos" des Prosateils und der differenzierten Ordnung des Zyklus und seiner Einzelgedichte zu sein. Die von mir als „Chaos" bezeichnete Wirkung der Prosa gründet im Wesentlichen sowohl in der mangelnden Kausalität der dargestellten Welt als auch in der unmotivierten stilistischen Variabilität der Rede mitsamt der mangelnden Motiviertheit ihrer Gegenstände sowie der unklaren Kontur des Erzählers. Hier herrscht eine gewisse Beliebigkeit vor, die als ‚kunstlose Kunst', „wie man einen Brief schreibt", sogar produktionsästhetisch beglaubigt worden ist, also nachweisbar kalkuliert von Pasternak verwendet wird. Dem steht, wie ich oben formuliert habe, die ‚ausgestellte Artifizialität' in den Gedichten des Zyklus gegenüber. Aus Gründen einer logischen Parität möchte ich auch hier noch einmal auf Pasternaks Äußerung über seine Lyrik verweisen. Die Lyrik geht ihm künstlerisch leicht von der Hand, aber er misstraut der lyrischen Kunst. Überspitzt formuliert, gehört sie nicht ins Zentrum dessen, was nach einem bestimmten Ideologem das „Leben" ausmacht. Sie ist „schändliches Verseschreiben" und kann nicht vorzugsweise Ausdruck der Idee des „Unbedingten" (Solov'ev) sein.

Vom Standpunkt der Rezeption verhält es sich in Bezug auf den Roman aber genau andersherum. Auch und gerade wenn man Pasternaks Äußerung Ernst nimmt, d.h. nicht als Camouflage versteht, bleibt interessant, dass der Roman dennoch von einem Gedichtzyklus ‚gekrönt' und erst dadurch vollendet wird. Die von Ingarden so genannte „Polyphonie des literarischen Kunstwerkes" bzw. die darauf aufbauende „polyphone Harmonie der ästhetischen Wertqualitäten" setzt ein geschlossenes Ganzes voraus, das „ästhetische Objekt", das in der Konkretisation des zugrundeliegenden Sprachgebildes anschaulich wird. (Ingarden 1972, 395–399) Im Zusammenwirken beider Teile, d.h. Prosa und Vers, entsteht hier etwas Drittes, das offenbar schwer zu konkretisieren und folglich auch schwer zu erfassen ist. Es gibt zwar die angeführten mannigfaltigen Verbindungen bis hin zur Metafiktion, aber ein plausibles ganzheitliches Merkmal fehlt, in dem alles verknüpft und mit dessen Hilfe dem Ganzen ein positiver Sinn zugewiesen werden kann.

Wie erinnerlich, meinte Rolf-Dietrich Keil in seiner Kritik des *Doktor Shiwago*, der Roman sei ein „Symbol". Andrej Voznesenskij verglich rund dreißig Jahre später die Prosa mit einem „Apfelbaum" und die Gedichte mit den „Äpfeln", die hervorzubringen das Ziel des Apfelbaumes sei. Hella Gaumnitz schließlich stellt die Frage „nach der Kraft, [...] die ihre Gültigkeit behält für eine Zeit, die Shiwago selber gar nicht mehr erlebt hat." (Gaumnitz 1969, 9) Sie beantwortet die Frage mit Hilfe der Exegese von Äußerungen des frühen Pasternak in Bezug auf Symbol und Unsterblichkeit. Den Topos, dass der Künstler in seinen Werken „unsterblich" werde, verankert sie in dem Autor Pasternak folgendermaßen:

> Deshalb versteht Pasternak die Kunst ihrem Wesen nach als symbolisch, so wie man von der Symbolik der Algebra spricht. Die zeitüberdauernde Allgemeinzugänglichkeit der Erfahrung des Daseinsglücks, das sich in den Werken großer Künstler niederschlägt, versucht Pasternak hier auf dem Hintergrund von Gedankengängen Kants zur Rechtfertigung eines Unsterblichkeitsglaubens anzuführen, den der Schluß seines Romans bekräftigen und in seiner Wirklichkeit zeigen soll. (Gaumnitz 1969, 11)

Abgesehen davon, dass Gaumnitz ohne weiteres kritisches Bedenken von den Absichten des Autors auf deren Ausführung schließt, übergeht sie vor allem die wiederholt geäußerte Idiosynkrasie des alten Pasternak seinem Frühwerk gegenüber. Deren Kehrseite ist Pasternaks dezidierte Hinwendung zur narrativen Prosa, von der er geradezu besessen zu sein scheint. Alle diese Aporien lassen sich m.E. nur bewältigen, wenn man die ihnen zugrundeliegenden Sachverhalte vom Roman aus in geeigneter Weise abstrahiert.

Zu diesem Zweck werde ich zum Schluss noch einmal die Frage nach den Gattungen bemühen, die als Ordnungsmuster per Tradition je für sich offenbar eine Art ‚Allgemeinbedeutung' erlangt haben. Diese ‚Allgemeinbedeutung' lässt sich im Sinne von Funktionsbereichen innerhalb der Schönen Literatur verstehen. Die Funktionsbereiche sind konventionell festgelegt, aber natürlich historisch wandelbar. Im vorliegenden Fall geht es um die sog. Grundgattungen *Epik* und *Lyrik*. Die verwendeten Redeformen *Prosarede* vs. *Versrede*, die für den Gesamttext *Doktor Shiwago* eine wichtige Rolle spielen, sind Spezifika der hier relevanten Hauptgattungen *Roman* und *Gedicht*. Im Übrigen bleibt in der russischen Literatur die Bindung des Gedichtes an die *Versrede* samt Metrum und Reim dominant, so dass diese Gedichte vom Deutschen aus ggf. konventionell wirken, ohne im Russischen deswegen konventionell zu sein.

Wie zu Beginn ausgeführt, wollte der ausgewiesene Lyriker Boris Pasternak unbedingt einen „Roman in Prosa" schreiben, um sein „Leben" bzw. seine Anschauungen zum „Leben" darzustellen. Diese Absicht zieht sich wie ein roter Faden durch seine Äußerungen. Überraschen können die Absicht und ihre Begründung eigentlich nicht; denn spätestens seit Mitte des 19. Jahrhunderts, insbesondere also im Zeitalter des Realismus, spielt das „Leben" bei der Grundlegung des Romans als eines Großtextes in Prosa und seiner Karriere hinauf in die Höhen einer Leitgattung der Literatur eine gewichtige Rolle. Um „Leben" in seiner Fülle (Zeit, Raum, Figuren etc.) zu erfassen, scheint Lyrik aus verschiedenen Gründen – und nicht nur wegen des Umfangs – nicht geeignet zu sein. Lyrik hat eine andere ‚Allgemeinbedeutung'.

Ein Blick auf gängige Lyriktheorien zeigt einerseits die Besonderheit der lyrischen Gattung, andererseits aber auch die besondere Schwierigkeit, sie theoretisch in ihren Grundbedingungen zu erfassen. Emil Staiger kommt in seiner bekannten Untersuchung zur Poetik zu der Ansicht, dass „Zuständlichkeit [...] die Seinsart von Mensch und Natur in der lyrischen Poesie" sei. (Staiger 1972, 46) Daraus rührt die besondere Subjektivität des lyrischen Weltentwurfs. Staiger argumentiert mit der lyrischen Dichtung der deutschen Romantiker, die er für wesenhaft hält.

In Hugo Friedrichs schon zitierter *Struktur der modernen Lyrik* hat zwar die Staigersche von der Romantik bestimmte Innerlichkeit keinen Platz, dafür aber lassen seine notwendig negativen Beschreibungs-Kategorien um den Begriff der „Dissonanz" nicht recht erkennen, worin das Positive des daraus konkretisierten ästhetischen Objektes besteht. (Friedrich 1967, 15f., 212, passim) Seine Untersuchungsgegenstände sind die Gedichte der französischen Moderne, d.h. der Dichter Baudelaire, Rimbaud und Mallarmé, deren Besonderheiten Friedrichs bildkräftiges Urteil sichtbar bestimmen:

> Die von der Gewalt der Phantasie entgliederte oder zerrissene Wirklichkeit liegt als Trümmerfeld im Gedicht. Erzwungene Unwirklichkeit liegt darüber. Aber Trümmer und Unwirklichkeiten tragen das Geheimnis, um dessentwillen die Lyriker dichten. (Friedrich 1967, 212)

Nüchtern betrachtet, meint Friedrichs Aussage einen in der individuellen oder gar idiosynkratischen Sprachverwendung verschlüsselten Wirklichkeitsbezug.

Auch Käte Hamburger hat, wie oben zitiert, die Wirklichkeit in ihrem Konzept. Bei ihr liegt das Redekriterium in der Subjektivität des „lyrischen Aussagesubjektes", das „objektive Wirklichkeit in subjektive Erlebniswirklichkeit" verwandelt. (Hamburger 1968, 227) An einem Teil der *Gedichte des Jurij Shiwago* zeigte sich jedoch, dass sich die aus Hamburgers Ansatz folgende Trennung zwischen „Ich"- und „Er"-Gedichten nicht kategorial auffassen lässt, ohne der sprachlichen Intuition zuwiderzulaufen.

Dieter Lamping nennt in seiner Lyriktheorie drei Kriterien für ein lyrisches Gedicht:

- monologische Rede im Unterschied vor allem zu dialogischer Rede;
- absolute Rede im Unterschied zu situationsgebundener Rede;
- und strukturell einfache Rede im Unterschied zu strukturell komplexer Rede. (Lamping 2000, 63)

Das Kriterium der grundsätzlich „monologischen Rede" weist dem Merkmal „Ich-" / „Er-"Sprecher dem ihm offenbar zukommenden untergeordneten Rang zu. Es entspricht jedenfalls der ästhetischen Wahrnehmung. Die Absolutheit der Rede (vgl. zweites Kriterium), ihre Situationsabstraktheit, lässt sich an den *Gedichten des Jurij Shiwago* besonders gut ermessen; denn in dem Augenblick, da sie als bloßer Ausdruck einer im Prosateil dargestellten Situation erscheinen, verlieren sie sozusagen an künstlerischer (poetischer) Kraft.[222] Das dritte Kriterium der „strukturellen Einfachheit" schließlich klingt angesichts der in der russischen Literatur bis heute üblichen Versrede, zudem angesichts der ‚ausgestellten Artifizialität' von Shiwagos Gedichten, geradezu widersinnig. Lamping versteht aber unter der strukturellen Einfachheit eine Konsequenz, die sich aus dem monologischen Charakter der Rede ergibt, nämlich das Fehlen diverser Redekontexte und deren Urheber.[223] Die von mir so genannte Artifizialität sieht er in der potenziell besonderen „ästhetischen Komplexität" des lyrischen Gedichts und in den „poetischen Lizenzen", wie sie etwa in der semantisch dunklen Dichtung der Moderne genutzt werden. (Lamping 2000, 69ff.)

---

222 Der Absolutheit entspricht Käte Hamburgers missverständliches aussagenlogisches Postulat, dass die Dichtung „außerhalb eines Wirklichkeitszusammenhangs" geäußert werde.

223 Zumindest das letzte Gedicht des Zyklus (25) *Der Garten Gethsemane* weicht hier ab, weil Christus am Ende selbst das Wort ergreift, sozusagen ‚das letzte Wort' hat. Damit wäre das Gedicht sensu stricto nicht lyrisch, fügte sich mit diesem Kunstgriff allerdings in das mit (1) *Hamlet* begonnene Rollenspiel ein und wäre darin motiviert.

Lampings Theorie berücksichtigt den weiten Bereich der genuin westeuropäischen Tradition, v.a. auch deren Entwicklung seit Beginn der Moderne. Sein Textkorpus entstammt in erster Linie der deutschen Lyrik. Dass seine Definitionen auch auf die russische Lyrik anwendbar sind, steht prinzipiell außer Frage. Nur tritt einem Rezipienten die russische Lyrik auf Grund der scheinbar konventionellen Versform mit Metrum und Reim anders gegenüber als deutsche Gedichte des 20. Jahrhunderts. Russische Gedichte halte ich deswegen nicht nur für potenziell komplexer, um Lampings Ausdruck zu verwenden, sondern sie bringen mit ihrer strengeren Formensprachlichkeit ein spezielles Moment in die Wahrnehmung durch einen Rezipienten ein. Dieses Moment verstärkt etwas, das der Lyrik per traditionem durch die annigfaltigen Sonderbedingungen der Rede im Vergleich zur Prosa eigen ist, nämlich Lyrik als künstlerisch geformte Rede auszuweisen oder gar anzuzeigen. Sie ist damit gleichzeitig auch Ausdruck des Künstlichen, nicht Alltäglichen. Die Prosa dagegen bietet sich als isomorpher Ausdruck des Alltags an, weil sie im Unterschied zur Versrede eben Abbild der Alltagsrede sein kann.

Die russische Literaturtheorie scheint angesichts dieser Repräsentanz der russischen Lyrik nicht ganz zufällig ein stärkeres Augenmerk auf die Formensprachlichkeit der Lyrik und einen Gegensatz zur Prosa zu legen, der nicht nur auf dem angeblichen ‚Schmuck‘ des Verses beruht. Bei Jurij Lotman wird der Gedanke der kategorialen Besonderheit der Versrede aus der historischen Perspektive entwickelt. Er postuliert eine typologische Stufenleiter „von der Einfachheit zur Kompliziertheit" mit den Stufen : „Umgangssprache – Lied (Text + Motiv) – ‚klassische Poesie‘ – künstlerische Prosa".[224] Die künstlerische Prosa bildet sich also nach der Verskunst heraus:

> Prosa in der heutigen Bedeutung des Wortes entstand in der russischen Literatur mit Puškin. Sie vereinigt gleichzeitig die Vorstellung von hoher Kunst und Nicht-Poesie. Dahinter steht die Ästhetik vom „wirklichen Leben" mit ihrer Überzeugung, daß die Wirklichkeit die Quelle der Poesie ist. Auf diese Weise *war die ästhetische Rezipierung der Prosa nur auf dem Hintergrund einer Kultur der Poesie möglich.* (Lotman 1972, 59; Hervorhbg. i.O.)

---

224 Lotman, 1972, 55. Im russischen Original steht der Ausdruck „razgovornyj jazyk", der im Deutschen insoweit korrekt als „Umgangssprache" übersetzt worden ist. „Umgangssprache" bezeichnet aber eigentlich die mündliche Variante der hochsprachlichen Norm. Also wäre es zutreffender, an ‚Alltagssprache‘ (bzw. korrekt ‚Alltagsrede‘) zu denken, weil sonst in der von Lotman postulierten historischen Abfolge das Schrifttum fehlen würde. Vgl. im russischen Original Lotman 1968, 48.

Auch wenn Lotman an dieser Stelle über das Entstehen der künstlerischen Prosa redet, bleibt doch der Gedanke der historisch gewachsenen Rolle der Verskunst als der eigentlichen Repräsentantin von Wortkunst bemerkenswert. Sie hat die kommunikative Bedeutung von „hoher Kunst" *und* „Poesie", wenn ich Lotmans Aussage vom Vers her umformuliere.[225]

Der russische formalistisch-strukturalistische Ansatz, den Vers nicht nur als Ornament zu sehen, ist auch in der Lyriktheorie von Renate Homann ein wichtiges Argument. Sie unterscheidet in ihrer Theorie zwischen „Verspoetischem" und „Prosa"[226]:

> Es wird eine Differenz angesetzt zwischen Metrum, Reim, Strophe, Rhythmus der Verse, der Strophen sowie des Gedichts als ganzem [sic!], die üblicherweise – im dualistischen Schema gedacht – als poetische „Form" bezeichnet werden, einerseits und den Sätzen, Worten, der Metaphorik, der Rhetorik, dem Rhythmus der gesprochenen und geschriebenen Rede, der Syntax-Grammatik, die die Konstituierung dessen leisten, was üblicherweise als „Inhalt", „Gehalt" oder „Sinn" bezeichnet wird, andererseits. (Homann 1999, 398)

Daraus entwickelt sie eine Theorie der Kreativität der Lyrik als Sprachexperiment, als „situativ zu erfindende autoreflexive Konstituierung von Sprache als einer neuen Regel", woraus Weiterungen nicht nur für die „Aporie von Prosa und Verspoetischem" folgen, sondern überhaupt für das Sprachsystem. (Homann 1999, 414) Letzten Endes versteht sie ihre Theorie auf der Grundlage des Kantschen Begriffs der „Heautonomie", der ästhetischen Freiheit, gesellschafts- bzw. wissenschaftspolitisch. Es ist hier nicht der Ort, sich mit den Implikationen ihrer Gesellschaftstheorie zu beschäftigen, die sie beispielsweise in der Einleitung offensiv vertritt. Ich möchte auch nicht die Frage der Operationalisierbarkeit ihrer komplexen Vorstellungen aufwerfen, sondern finde den Ansatz im Rahmen meiner Argumentation höchst bedenkenswert, Literatur als Kunst systematisch von der Versrede her zu begreifen, obwohl pragmatisch gesehen im Literaturbetrieb, d.h. in der konkreten Rezeption, die Prosa seit langem dominiert.

Wenn man die Frage nach der Lyrik so weit abstrahiert, lässt sich wohl sagen, dass im *Doktor Shiwago* der verhandelte Gegensatz von „Verspoetischem" und „Prosa" eine spezielle Bedeutung erlangt. Auf dieser Abstraktionsstufe *bedeuten* die lyrischen *Gedichte des Jurij Shiwago* schlicht „Kunst" bzw. wird „Kunst" als

---

225 Unter „Poesie" sind m.E. die Merkmale zu verstehen, die Lamping für das lyrische Gedicht nennt.

226 Neben Lotman zitiert sie auch Tynjanovs Ausführungen zum *Problem der Verssprache,* insbesondere zur Doppelgestalt Prosarhythmus vs. Versrhythmus. (Homann 1999, 402).

solche thematisiert, ungeachtet ihrer konkreten Füllung durch Themen und Motive bzw. die entworfene „Welt". Dass die Prosarede dazu tendiert oder wenigstens in besonderer Weise geeignet ist, „Leben" abzubilden, ist spätestens seit Hegel wohl Konsens. (Homann 1999, 408) Darüber hinaus wird im Prosateil des *Doktor Shiwago* „Leben" nicht nur vielfältig motivisch dargestellt, sondern vor allem auch formensprachlich auf einer Stufe abgebildet, die nicht mehr den Konventionen realistischer Prosa entspricht.[227] Ich habe dafür den Ausdruck „Chaos" eingeführt. „Chaos" als formensprachliches Charakteristikum kann auf allen Ebenen des in Prosa gehaltenen Romanteils beobachtet werden. Dieses „Chaos" bildet das Leben in seiner Fülle zufälliger Erscheinungen und ungeordneter Formen per Isomorphie ab. Das „Chaos" des Lebens steht im sinnfälligen Gegensatz zur Kunst, die auf einer strengen „Ordnung" *sui generis* beruht, aber dennoch in ihren Ausdrucksmöglichkeiten frei ist, wie die Variabilität der Gedichte belegen kann.

„Prosa" vs. „Verspoetisches" – um Homanns terminologische Präzisierung zu verwenden – bilden einen Gegensatz, der im Roman zu „Leben" *vs.* „Kunst" funktionalisiert wird. Aufgrund der vielfältigen Verknüpfungen zwischen Prosa- und Gedichtteil entwirft der Roman aber auch eine Relation zwischen „Leben" *und* „Kunst". Pasternak hat in Gesprächen offenbar wiederholt ‚verraten‘, dass er im Prinzip von den Gedichten her die Prosa verfasst hat, dass also die Gedichte zuerst entstanden sind. (Nilsson 1959, 107; Pasternak, Elena 1993, 99) Das Verfahren entspricht im Übrigen seinem künstlerischen Lebensweg. Pasternak beginnt als Lyriker und endet als Romanautor. Dennoch verläuft die Konkretisation des Ganzen genau andersherum. Die Gedichte setzen quasi den Schlussstein. Die Dynamik des Ganzen, die sich beispielsweise in der Darstellung äußert, wie Shiwago Gedichte verfasst, oder in der Bedeutungskonfiguration, dass er damit „überlebt", führt zu den Gedichten hin, und nicht etwa umgekehrt. Ludolf Müller schreibt in seiner frühen Deutung des Romans:

> Der Zyklus der fünfundzwanzig Gedichte des Jurij Shiwago zeigt uns das Leben, das im Roman geschildert wurde, noch einmal – jetzt aber gewandelt, verklärt, umgegossen in die Form der Dichtung. (Müller 1963, 7)

Hella Gaumnitz, seine Schülerin, ergänzt, wie oben teilweise schon zitiert:

> Nach der Lektüre des Epilogs stellt sich nicht nur den alten Freunden, sondern auch dem Leser die Frage nach der Essenz des Lebens Živagos, nach der Kraft, die so über seinen

---

227 Es handelt sich also um ein „Abbild", das weder im Sinne des epochalen Realismus noch seiner ideologischen Wiederaufnahme im Sozialistischen Realismus verstanden werden kann.

Tod hinaus wirken kann und ihre Gültigkeit behält für eine Zeit, die Živago selber gar nicht mehr erlebt hat. (Gaumnitz 1969, 9)

Den Begriff „Essenz" möchte ich gern aufnehmen und im Sinne meiner Ausführungen zur Rede in Vers und Prosa, d.h. im Engeren zum Thema Kunst und Leben im Roman, abschließend präzisieren. Die Gedichte sind nicht nur die Essenz von Shiwagos Leben, sondern die Kunst ist gemäß der im Roman auf der Metaebene entworfenen Konstellation die Essenz des Lebens überhaupt. „Essenz" wird hier metaphorisch verwendet. Die Metapher referiert auf Ordnung, Kürze, Konzentration, Prägnanz und eine existenziell wesentliche Äußerung der Wortkunst. Pasternaks sibyllinische Frage, er wisse nicht, was noch Kunst heiße, oder anders übersetzt: was Kunst noch bedeute, lässt sich mit Hilfe des Romans quasi beantworten. Kunst ist die Essenz des Lebens, – und, wie in Bezug auf den Kontext der zugehörigen Situation der 1940er Jahre unbedingt zu ergänzen wäre: Kunst ist gerade nicht dessen Widerspiegelung. Auf der Metaebene etabliert dieser Zusammenhang von Vers und Prosa, Kunst und Leben etwas Irrationales, das sich nicht nur im Sinne von Solov'evs Gedanken von der „Verklärung" bedeutungsmäßig erfüllt, wenn man den Zusammenhang denn so versteht, sondern das diese „Verklärung" schlicht *ist*. Insofern wird sie zu einem Moment von künstlerischem Wert.

7. Schlussbetrachtung

In meiner Abhandlung habe ich die Absichten und Meinungen Pasternaks als des psychophysischen Autors insbesondere des *Doktor Shiwago* zwar immer wieder zitiert, aber doch nur, um zur Erfassung des Romans den geeigneten Konterpart von einer gewissen Plausibilität zu haben, und nicht etwa, um Pasternaks Äußerungen für bare Münze zu nehmen, als sei der Roman nur so zu verstehen und als sei Pasternak die letzte und entscheidende Berufungsinstanz. Ganz im Gegenteil bin ich der Meinung, dass Kunst zwar „gemacht" ist, wie von den russischen Formalisten einst herausgestellt wurde,[228] dass aber produktionsästhetisch gesehen keine streng kalkulatorische Rationalität unterstellt werden darf. Schon allein die „heteronome Seinsweise" des literarischen Kunstwerks (Ingarden) bedeutet, dass das physikalische Gebilde des Textes, sein „Schema", wenn es einmal „gemacht" ist, von den Bewusstseinsakten des Autors unabhängig wird. Es wird erst wieder im Bewusstsein des Lesers konkretisiert. Das irrationale Moment im künstlerischen Schaffen wie auch im ‚Erleben‘ von Kunst durch einen Rezipienten liegt darin gleichsam verschlossen. Diese Sachverhalte sind seit den 1930er Jahren wiederholt und unterschiedlich modelliert worden. Ich bin an dieser Stelle nur darauf zurückgekommen, um Pasternaks Auktorialität und meine Abstraktion über Vers und Prosa bzw. Kunst und Leben noch einmal in das richtige Verhältnis zu setzen.

Abschließen möchte ich meine Überlegungen zu *Doktor Shiwago* mit einer kurzen Abwägung, welche Stelle diesem Roman in der Literatur des 20. Jahrhunderts letzten Endes zugemessen werden kann. Auch hier habe ich versucht (Kap. 5), über die Diskussion verschiedener Muster dem Ganzen von der Rezeption her auf die Spur zu kommen. Es zeigte sich, dass *Doktor Shiwago* sozusagen durch die Brille verschiedener epochaler Romanstrategien gesehen werden kann, ohne eines der Muster erfüllt zu finden. Zudem wird der Roman durch das krönende Lyrikkapitel zu einem Unikum, wie ich eingangs gesagt habe.

Im Jahre 1943 erschien allerdings in der Schweiz Hermann Hesses berühmter Roman *Das Glasperlenspiel. Versuch einer Lebensbeschreibung des Magister Ludi Josef Knecht samt Knechts hinterlassenen Schriften.* Wie der Untertitel verheißt, hat der Roman einen Anhang, der aber nicht nur aus dreizehn Gedichten besteht,

---

228   Berühmt ist in dieser Hinsicht Boris Ėjchenbaums Aufsatz mit einem Wortspiel als Titel *Wie Gogol's ‚Mantel‘ gemacht ist [Kak sdelana ‚Šinel'' Gogolja]* (1919).

sondern auch drei fiktive „Lebensläufe" enthält. Desungeachtet sieht Hans Mayer, wie Ende Kap. 4 bereits zitiert, eine deutliche Parallele zwischen beiden Texten. Seine negative Auffassung des Problems „Künstlerroman" habe ich in Bezug auf Pasternaks *Doktor Shiwago* schon zurückgewiesen. Hier ist nicht der Ort, sich mit Hermann Hesses Roman auseinanderzusetzen. Er verwendet das Moment der Metafiktion, wie andere Romane der Zeit auch, und hat somit zu *Doktor Shiwago* eine strukturelle Verbindung, mehr aber auch nicht. Insbesondere lässt sich die Metafiktion schon allein deswegen nicht im Sinne von Vers vs. Prosa etc. funktionalisieren, weil die „nachgelassenen Schriften" nicht nur Gedichte enthalten. Dennoch steht Pasternaks Roman in Hinblick auf die Kombination von Prosateil und Versanhang sichtbar nicht allein. So gesehen, ist *Doktor Shiwago* nur innerhalb der russischen Literatur ein ‚Unikum'.

Die Vergleichbarkeit lässt sich passender auf einem anderen Niveau benennen. Selbst auf die Gefahr hin, den Bogen zu weit zu schlagen und allzu sehr zu verallgemeinern, halte ich die Romankunst der ersten Hälfte des 20. Jahrhunderts von Tendenzen zum Spiel mit der Fiktion, mit der Struktur der Texte und ihrer Sprachverwendung geprägt. Im *Doktor Shiwago* finden sich diese Tendenzen einerseits als solche wieder, andererseits werden sie in diversen Versatzstücken zitiert.

In der zweiten Hälfte des 19. Jahrhunderts war der Roman im Gattungsgefüge zur Dominante aufgestiegen und bildete nun den künstlerischen Widerpart, von dem sich die Nachgeborenen absetzen mussten bzw. an dem sie nolens volens gemessen wurden. Der mit Pasternak eng befreundete und ihm und seinem Roman auf jeden Fall wohlgesonnene Dramatiker Aleksandr Gladkov meinte z.B., im *Doktor Shiwago* gebe es nur eine pseudo-russische Welt. Das alles sei „nur Literatur" bzw. „Russland aus zweiter Hand": „So schreiben und reden über Russland diejenigen, die es nicht aus eigener Anschauung, sondern nach den Romanen von Dostoevskij oder dem späten Bunin kennen." (Gladkov 2002, 222). Gladkov hält das selbstverständlich für eine Schwäche. Ich würde es eher funktionell sehen, als intertextuelles Spiel, ohne damit allerdings zu behaupten, das Verfahren ließe sich in Bezug auf den Prosateil ästhetisch konkretisieren. Im Laufe meiner Erörterungen habe ich immer wieder stilistische Anklänge vermerkt, die weit darüber hinausgehen und sich eben nicht nur auf Dostoevskij, Bunin et alii beschränken.

Doktor Shiwago ist ein Experiment, ein Faszinosum für Literaturwissenschaftler, wie immer wieder geschrieben worden ist, weil er als Ganzes offenbar nicht ästhetisch aufgefasst, sondern nur analytisch erfasst werden kann. Als experimenteller Roman passt er zu den Sprachspielen solcher Werke wie *Finnegan's Wake* (1923–1939) von James Joyce oder bestimmter Werke des „Nouveau Roman", z.B. *Zwischen Leben und Tod (Entre la vie et la mort)* (1968) von Natalie Sarraute, um nur zwei Extremfälle exemplarisch zu nennen. Die (Wort)Kunst des 20. Jahrhunderts befreit sich von Zwängen der Konvention durch experimentelle Spiele. Kritikerstimmen, wie eben Gladkov, belegen, dass Pasternaks Roman auf den ersten Blick eher als ein misslungener Versuch wirkt, im Rahmen der Konvention zu bleiben. Bei näherem Hinsehen zeigt sich allerdings ein anderes Bild. Dafür ist das 17. Kapitel das eigentliche Signal.

Im Roman wird das Leben dargestellt, programmatisch als Zufall und „Chaos", stilistisch so, wie Leben literarisch sozusagen ‚dargestellt zu werden hat', nämlich mittels ausgedehnter Prosarede. Das Lebens-Thema selbst gehört in die zeittypische „Lebensphilosophie", die zwar vor allem von Schriftstellern betrieben wurde, die letztlich aber wiederum auch von Philosophen wie Bergson inspiriert worden war.[229]

Doch besteht *Doktor Shiwago* eben aus mehr denn nur der Darstellung des „Lebens". Schon in Pasternaks Briefen, wie emotional und voller innerer Widersprüche sie auch sind, ist im Hinblick auf den geplanten oder im Entstehen begriffenen Roman immer auch von „Kunst" die Rede. Das scheint einerseits trivial zu sein, andererseits steckt in Bezug auf den fertigen Roman darin sozusagen ein Indiz, das entschieden gegen die explizite Abwertung der Verskunst durch den Briefeschreiber Pasternak spricht und sich im Gesamttext des Romans zu einem Faktum *gegen* dessen erklärte Absicht realisieren lässt. Der programmatisch ‚kunstlosen Kunst' des Prosateils als isomorphes *Abbild* des Lebens folgt die ‚kunstvolle Kunst' der lyrischen Verse, deren Darstellung im Sinne der ‚ausgestellten

---

229 Vgl. Bollnow 1958, 8, passim. Gern wird auf Bergsons Begriff der „Lebensschwungkraft (élan vital)" verwiesen, den er 1907 in seinem Werk *Schöpferische Entwicklung (L'évolution créatrice)* dargelegt hat. Es handelt sich wohl um sein populärstes Werk, für das er 1927 den Literaturnobelpreis erhalten hat. Hier wird die *Lebens*philosophie auf einen gängigen Begriff gebracht. Irene Masing-Delic hat *Doktor Shiwago* in allen Einzelheiten, insbesondere in der Konstellation der Figuren und ihrer Entwicklung, nach dem Maß von Bergsons *élan vital* interpretiert. (Masing-Delic 1982) Auch wenn die getroffenen Zuordnungen plausibel sind, bleiben sie als solche im Unterschied zu Struktureigentümlichkeiten, wie der Zeitbehandlung oder dem von mir als „Chaos" bezeichneten durchgängigen Strukturmerkmal, sozusagen ‚esoterisch', d.h. unwirksam, weil ohne ästhetische Valenz. Sie sind allein *intellektuell* zu erfassen und gehören damit in die Kategorie des Experiments.

Artifizialität' hier als *Essenz* des Lebens verstanden werden kann. Pasternak hat wiederholt geäußert, dass ein (literarisches) Kunstwerk seine Entstehung abbilde.[230] Man könnte diesen Gedanken aufgreifen und meinen, der Gesamttext des *Doktor Shiwago* bilde sein Entstehen insofern ab, als er demonstriert, wie Kunst entsteht, woraus sie entsteht, wie sie beschaffen ist und was sie am Ende bedeutet.

---

230 Z.B. im *Schutzbrief (Ochrannaja gramota)* (1929–31):„Das Klarste, Einprägsamste und Wichtigste der Kunst ist ihre Entstehung, und die besten Hervorbringungen der Welt, mit allerunterschiedlichstem Inhalt, erzählen in Wirklichkeit von ihrer Geburt. [Самое ясное, запоминающееся и важное в искусстве есть его возниковенье, и лучшие произведенья мира, повествуя о наиразличнейшем, на самом деле рассказывают о своем рожденьи.]" (Werkausgabe 2, 321; Pasternak 4, 186).

Anhang: *Die Gedichte des Jurij Živago* in deutscher Übersetzung

Meine Argumentation in Bezug auf Lyrik und Prosa in Pasternaks Roman erfordert eine möglichst genaue Berücksichtigung insbesondere des Wortlauts der Gedichte. Sie sind mehrfach insgesamt übersetzt worden, ‚interlinear' von Heddy Pross-Werth und Hella Gaumnitz, ‚nachschaffend' von Rolf-Dietrich Keil, Richard Pietraß und Christine Fischer.[231] Nur die letztgenannten drei künstlerischen Übersetzungen vermitteln eine Ahnung von der Sprachkraft des russischen Originals zwischen lyrischer Konvention und deren kreativer Modifizierung durch Pasternak.

Im Wortlaut werden die Übersetzungen allerdings wegen der Zwänge von Versmaß, Reim etc. notwendigerweise ungenau. Deshalb habe ich eine eigene ‚Interlinear'-Übersetzung erarbeitet, die selbstverständlich die Lösungen der genannten Übersetzer beachtet, soweit sie mir vorgelegen haben. Die beiden Versionen von Pross-Werth und Gaumnitz unterscheiden sich beträchtlich voneinander, weil „Wörtlichkeit" gerade angesichts von Pasternaks Sprachverwendung per se häufig bereits zu einer Frage der Interpretation wird. Zudem sollte selbst bei einer Übersetzung ‚Zeile für Zeile' die Gesamtheit des Textes ebenso berücksichtigt werden wie seine Sprechbarkeit. Auf der Sprechbarkeit beruht letztlich doch die Lesbarkeit des Textes und damit sein Verständnis, oder anders: seine Auffassung durch einen Rezipienten.

Besonders heikel für eine Interlinear-Übersetzung sind die konzeptuellen Doppeldeutigkeiten des russischen Lexikons, die lexikalischen Solidaritäten sowie die idiomatischen Wendungen, aus deren innerer Form sich jeweils unterschiedliche Verknüpfungen innerhalb des Russischen bzw. des Deutschen ergeben. Auf entsprechende Probleme werde ich im Folgenden dennoch nur vereinzelt – per

---

231 Die Übersetzung von Heddy Pross-Werth ist zweifelsfrei abgedruckt in Pasternak 1958, 629–662. Es handelt sich um eine Züricher Lizenzausgabe der in Frankfurt am Main verlegten Erstausgabe des Romans, die ab Ausgabe 1960 mit den Gedichtübersetzungen von Rolf-Dietrich Keil erschien, allerdings weiter unter dem Jahr 1958 und deshalb bibliografisch nicht eindeutig zu bezeichnen ist. (Pasternak 1960a, 609–639; vgl. dazu Hübner 2012 Nr. 1412) Die Fassung von Richard Pietraß findet sich in der von mir zitatweise zugrundegelegten deutschen Übersetzung. (Pasternak 2011, 646–677) Hella Gaumnitz hat ihre Übersetzungen in den fortlaufenden Text der Dissertation integriert. (Gaumnitz 1969) Die Übersetzungen von Christine Fischer haben mir bis zum Abschluss meines Manuskriptes nicht vorgelegen. Sie erscheinen in Band 3 der von ihr herausgegebenen „Werkausgabe".

Anmerkung am Ende des Gedichtzyklus – verweisen, weil mein Erkenntnis-interesse nicht in der eingehenden Kommentierung der Gedichte liegt, sondern in deren grundsätzlicher Verknüpfung mit der Prosa zu einem Ganzen.

1. HAMLET

Das Stimmengewirr verstummt. Ich habe die Bühne betreten.
Lehne mich an den Türrahmen,
fange im fernen Widerhall ein,
was in meiner Zeit geschieht.

Die Dämmerung der Nacht ist auf mich gerichtet
mit tausend Operngläsern ganz direkt.
Wenn irgend möglich, Abba, mein Vater,
lass diesen Kelch an mir vorübergehn.

Ich mag dein eigensinniges Vorhaben
und bin einverstanden, diese Rolle zu spielen.
Doch jetzt läuft ein anderes Drama.
Und dieses Mal lass mich aus.

Doch ist die Ordnung der Akte durchdacht
Und unabwendbar das Ende des Weges.
Ich bin allein, alles versinkt im Pharisäertum.
Das Leben leben heißt nicht ein Feld zu durchqueren.[232]

2. MÄRZ

Die Sonne wärmt mit voller Kraft,
und es tobt die Schlucht, ganz von Sinnen.
Wie der kräftigen Viehmagd die Arbeit
geht dem Frühling das Geschäft von der Hand.

Es verkümmert der Schnee, leidet an Blutarmut
in den Verzweigungen der kraftlos blauen Adern.
Doch dampft Leben im Kuhstall.
Und die Gabelzinken strotzen vor Gesundheit.

Diese Nächte, diese Tage und Nächte!
Das Trommeln der Tropfen zur Tagesmitte,
der Verfall der Eiszapfen am Dach,
der schlaflosen Bächlein Geplapper!

---

232 Russisches Sprichwort, deutsches Äquivalent z.B. „Das Leben ist kein Spaziergang".

Sperrangelweit ist alles offen, Pferdebox und Kuhstall.
Tauben picken Hafer im Schnee,
Und, Lebensspender und Urheber von allem, –
riecht nach frischer Luft der Mist.

3. IN DER KARWOCHE
Ringsum noch nächtliches Dunkel.
So zeitig noch im Universum,
dass am Himmel Sterne ohne Zahl,
und jeder hell wie der Tag,
und wenn die Erde könnte,
sie würde Ostern verschlafen
beim Lesen des Psalters.

Ringsum noch nächtliches Dunkel.
Eine solche Frühe in der Welt,
dass der Platz sich in die Ewigkeit gelegt hatte
von der Kreuzung bis zum Winkel,
und bis zur Morgendämmerung und Wärme
noch ein Jahrtausend.

Noch ist die Erde splitternackt,
Und in den Nächten hat sie nichts,
die Glocken zu läuten
und von draußen die Sänger zu begleiten.

Und von Gründonnerstag
bis hin zum Ostersamstag
löchert das Wasser die Ufer
und windet Wasserwirbel.

Und der Wald ist entkleidet und unbedeckt,
Und steht zum Leiden Christi,
wie eine Reihe Betender,
als Menge von Fichtenstämmen.

Doch in der Stadt, auf engem
Raum, wie auf einer Zusammenkunft,
schauen die Bäume nackt
in die Gitter der Kirche.

Und ihr Blick ist von Entsetzen umfangen.
Verständlich ihre Unruhe.
Die Gärten kommen aus den Umzäunungen,
es schwankt der Erde Grund:
Sie bestatten Gott.

Und Licht am Königstor,
Und schwarzes Tuch, und eine Reihe Kerzen,
sehen die verweinten Augen –
Und plötzlich kommt die Prozession
entgegen mit dem Bahrtuch Christi,
Und zwei Birken an der Pforte
müssen zur Seite treten.

Und der Zug umrundet den Hof
am Rand des Bürgersteigs entlang,
und bringt von der Straße in die Vorhalle
den Frühling, ein Frühlingsgespräch,
und Luft mit einem Hauch von geweihtem Brot
und Frühlingsrausch.

Und der März verteilt Schnee
an die Menge von Krüppeln auf der Vortreppe,
als käme ein Mensch,
und trüge den Schrein heraus, öffnete ihn,
und verteilte alles bis zum letzten Hemd.

Und der Gesang dauert bis zum Morgenrot,
und, nach ausgiebigem Schluchzen,
dringen leiser von innen
auf die leeren Plätze, unter die Laternen
Psalter und Apostelgeschichte.

Doch zur Mitternacht schweigen Tier und Mensch,
weil sie das Frühlingsgerücht gehört haben,
dass nurmehr Sonnenwetter –
der Tod kann bezwungen werden
durch die Kraft der Auferstehung.

4. WEISSE NACHT

Mir kommt die ferne Zeit in den Sinn,
das Haus auf der Petersburger Seite.
Die Tochter einer armen Gutsherrin aus der Steppe,
Du – Kursantin, gebürtig aus Kursk.

Du bist charmant, hast Verehrer.
In dieser weißen Nacht schauen wir beide,
auf dein Fensterbrett gestützt,
von deinem Wolkenkratzer hinunter.

Laternen, wie Schmetterlinge aus Gas[233]
berührte der Morgen mit dem ersten Frösteln.
Das, was ich dir leise erzähle,
ähnelt so sehr den schlafenden Weiten!

Wir sind umfangen von derselben
schüchternen Treue zum Geheimnis,
wie das als Panorama hingebreitete
Petersburg hinter der grenzenlosen Newa.

Dort in der Ferne, in den wilden Wäldern,
in dieser weißen Frühlingsnacht
erfüllen die Nachtigallen mit schallender Lobpreisung
die Waldgebiete.

Das ekstatische Schlagen breitet sich aus.
Die Stimme des kleinen schwachen Vögelchens
weckt Entzücken und Verwirrung
in der Tiefe des verzauberten Dickichts.

An diese Orte dringt als barfüßige Pilgerin
die Nacht den Zaun entlang,
und hinter ihr zieht sich vom Fensterbrett
die Spur des belauschten Gesprächs.

---

233 Das der Übersetzung zugrunde liegende russische Lexem „gazovyj" ist von zwei
homophonen Nomina abgeleitet: „gaz", einmal „Gas" und zum anderen „Gaze". Beide
Ableitungen wären hier denkbar und werden im Russischen vielleicht aktualisiert.
Für die Übersetzung scheint mir wegen der Ko-Präsenz der Dinge die Vorstellung
von „Gaslaternen" plausibler zu sein.

Im Widerhall der vernommenen Unterhaltung
die Gärten entlang, umzäunt von Latten,
kleiden sich Apfel und Kirsche
in weißliche Farbe.

Und die Bäume, wie weiße Gespenster,
strömen als Masse auf den Weg,
als ob sie ein Abschiedszeichen gäben der weißen Nacht,
die so viel gesehen hat.

5. WEGELOSIGKEIT IM FRÜHLING

Die Feuer des Sonnenuntergangs brannten herunter,
durch die Wegelosigkeit im tiefen Wald
zum fernen Weiler im Ural
schleppte sich ein Mensch zu Pferde.

Dem Pferd gluckerte es im Gedärm[234],
Und den Klang der schlurfenden Hufeisen
begleitete auf dem Weg als Nachklang
das Wasser in den Trichtern der Quellen.

Als der Reiter den aufgeweichten Weg verließ
und in Trab verfiel,
verbreitete das Hochwasser ganz nah
sein Donnern und Dröhnen.

Jemand lachte, jemand weinte,
es bröckelten Steine an Kiesel,
und es fielen in die Wasserwirbel
mit den Wurzeln ausgerissene Stümpfe.

Aber im Brand des Sonnenuntergangs,
im fernen Schwarz der Zweige,
wie lauttönendes Sturmgeläut
wütete die Nachtigall.

---

234   Zur Übersetzung vgl. Dal' 1882 Band 3, 172 s.v. „selezenka".

Wo die Weide ihren Witwenschleier
beugte und in die Schlucht gehängt hatte,
wie der alte Räuber Nachtigall –
pfiff sie auf sieben Eichen.[235]

Welchem Unheil, welcher Herzallerliebsten
war diese Glut vorbestimmt?
Auf wen schoss sie mit grobem Schrot
in diesem Dickicht?

Es schien, als komme sie da gleich als Waldgeist
von der Rast der flüchtigen Gefangenen
den Wachen der hiesigen Partisanen,
ob beritten oder zu Fuß, entgegen.

Himmel und Erde, Wald und Feld
fingen diesen merkwürdigen Ruf auf,
diese abgemessenen Anteile
Wahnsinn, Schmerz, Glück und Qual.

6. ERKLÄRUNG
Das Leben kehrte so grundlos zurück,
wie es einst seltsam unterbrochen worden war.
Ich bin auf derselben altertümlichen Straße,
wie damals, am selben Sommertag zur selben Zeit.

Dieselben Menschen und dieselben Sorgen,
und der Brand des Sonnenuntergangs ist noch nicht kalt,
wie ihn damals an die Wand der Manege
der Abend des Todes eilends genagelt hatte.

Frauen in billiger Alltagskleidung
treten ebenso nächtens ihre Schuhe runter.
Sie werden danach ebenso von den Dachböden
auf dem Blechdach gekreuzigt.

---

235 Ein Bezug zum Helden der russischen Byline *Il'ja Muromec i Solov'ej-razbojnik (Il'ja Muromec und der Räuber Nachtigall)*, vgl. auch die gleichnamigen Märchen bei Afanas'ev 1957 Nrn. 308 und 309, sowie Nr. 310 *Il'ja Muromec i zmej (Il'ja Muromec und der Drachen)*.

Dort tritt Eine müden Schritts
langsam auf die Schwelle,
und, nach dem Aufstieg aus dem Kellergeschoss,
geht sie quer über den Hof.

Ich bereite wieder Ausflüchte vor,
und wieder ist mir alles gleich.
Und die Nachbarin macht einen Bogen um die Hinterhöfe
und lässt uns allein.

Weine nicht, kräusel nicht die geschwollenen Lippen,
leg sie nicht in Falten.
Du reißt den getrockneten Schorf
des Frühlingsfiebers auf.

Nimm die Hand von meiner Brust,
wir sind Leitungen unter Strom.
Er wird uns erneut, pass auf,
unabsichtlich zueinander bringen.

Die Jahre werden vergehen, du wirst heiraten,
wirst die Wirrnis vergessen.
Frau zu sein ist ein großer Schritt,
um den Verstand zu bringen – eine Heldentat.

Aber das Wunder von Frauenhänden,
Rücken, Schultern, Hals,
verehre ich mit der Anhänglichkeit von Dienern,
mein ganzes Leben lang.

Doch, wie die Nacht mich auch fesselt
mit einem Schwermutsring,
stärker auf der Welt ist der Zug hinweg
und lockt die Leidenschaft zum Bruch.

7. SOMMER IN DER STADT
Gespräche halblaut,
und mit heftiger Eile
nach oben gerafft die Haare
aus dem Nacken als ganzer Schopf.

162

Unter dem schweren Kamm
schaut eine Frau im Helm hervor,
den Kopf zurückgeworfen
zusammen mit allen Zöpfen.

Aber auf der Straße verkündet
die heiße Nacht Unwetter,
und geräuschvoll gehen
Fußgänger auseinander in ihre Häuser.

Abrupter Donner ist zu hören,
mit scharfem Widerhall,
und vom Wind bewegt sich
am Fenster der Vorhang.

Schweigen tritt ein,
aber es dampft weiter,
und weiter zucken und zucken
am Himmel die Blitze.

Und wenn der funkelnde
schwüle Morgen von Neuem
die Straßenpfützen trocknet
nach dem nächtlichen Regenguss,

Schauen finster, weil
unausgeschlafen,
die hundertjährigen, duftenden
nicht verblühten Linden.

8. DER WIND
Ich bin gestorben, aber du lebst.
Und der Wind, weinend und klagend,
wiegt Wald und Sommerhaus.
Nicht jede Fichte einzeln,
sondern alle Bäume insgesamt
in der ganzen grenzenlosen Weite,
wie der Segler Rümpfe
auf der Wasserfläche der Bucht voller Schiffe.
Und das nicht aus Wagemut
oder zielloser Wut,

sondern um in der Schwermut Worte zu finden
für dich zu einem Wiegenlied.

9. HOPFEN[236]

Unter der Weide, von Efeu umwunden,
suchen wir Schutz vor dem Unwetter.
Unsere Schultern sind von einem Umhang bedeckt,
um dich sind meine Arme geschlungen.

Ich habe mich geirrt. Die Büsche dieses Dickichts
sind nicht von Efeu umwunden, sondern von Hopfen.
Nun, dann lass uns besser diesen Umhang
in ganzer Fläche unter uns ausbreiten.

10. ALTWEIBERSOMMER

Das Blatt der Johannisbeere ist rau und wie aus Stoff.
Im Hause Lachen, und die Gläser klirren,
Dort wird geschnippelt, gesäuert, gepfeffert,
und werden Nelken in Marinade gelegt.

Der Wald wirft, wie ein Spötter,
diesen Lärm auf den Steilhang,
wo der sonnenverbrannte Nussbaum
gleichsam von der Glut des Scheiterhaufens versengt ist.

Hier senkt sich der Weg in die Schlucht,
Hier tut es einem Leid um das trockene alte Holz,
wie auch um den Herbst, den Lumpensammler,
der alles in dieser Senke zusammengefegt hat.

Und darum, dass das All einfacher ist,
als es mancher Schlaukopf denkt,
dass der Hain wie durchs Wasser gezogen ist,
dass alles sein Ende haben wird.

Dass man sinnlos mit den Augen zwinkern kann,
wenn vor dir alles verbrannt ist,
und herbstlicher weißer Ruß
als Spinnwebe ins Fenster zieht.

---

236 Der russische Ausdruck „chmel'" bedeutet „Hopfen" oder „Rausch". Im Vorgang
     werden beide Bedeutungen nacheinander i.S. einer Pointe aktualisiert.

Der Weg aus dem Garten ist im Zaun durchbrochen
und verliert sich im Birkengehölz.
Im Haus Lachen und emsiges Lärmen,
ebenso Lärmen und Lachen in der Ferne.

11. HOCHZEIT

Quer über den Hof
kamen die Gäste ins Haus der Braut
zur Feier bis zum Morgen
mit der Harmonika.

Hinter den Türen des Hauswirts
mit Filzbeschlag
wurden von eins bis sieben
die Gesprächsfetzen leiser.

Doch im Morgenlicht, mitten in den Traum,
da man noch schlafen, nur schlafen wollte,
erdröhnte erneut das Akkordeon
beim Verlassen der Hochzeit.

Der Musikant improvisierte
erneut auf der Quetschkommode,
Händeklatschen, Funkeln der Halsketten,
Heidenlärm des Rummels.

Und wieder und wieder und wieder
brach das Geschwätz des lustigen Liedes
über die Schläfer in den Betten
herein vom Festmahl.

Doch Eine, weiß wie Schnee,
im Lärm, in den Pfiffen, im Tumult
schwamm erneut dahin wie ein Pfau,
sich in den Hüften wiegend.

Bewegte den Kopf
und die rechte Hand,
zur Tanzmusik auf dem Pflaster,
als Pfau, als Pfau, als Pfau.

Übermut und Lärm des Spiels,
Stampfen des Reigens,
fuhren plötzlich zur Hölle
und verschwanden spurlos.

Es erwachte der lärmende Hof,
das Echo der Arbeit
mischte sich ins Gespräch
und in die Lachsalven.

Ein Taubenschwarm zog
in die Unermesslichkeit des Himmels, hoch
als Wirbel graublauer Flecken,
aufgestiegen vom Taubenschlag.

Als würde man sie hinter der Hochzeit her,
aus dem Halbschlaf aufgeschreckt,
mit dem Wunsch, noch viele Jahre zu leben,
zur Verfolgung schicken.

Das Leben ist doch ebenfalls nur ein Augenblick,
nur das Aufgehen
von uns selbst in allen anderen
gleichsam ihnen zum Geschenk.

Nur die Hochzeit, die von unten
in die Fenstertiefe drängt,
nur das Lied, nur der Traum,
nur die graublaue Taube.

12. HERBST
Ich ließ die Verwandten ziehen,
alle Nächsten sind längst auseinander,
und von immerwährender Einsamkeit
war alles in Herz und Natur erfüllt.

Und da bin ich hier mit dir in einer Hütte.
Der Wald ist menschenleer und öde.
Wie im Volkslied sind Wege und Pfade
halb zugewachsen.

Jetzt schauen auf uns allein mit Trauer
die Bretterwände.
Hindernisse zu errichten haben wir nicht vereinbart,
wir werden offen untergehen.

Wir setzen uns um eins und erheben uns um drei,
ich mit einem Buch, du mit Stickerei,
und im Morgengrauen merken wir nicht,
wie wir zu küssen aufhören.

Noch üppiger und sorgloser
rauscht, fallt herab, ihr Blätter,
und den Kelch des gestrigen Kummers
übertrefft mit der heutigen Schwermut.

Liebe, Anziehung, Zauber!
Zerstreuen wir uns im Septemberrauschen!
Vergrab dich ganz im Herbstesraschen!
Erstirb oder dreh durch!

Du wirfst ebenso die Kleidung ab,
wie der Hain die Blätter abwirft,
wenn du in meine Arme fällst
im Morgenrock mit Seidenquaste.

Du bist das Heil im Schritt zum Untergang,
wenn der Alltag widerwärtiger ist als die Krankheit,
doch die Wurzel der Schönheit ist der Mut,
und das zieht uns zueinander.

13. MÄRCHEN
Einst, in jener Zeit
im Märchenland
kämpfte sich ein Reiter
durch die Kletten in der Steppe.

Er eilte in die Schlacht,
doch im Steppendunst
wuchs ihm aus der Ferne
der Wald entgegen.

Unruhe schmerzte,
nagte am Herzen:
Fürchte die Tränke,
Spann den Sattelgurt.

Es hörte nicht der Reiter
und im vollen Galopp
eilte er geschwind
den Waldhügel hinauf.

Wandte sich vom Hünengrab,
ritt in das trockene Tal hinunter,
mied die Lichtung,
überwand den Berg.

Und geriet in eine Niederung,
und auf dem Waldpfad
folgte er der Spur
des Wildes zur Tränke.

Und taub gegenüber dem Gebot,
ohne auf sein Gefühl zu achten,
führte er das Pferd vom Abhang,
um es im Bach zu tränken.

———————

Am Bach eine Höhle,
vor der Höhle eine Furt,
gleichsam Schwefelflammen
erhellten den Eingang.

Und im purpurnen Rauch,
der den Blick versperrte,
hallte der Wald wider
von einem fernen Ruf.

Und dann in der Schlucht
erschauerte der Reiter,
lenkte den Schritt geradewegs
nach dem Hilferuf.

Und der Reiter sah
und neigte sich zur Lanze,
den Kopf eines Drachens,
Schwanz und Schuppenleib.

Mit Flammen aus dem Rachen
verbreitete er Licht,
in drei Ringen umschlang
sein Rumpf ein Mädchen.

Der Körper des Drachens
umspielte mit seinem Hals,
wie ein Peitschenende,
ihre Schultern.

Nach Landessitte
wurde eine gefangene Schöne
dem Ungeheuer im Wald
als Beute hingegeben.

Die örtliche Bevölkerung
kaufte ihre Hütten
mit dieser Buße
von dem Drachen los.

Der Drache umwand ihre Hand
und umspannte den Hals,
denn er hatte diese Opfergabe
zum Quälen erhalten.

Es schaute mit einem Flehen
der Reiter gen Himmel
und legte zum Kampfe
die Lanze an.

———————

Geschlossene Augenlider.
Gipfel. Wolken.
Wasser. Furten. Flüsse.
Jahre und Jahrhunderte.

Im zerschlagenen Helm der Reiter,
im Kampf heruntergestoßen,
das treue Ross, das mit den Hufen
auf den Drachen stampft.

Ross und Leichnam des Drachen
nebeneinander im Sand.
In Ohnmacht der Reiter,
das Mädchen im Schock.

Es leuchtete das Mittagsfirmament,
zartes Blau.
Wer ist sie? Zarentochter?
Tochter des Landes[237]? Fürstentochter?

Mal, im Übermaß des Glücks, –
Tränen in drei Bächen.
Mal die Seele in der Macht
des Schlafs und des Vergessens.

Mal die Rückkehr der Gesundheit,
mal Stocken in den Adern
vom Blutverlust
und Verfall der Kräfte.

Doch ihre Herzen schlagen.
Mal sie, mal er
versuchen sie zu sich zu kommen
und fallen wieder in den Schlaf.

Geschlossene Augenlider.
Gipfel. Wolken.
Wasser. Furten. Flüsse.
Jahre und Jahrhunderte.

---

237 Im Original „Doč' zemli", wörtlich „Tochter der Erde", ist möglicherweise *auch* als
mythische Figur zu verstehen; vgl. aus der griechischen Mythologie *Daphne* oder
vielleicht auch *Persephone*. Beide haben im Symbolismus eine Rolle gespielt. Allerdings passt „Tochter der Erde" ohne ständische Nebenbedeutung nicht in die Aufzählung zwischen „Zaren-" und „Fürstentochter".

14. AUGUST
Wie sie versprochen, ohne Betrug,
drang die Sonne früh am Morgen
wie eine Sense in safrangelbem Streifen
von der Gardine bis zum Sofa.

Sie bedeckte mit heißem Ocker
den Nachbarwald, die Häuser der Siedlung,
mein Bett, das feuchte Kissen
und ein Stück Wand hinter dem Bücherbrett.

Ich erinnerte mich, aus welchem Grund
das Kissen leicht angefeuchtet war.
Mir träumte, dass zum Geleit
vom Walde her ihr nacheinander zu mir kamt.

Ihr kamt in Masse, einzeln und zu Zweit,
plötzlich dachte jemand daran, dass heute
der sechste August nach altem Stil ist,
die Verklärung des Herrn.

Gewöhnlich kommt Licht ohne Flammen
an diesem Tag vom Berge Tabor her,
und der Herbst, klar wie ein Zeichen,
zieht die Blicke auf sich.

Und ihr kamt durch ein schäbiges, erbärmliches,
zugiges und zitterndes Erlenholz
zum ingwerroten Wald am Friedhof,
der brannte, wie ein Pfefferkuchen in Zuckerguss.

Zu seinen stillgewordenen Wipfeln
war der Himmel gewichtiger Nachbar,
und auf die Hahnenschreie
antwortete langgezogen die Ferne.

Im Wald als amtlicher Landmesser
stand der Tod inmitten des Kirchhofs,
schaute in mein erstorbenes Gesicht,
um für mich eine Grube nach Maß auszuheben.

Für alle physisch spürbar war
jemandes ruhige Stimme nebenan.
Meine frühere prophetische Stimme
erscholl, noch nicht vom Verfall berührt:

„Leb wohl, Blau der Verklärung
und Gold des Feiertags des Herrn.
Erleichtere mit einer letzten weiblichen Zärtlichkeit
mir die Bitternis der Schicksalsstunde.

Lebt wohl, ihr Jahre einer schweren Zeit!
Sagen wir einander Lebewohl, Frau,
Herausforderin des Abgrunds an Erniedrigung!
Ich bin dein Schlachtfeld.

Leb wohl, breiter Schwung der Flügel,
freie Beharrlichkeit des Fluges,
und Bild der Welt, im Wort erschienen,
und Schaffen, und Wundertat."

15. WINTERNACHT
Es wehte und wehte über die ganze Erde,
in alle Gegenden,
die Kerze brannte auf dem Tisch,
die Kerze brannte.

Wie im Sommer Insekten in Schwärmen
in die Flamme fliegen,
so flogen Flocken vom Hofe
an die Fensterrahmen.

Der Schneesturm formte am Glas
Kreise und Pfeile.
Die Kerze brannte auf dem Tisch,
die Kerze brannte.

Auf die beleuchtete Zimmerdecke
legten sich Schatten,
gekreuzte Arme, gekreuzte Beine,
gekreuztes Schicksal.

Und es fielen zwei Schuhe
polternd zu Boden,
und das Wachs tropfte vom Nachtlicht
tränend auf die Kleidung.

Und alles verlor sich im Schneegestöber,
grau und weiß.
Die Kerze brannte auf dem Tisch,
die Kerze brannte.

Auf die Kerze blies es aus dem Winkel,
und Glut der Verführung
erhob sich, wie ein Engel, zwei Flügel
in Kreuzesform.

Es wehte den ganzen Februar,
und beständig
brannte die Kerze auf dem Tisch,
die Kerze brannte.

16. TRENNUNG
Von der Schwelle schaut der Mensch,
erkennt sein Zuhause nicht.
Ihre Abreise war wie eine Flucht.
Überall Spuren der Verwüstung.

Ringsum in den Zimmern Chaos.
Das Maß der Zerstörung
bemerkt er wegen der Tränen nicht
und wegen des Migräneanfalls.

Im Ohr seit morgens ein Geräusch.
Ist er bei Verstand oder träumt er?
Und warum kommt ihm in den Sinn
fortwährend der Gedanke an das Meer?

Wenn durch den Reif am Fenster
Gottes Welt nicht sichtbar ist,
wird die Ausweglosigkeit der Schwermut
der Wüstenei des Meeres doppelt ähnlich.

Sie war ihm so teuer
in jedem Zug,
wie dem Meer die Ufer nahe sind
mit der ganzen Linie der Brandung.

Wie das Schilf überschwemmt
der Seegang nach dem Sturm,
senkten sich auf den Grund seiner Seele
ihre Züge und Formen.

In den Jahren der Strapazen, den Zeiten
unvorstellbaren Daseins
war sie von der Welle des Schicksals von Grund auf
an ihn gekettet.

Inmitten von Hemmnissen ohne Zahl,
Gefährdungen meidend,
trug die Welle sie, trug
und trieb sie dicht heran.

Und da jetzt ihre Abreise,
erzwungen, vielleicht!
Die Trennung zehrt sie beide auf,
Schwermut nagt bis auf die Knochen.

Und der Mensch schaut ringsumher:
Im Augenblick des Gehens
hat sie das Unterste zuoberst gekehrt
aus den Schubfächern der Kommode.

Er wandert herum, und bis zur Dunkelheit
legt er in das Fach
verstreute Flicken
und Schnittmuster.

Und, nachdem er sich an der Näherei
mit einer nicht entfernten Nadel gestochen hat,
sieht er sie plötzlich ganz vor sich
und weint im Stillen in sich hinein.

17. WIEDERSEHEN

Schnee schüttet die Wege zu,
verschüttet die Schrägen der Dächer,
ich gehe mir die Beine vertreten:
vor der Tür stehst du.

Allein, im Herbstmantel,
ohne Hut, ohne feste Schuhe,
kämpfst du mit der Erregung
und kaust nassen Schnee.

Bäume und Zäune
verschwinden in der Ferne, im Dunst.
Mitten im Schneetreiben
stehst du an der Ecke.

Wasser fließt vom Kopftuch
hinter die Ärmel in den Ärmelaufschlag,
und Tautropfen
funkeln im Haar.

Und vom weißblonden Haarschopf
werden erhellt: Gesicht,
Kopftuch und Gestalt
und dieser leichte Mantel.

Der Schnee in den Wimpern ist feucht,
in deinen Augen Schwermut,
und dein gesamtes Äußere
ist aus einem Stück gefügt.

Gleichsam mit einem Eisen,
getaucht in Antimon,
hat man dich
in mein Herz geschnitten.

In ihm hat sich auf immer
die Demut dieser Züge festgesetzt
und deshalb tut nichts zur Sache,
dass die Welt hartherzig ist.

Und deshalb hat sich diese ganze Nacht
verdoppelt im Schnee,
und eine Grenze zwischen uns
kann ich nicht ziehen.

Doch wer wir sind und woher,
wenn von all diesen Jahren
nur Gerede übrig ist,
es uns aber auf dieser Welt nicht mehr gibt?

18. STERN DER GEBURT[238]
Es war Winter.
Der Wind blies von der Steppe.
Und kalt war es dem kleinen Kind in der Höhle
am Abhang des Hügels.

Der Atem eines Ochsen wärmte es.
Haustiere standen
in der Höhle,
über der Krippe schwebte warmer Dampf.

Die Hirten schüttelten ihren Pelz aus
von Mulm des Lagers und Hirsekörnern,
schauten schlaftrunken
vom Abhang in die mitternächtliche Weite.

In der Ferne ein Feld im Schnee und ein dörflicher Kirchhof,
Umzäunungen, Grabsteine,
eine Deichsel in der Schneewehe,
und der Himmel über dem Friedhof voller Sterne.

---

238 Der Titel wird in den vorliegenden Übersetzungen im Allgemeinen mit *Stern der
     Geburt* übersetzt. Der dieser Übersetzung zugrundeliegende Ausdruck „roždestvo"
     bedeutet im Russischen allein „Christi Geburt", ohne dass der Name Christi genannt
     werden muss. Im Deutschen würde dem „Stern der Geburt [Christi]" usuell wohl die
     Bezeichnung „Stern von Bethlehem" entsprechen und somit eine ganz andere innere
     Form haben. Die naheliegende Übersetzung „Weihnachtsstern" würde dagegen die
     Assoziation an den beleuchteten „(Herrenhuter) Weihnachtsstern" als beliebte Haus-
     haltsdekoration zur Weihnachtszeit befördern. Hella Gaumnitz übersetzt in ihrer
     Dissertation den Titel mit „Stern der Weihnacht". (Gaumnitz 1969, 97)

Daneben, unbekannt bislang,
verschämter als das Öllämpchen
im Fenster des Wächterhäuschens
funkelte der Stern auf dem Weg nach Bethlehem.

Er flammte, wie ein Heuschober, abseits
vom Himmel und von Gott,
wie der Widerschein der Brandstiftung,
wie der Weiler in Flammen und der Scheunenbrand.

Er erhob sich als brennender Schober
aus Heu und Stroh
inmitten des gesamten
von diesem neuen Stern beunruhigten Alls.

Ein wachsender Feuerschein wurde über ihm rot
und bedeutete etwas,
und drei Sterndeuter
sputeten sich auf den Ruf der nie dagewesenen Feuer.

Ihnen hinterher brachte man auf Kamelen die Gaben.
Und angeschirrte Eselchen, eines kleinwüchsiger
als das andere, kamen trippelnd den Berg herab.

Und als seltsame Vision künftiger Zeit
erstand in der Ferne alles später Kommende.
Alle Gedanken der Jahrhunderte, alle Träume, alle Welten,
alle Zukunft von Galerien und Museen,
alle Feenstreiche, alle Zauberkünste,
alle Weihnachtstannen auf der Welt, alle Kinderträume.

Alles Flackern brennender Kerzen, alle Ketten,
Alle Pracht farbigen Flitterkrams…
…Immer böser und wütender blies der Wind von der Steppe…
…Alle Äpfel, alle goldenen Kugeln.

Einen Teil des Teiches verdeckten die Wipfel der Esche,
doch ein Teil war von hier aus sehr gut zu sehen
durch Krähennester und Baumkronen.
Wie am Wehr entlang Esel und Kamele zogen,
konnten die Hirten sehr gut erkennen.
„Lasst uns mit allen gehen und dem Wunder huldigen“,
sagten sie, hüllten sich in ihre Pelze.

Vom Schlurfen über den Schnee wurde ihnen heiß.
In der hellen Lichtung mit Blättern wie Glimmer
führten barfüßige Spuren hinter die elende Hütte.
Diese Spuren, wie die Flamme eines Kerzenstummels,
knurrten die Schäferhunde an im Licht des Sterns.

Die Frostnacht gemahnte an ein Märchen,
und jemand aus einem zusammengewehten Schneehaufen
ging die ganze Zeit unsichtbar in ihren Reihen.
Die Hunde liefen still, schauten mit Bangen umher,
drückten sich an den Hirtenjungen, und erwarteten Unheil.

Auf dem gleichen Weg durch genau diese Gegend
gingen einige Engel im Gewühl der Menge.
Unsichtbar machte sie ihre Körperlosigkeit,
aber ihr Schritt hinterließ einen Fußabdruck.

Am Felsen rottete sich Volk zusammen.
Es tagte. Zedernstämme zeichneten sich ab.
„Wer seid ihr denn?", fragte Maria.
„Wir sind Hirtenvolk und Abgesandte des Himmels
und sind gekommen, euch beide zu preisen."
„Alle zusammen geht nicht. Wartet am Eingang."

Im aschgrauen vormorgendlichen Nebel
drängten sich Treiber und Schafzüchter,
schimpften die Fußgänger mit den Reitern,
an dem ausgehöhlten Trog der Tränke
brüllten die Kamele und keilten die Esel aus.

Es tagte. Die Dämmerung fegte wie Staubkörnchen
die letzten Sterne vom Firmament.
Und aus dem Gesindel ohne Zahl ließ Maria
nur die Weisen an den Felsspalt.

Er schlief in einer Eichenkrippe, leuchtete
wie der Lichtstrahl des Mondes in die Tiefe der Höhle.
Ihm ersetzten den Schafspelz
Eselslippen und die Nüstern des Ochsen.

Sie standen im Schatten, gleichsam im Dunkel des Stalls,
flüsterten, dass sie kaum die Worte verstanden.
Plötzlich schob jemand im Dunkeln leicht links

von der Krippe mit der Hand den Weisen zur Seite,
und der schaute sich um: von der Schwelle
schaute auf die Jungfrau, wie ein Gast, der Stern der Geburt.

19. DÄMMERUNG

Du hast in meinem Schicksal alles bedeutet.
Dann kam der Krieg, die Zerstörung,
Und lange, lange gab es von dir
keine Spur.

Und nach vielen, vielen Jahren
hat mich deine Stimme von Neuem ergriffen.
Die ganze Nacht las ich in deinem Testament
und kam wie nach einer Ohnmacht zu mir.

Ich möchte zu den Menschen, in die Masse,
in ihr morgendliches Leben.
Ich bin bereit, alles kurz und klein zu schlagen
und alle auf die Knie zu zwingen.

Und ich laufe über die Treppe,
als ob ich zum ersten Mal
auf diese Straßen im Schnee
und das ausgestorbene Pflaster hinausträte.

Überall aufstehen, Wärme, Behagen,
Tee trinken, zur Straßenbahn eilen,
innerhalb weniger Minuten
ist die Stadt nicht wiederzuerkennen.

In den Toren webt der Schneesturm das Netz
aus dicht fallenden Flocken,
und um rechtzeitig anzukommen,
rennen alle, ohne fertig zu essen oder zu trinken.

Ich fühle für sie alle,
als würde ich in ihrer Haut sein,
Ich taue selbst, wie der Schnee taut,
ich selbst runzele die Augenbrauen, wie der Morgen.

Mit mir Menschen ohne Namen,
Bäume, Kinder, Stubenhocker.
Ich bin von ihnen allen besiegt,
und nur darin liegt mein Sieg.

20. DAS WUNDER

Er zog von Bethanien nach Jerusalem,
im Voraus von trüben Ahnungen gequält.

Das Dornengesträuch am Hang war verbrannt,
über der nächsten Hütte bewegte sich kein Rauch,
die Luft war heiß, das Schilf unbewegt,
und die Ruhe des Toten Meeres unbeweglich.

Und mit Bitterkeit, die mit der Bitterkeit des Meeres stritt,
ging er mit einer kleinen Menge Wolken
über den staubigen Weg zu jemandes Anwesen,
ging in die Stadt zum Auflauf seiner Jünger.

Und vertiefte sich so in seine Gedanken,
dass das Feld in seiner Trostlosigkeit nach Wermut duftete.
Alles wurde still. Er allein stand in der Mitte,
und der Ort lag schwer darnieder im Vergessen.
Alles vermischte sich: Hitze und Wüstenei,
und Eidechsen, und Quellen, und Bäche.

Unweit erhob sich ein Feigenbaum,
ganz ohne Früchte, nur Zweige und Blattwerk.
Und er sprach zu ihm: „Welchen Gewinn bringst du?
Welche Freude bringt mir deine Starre?

Ich hungere und dürste, doch du bist ein Blender,
und das Treffen auf dich ist trostloser als auf Granit.
Oh, wie bist du schimpflich und unbegabt!
Bleib so bis ans Ende der Zeit".

Den Baum traf der Schauer des Tadels,
wie der Funke des Blitzes den Blitzableiter.
Der Feigenbaum wurde zu Asche bis auf den Grund.

Fände sich in dieser Zeit eine Minute Freiheit
bei den Blättern, Zweigen, Wurzeln und dem Stamm,
so könnten sich die Naturgesetze einmischen.
Doch Wunder bleibt Wunder, und das Wunder bleibt Gott.
Wenn wir verwirrt sind, dann erreicht es uns
inmitten unserer Zerfahrenheit augenblicklich, unerwartet.

21. DIE ERDE

In die Moskauer Villen
bricht der Frühling als Draufgänger ein.
Die Motte flattert hinterm Schrank hervor
und kriecht über die Sommerhüte,
und man packt die Pelze in die Truhen.

Auf den hölzernen Zwischenböden
stehen Blumentöpfe
mit Levkojen und Goldlack,

Und die Straße übt Vertraulichkeit
mit dem schwachsichtigen Fenster,
Und die weiße Nacht und der Sonnenuntergang
können einander am Fluss nicht aus dem Weg gehen.

Und im Korridor kann man vernehmen,
was im Umraum vor sich geht,
worüber im zufälligen Gespräch
der April mit den Wassertropfen spricht.
Er kennt Tausende Geschichten
von menschlichem Leid,
und die Zäune entlang erkaltet der Abendschein,
und zieht diese Litanei in die Länge.

Und diese Mischung aus Feuer und Schrecken
im Freien und im trauten Heim,
und überall die Luft außer sich,
und die dünnen Ruten dieser Weiden,
und das Anschwellen dieser weißen Knospen,
im Fenster, und am Scheidewege,
auf der Straße und in der Werkstatt.

Warum weint denn die Weite im Nebel
und duftet bitter der Humus?
Das ist doch meine Berufung,
dass sich die Entferungen nicht langweilen
und dass hinterm Stadtrand
die Erde nicht alleine trauern muss.

Deswegen kommen im zeitigen Frühling
meine Freunde mit mir zusammen,
und unsere Abende sind Abschiede,
unsere Feste Vermächtnisse,
damit der verborgene Strom des Leidens
die Kälte des Seins erwärme.

22. SCHLECHTE TAGE

Als er in der letzten Woche
in Jerusalem einzog,
riefen sie ihm lauthals „Hosianna" entgegen,
sie liefen mit Zweigen hinter ihm her.

Doch die Tage wurden bedrohlicher und rauer.
Von Liebe ließen sich die Herzen nicht rühren.
Die Brauen verächtlich hochgezogen,
und da das Schlusswort, das Ende.

Mit seinem ganzen bleiernen Gewicht,
legte sich der Himmel auf die Höfe.
Die Pharisäer suchten Indizien,
scharwenzelten um ihn herum, wie Füchse.

Und durch die dunklen Kräfte des Tempels
wurde er dem Urteil des Abschaums überlassen,
und mit dem gleichen Feuer,
wie sie ihn vordem gepriesen, verwünschten sie ihn.

Die Menge von nebenan
schaute aus ihren Türen,
sie stachelten sich gegenseitig an in Erwartung der Lösung
und wogten vor und zurück.

Und ein Flüstern ging durch die Nachbarschaft
und Gerüchte von vielen Seiten.
Und die Flucht nach Ägypten, und die Kindheit
wurden in der Erinnerung wie ein Traum.

Der majestätische Abhang in der Wüste
kam ins Gedächtnis, und der steile Abgrund,
von dem ihn Satan
mit der Weltherrschaft versuchen wollte.

Und das Hochzeitsmahl zu Kana,
und die Tafel, die das Wunder bestaunte,
und das Meer, auf dem er im Nebel
zum Boot wandelte, wie über Land.

Und der Auflauf von Armen in der Hütte,
und das Hinablassen mit der Kerze in den Untergrund,
wo sie plötzlich vor Schreck verlosch,
als der Wiedererweckte sich erhob...

23. MAGDALENA (I)
Kaum Nacht, ist mein Dämon schon da,
Mein Entgelt für die Vergangenheit.
Sie kommen und saugen an meinem Herzen,
die Erinnerungen an das Laster,
als ich, Sklavin männlicher Launen,
eine besessene dumme Trine gewesen
und die Straße meine Zuflucht war.

Nur wenige Minuten sind geblieben,
und dann tritt Grabesstille ein.
Doch, bevor sie kommen,
gehe ich bis zum Äußersten
und schlage mein Leben wie ein Gefäß aus Alabaster
vor dir in Stücke.

Oh, wo wäre ich jetzt,
du mein Lehrer und mein Erlöser,
wenn Nachts bei Tisch
nicht die Ewigkeit auf mich gewartet hätte,
wie ein neuer, von mir in die Netze meines Gewerbes
gezogener Besucher.

Doch erkläre, was Sünde bedeutet,
und Tod, und Hölle, und Schwefelflamme,
wenn ich mit dir vor aller Augen,
wie der Schössling aus dem Baum,
mit meiner maßlosen Schwermut verwachsen bin.

Wenn ich deine Füße, Jesu,
auf meine Knie stütze,
lerne ich vielleicht
des Kreuzes vierkantigen Balken zu umfangen,
verliere die Besinnung und stürze zu deinem Körper,
um dich zur Grablegung zu bereiten.

24. MAGDALENA (II)

Bei den Leuten ist vor dem Festtag Großreinemachen.
Abseits von diesem Getümmel
wasche ich mit Myrrhe[239] in einem kleinen Eimer
deine allerreinsten Füße.

Ich suche die Sandalen und finde sie nicht.
Nichts sehe ich wegen der Tränen.
Über die Augen sind mir wie ein Schleier
Strähnen der gelösten Haare gefallen.

Deine Füße habe ich auf meinen Schoß gestützt,
sie mit Tränen übergossen, Jesu,
mit einer Perlenkette von meinem Hals umschlungen,
in die Haare vergraben, wie in einen Burnus.

Die Zukunft sehe ich so deutlich,
als hättest du sie angehalten.
Ich bin jetzt fähig vorherzusagen
mit der weisen Hellsicht der Sybillen.

Morgen wird der Vorhang im Tempel fallen,
wir werden uns seitab zusammendrängen,
und die Erde wird unter den Füßen wanken,
vielleicht aus Mitleid mit mir.

Es werden sich die Reihen des Konvois formieren
und der Aufbruch der Reiter beginnt.
Wie in den Sturm die Windhose, wird
über dem Haupt dieses Kreuz zum Himmel gerissen.

---

239   Im Original steht der Ausdruck „mirom", der nach dem Wortlaut der russischen Bibel
      vom Grundwort „miro" als „mit Myrrhe" zu verstehen ist, der aber auch als eigen-
      ständige Ableitung von „mir (der Frieden)", d.h. „mirom (friedlich)" im Lexikon
      verzeichnet ist. Im Vorgang der Strophe lassen sich beide Bedeutungen aktualisieren.

Ich werfe mich zu Füßen der Kreuzigung auf die Erde,
erstarre und beiße mir die Lippen.
Allzu viele zu umfangen, öffnest
du die Arme zu den Enden des Kreuzes.

Für wen auf der Welt soviel Weite,
soviel Qual und solche Macht?
Gibt es so viele Seelen und Leben auf der Welt?
So viele Siedlungen, Flüsse und Haine?

Doch vergehen solche dreimal vierundzwanzig Stunden
und stoßen in eine solche Leere,
dass ich in diesem schrecklichen Zeitraum
bis zur Auferstehung wachse.

25. DER GARTEN GETHSEMANE
Vom Funkeln der fernen Sterne war
die Wegbiegung gleichmäßig beleuchtet.
Der Weg ging um den Ölberg herum,
unter ihm im Tal floss der Kidron.

Die Waldwiese hörte in der Mitte auf.
Hinter ihr begann die Milchstraße.
Silbrig-graue Olivenbäume
versuchten in die Weite durch die Luft zu schreiten.

Am Ende begann jemandes Garten, eine Parzelle.
Er hielt die Jünger hinter der Mauer zurück
und sprach zu ihnen: „Meine Seele grämt sich zu Tode,
bleibt hier und wacht mit mir."

Er verzichtete ohne Widerrede,
wie auf geborgte Sachen,
auf Allmacht und auf Wundertaten,
und war nun, wie die Sterblichen, wie wir.

Die nächtliche Weite erschien nun als Region
der Vernichtung und des Nichtseins.
Der Raum des Alls war unbewohnbar,
und nur der Garten war ein Ort zum Leben.

Und mit Blick auf diese schwarzen Abgründe,
leer, ohne Anfang und Ende,
dass dieser Todeskelch vorübergehe,
flehte er in Schweiß und Blut zum Vater.

Linderte mit dem Gebet die Todesangst
und trat hinter die Begrenzung. Auf dem Boden
von Schläfrigkeit überwältigt,
lagen die Jünger im Gras am Wege herum.

Er weckte sie: „Euch hat der Herr die Gnade erwiesen,
in meinen Tagen zu leben, ihr aber liegt kraftlos da.
Die Stunde hat dem Menschensohn geschlagen.
Er liefert sich den Händen der Sünder aus."

Und kaum hatte er es gesagt, wer weiß woher
eine Masse Knechte und Horde Strolche,
Fackeln, Schwerter und voran – Judas
mit dem Verräterkuss auf den Lippen.

Petrus leistete den Halsabschneidern mit dem Schwert Widerstand
und hieb einem von ihnen ein Ohr ab.
Doch er vernimmt: „Streit kann man nicht mit Eisen lösen,
leg dein Schwert an seinen Platz, du Mensch.

Würde mein Vater mich hier nicht
mit Unmengen geflügelter Legionen ausstatten?
Und ohne mir ein Haar zu krümmen,
würden sich die Feinde dann spurlos zerstreuen.

Doch ist das Lebensbuch zu der einen Seite gelangt,
die teurer ist als alle Heiligtümer,
Jetzt muss die Schrift sich erfüllen,
so möge sie sich denn erfüllen. Amen.

Du siehst, der Lauf der Jahrhunderte ähnelt einem Gleichnis
und kann Feuer fangen in seinem Lauf.
Im Namen seiner schrecklichen Größe
werde ich mit freiwilligen Qualen ins Grab hinabsteigen.

Ich steige ins Grab hinab und werde am dritten Tage auferstehen,
und, wie man flößt die Stämme auf dem Fluss,
schwimmen zu meinem Gericht, wie eine Karawane von Schleppkähnen,
die Jahrhunderte aus dem Dunkel heran."

Literaturverzeichnis

Primärliteratur (Pasternak)

Pasternak, Boris 1954: *Stichotvorenija iz romana v proze „Doktor Živago".* In: *Znamja* Nr. 4, 92–95.

Pasternak, Boris 1957: Gёte, J.V. [Goethe, J.W.], *Faust. Perevod s nemeckogo B. Pasternaka.* Moskau.

Pasternak, Boris 1958: *Doktor Schiwago.* [Deutsch von Reinhold von Walther, Gedichtübersetzung von Heddy Pross-Werth] Zürich.

Pasternak, Boris 1960a: *Wenn es aufklart – 1956–1959. Die Gedichte des Jurij Schiwago: In neuer Übersetzung. Aus dem Russischen übersetzt von Rolf-Dietrich Keil.* Frankfurt a.M.

Pasternak, Boris 1960b: *Doktor Schiwago.* [Deutsch von Reinhold von Walther, Gedichtübersetzung von Rolf-Dietrich Keil] Frankfurt a.M.

Pasternak, Boris 1960c: *Three Letters.* In: *Encounter.* (London) Jg. 15 H.8, 3–6.

Pasternak, Boris 1986: *Luftwege. Ausgewählte Prosa.* Hg. v. Karheinz Kasper. Leipzig.

Pasternak [Band] = Pasternak, Boris 1989–1992: *Sobranie sočinenij v pjati tomach.* Moskau.

Pasternak, Boris 1996: *Gedichte und Poeme.* Berlin.

Pasternak, Boris [o.J.]: *Doktor Živago* [Internetausgabe des gesamten russischen Textes] URL http://modernlib.ru/books/pasternak_boris_leonidovich/doktor_zhivago/ [11.04.17]

Shiwago = Pasternak, Boris 2011: *Doktor Schiwago.* [Deutsch von Thomas Reschke, Gedichtübersetzung von Richard Pietraß] Frankfurt a.M.

Werkausgabe = Pasternak, Boris 2015ff.: *Werkausgabe. Gedichte. Erzählungen. Briefe.* Hg. v. Christine Fischer. 3 Bde. Frankfurt a.M.

Sekundärliteratur

Afanas'ev, A.N. 1957: *Narodnye russkie skazki.* 3 Bde. Moskau.

Bachnov, L.V. u.a. (Hgg.) 1990: *S raznych toček zrenija: „Doktor Živago" Borisa Pasternaka,* Moskau.

Baird, Julian M. 1962: *Pasternak's Zhivago-Hamlet-Christ.* In: *Renascence.* (Milwaukee) Jg. 14 H. 4, 179–184.

Barthes, Roland 1990: *Die alte Rhetorik. Ein Abriß.* In: Kopperschmidt, Josef (Hg.), *Rhetorik.* Bd. 1 Darmstadt 1990, 35–90.

Bayley, John; Davie, Donald 1966: *Argument: I. Dr. Zhivago's Poems. John Bayley and Donald Davie.* In: *Essays in Criticism: A Quarterly Journal of Literary Criticism.* 16 Oxford, 212–219.

Beckelmann, Jürgen 1958: *Der Mann, der seine Ruhe suchte. Literarische Anmerkungen nach dem Erscheinen der deutschen Ausgabe des „Doktor Schiwago".* In: *Panorama. Zeitschrift für Literatur und Kunst.* (München) XI, 5.

Beker, Miroslav 1993: *Framing the sign. Illustrated on Boris Pasternak's novel „Doktor Zhivago".* In: *Neohelicon.* 20, 9–19.

Belenčikov, Valentin 1993: *Reminiscencii teorii otnositel'nosti Ejnštejna v romane B. Pasternaka „Doktor Živago".* In: Dorzweiler 1993, 13–24.

Berkenkopf, Galina 1958/59: *Doktor Schiwago – der Lebendige.* In: *Humanismus und Technik.* (Berlin) VI H. 2, 81–89.

Bergson, Henri 1928: *Leib und Seele.* In: Ders., *Die seelische Energie.* Jena 1928, 27–54.

Bergson, Henri 2012: *Zeit und Freiheit.* Hamburg.

Berkenkopf, Galina 1958/59: *Doktor Schiwago – der Lebendige.* In: *Humanismus und Technik.* (Berlin) VI H. 2, 81–89.

Berlogin, Michail 1958: *Son o žizni.* In: *Grani.* Bd. 40, 98–101.

Bienek, Horst 1959: *Das also ist es.* In: *Frankfurter Hefte* XIV Nr. 1, 69–73.

Birnbaum, Henrik 1976: *Doktor Faustus und Doktor Schiwago. Versuch über zwei Zeitromane aus Exilsicht.* Lisse.

Birnbaum, Henrik 1980: *On the Poetry of Prose. Land- and Citiscape 'Defamiliarized' in „Doctor Zhivago".* In: Birnbaum, Henrik; Eekman, Thomas (Hgg.), *Fiction and Drama in Eastern and Southeastern Europe.* Los Angeles.

Blöcker, Günther 1962: Boris Pasternak: *Doktor Schiwago.* [1958] In: Ders., *Kritisches Lesebuch.* Hamburg, 317–321.

Blok, Aleksandr 1980: *Sobranie sočinenij v 6-i tt.* Band 1 Leningrad.

Bodin, Per-Arne 1976: *Nine Poems from „Doktor Živago". A Study of Christian Motifs in Boris Pasternak's Poetry.* Stockholm.

Bollnow, Otto F. 1958: *Die Lebensphilosophie.* Berlin.

Burdorf, Dieter et al. (Hgg.) 2007: *Metzler Lexikon Literatur. Begriffe und Definitionen.* Stuttgart / Weimar.

Čičerin, A.V. 1976: *Vozniknovenie romana-èpopei.* Moskau.

Conquest, Robert 1961: *Courage of Genius.* London.

Čukovskaja, Lidija 2007: *Zapiski ob Anne Achmatove.* Band 2 Moskau.

Dal', Vladimir 1882: *Tolkovyj slovar' živogo velikorusskogo jazyka.* 4 Bde. Sankt Petersburg – Moskau 1882 [Reprint Moskau 1980].

Davie, Donald 1965: *The Poems of Dr. Zhivago. Translated with a commentary by Donald Davie.* N.Y.

Deleuze, Gilles 2007: *Henri Bergson. Eine Einführung.* Hamburg.

Döring, Johanna Renate 1973: *Die Lyrik Pasternaks in den Jahren 1928–1934.* München.

Dorzweiler, Sergej et al. (Hgg.) 1993: *Pasternak-Studien I. Beiträge zum Internationalen Pasternak-Kongreß 1991 in Marburg.* München.

Erlich, Victor 1959: *The Concept of the Poet in Pasternak.* In: *The Slavonic and East European Review,* 325–35.

Finn, Peter; Couvée, Petra 2016: *Die Affäre Schiwago. Der Kreml, die CIA und der Kampf um ein verbotenes Buch.* Darmstadt.

Fischer, Christine 1998: *Musik und Dichtung. Das musikalische Element in der Lyrik Pasternaks.* München.

Fleig, Hans 1958: *Doktor Schiwago.* In: *Die Tat.* (Zürich) Ausgabe v. 8.11.

Frank, Viktor S. 1958/59: *Pasternaks „Doktor Schiwago".* In: *Schweizer Rundschau. Monatsschrift für Geistesleben und Kultur.* Bd. 58, 544–46.

Freeborn, Richard 1982: *The Russian Revolutionary Novel. Turgenev to Pasternak.* Cambridge.

Freud, Sigmund 1987: *Über den Traum.* In: Ders., *Gesammelte Werke.* Band 2/3 Frankfurt a.M., 643–700.

Friedrich, Hugo 1967: *Die Struktur der modernen Lyrik.* Reinbek.

Gasparov, Boris 1989: *Vremennoj kontrapunkt kak formoobrazujuščij princip romana Pasternaka „Doktor Živago".* In: Fleishman, Lazar (Hg.), *Boris Pasternak and his times.* Berkeley, 315–358.

Gasparov, Michail L. 1974: *Sovremennyj russkij stich.* Moskau.

Gaumnitz, Hella 1969: *Die Gedichte des Doktor Živago.* [Diss.] Tübingen.

Gehlen, Arnold 1966: *Der Mensch. Seine Natur und seine Stellung in der Welt.* Frankfurt a.M.

Genette, Gérard 1993: *Palimpseste.* Frankfurt a.M.

Gladkov, Aleksandr 2002: *Vstreči s Pasternakom.* Moskau.

Gor'kij 1963 = *Gor'kij i sovetskie pisateli.* Moskau.

Grigor'ev, Dimitrij 1960: *Pasternak i Dostoevskij.* In: *Vestnik russkogo studenčeskogo christianskogo dviženija.* (Paris) Nr. 57, 44–51.

Günther, Hans 1984: *Die Verstaatlichung der Literatur.* Stuttgart.

Hamburger, Käte 1968: *Die Logik der Dichtung,* Stuttgart.

Hartmann, Peter Wulf 1996: *Kunstlexikon.* Leobersdorf.

Hegel, Friedrich 1955: *Ästhetik*. Berlin.

Helbig, Gerhard 1971: *Theoretische und praktische Aspekte eines Valenzmodells*. In: Ders. (Hg.), *Beiträge zur Valenztheorie*. Halle a.d. Saale, 31–49.

Herling, Gustav [d.i. Gustaw Herling-Grudziński] 1958a: *Boris Pasternaks Sieg*. In: *Merkur*. (Stuttgart) XII, 469–80.

Herling, Gustav 1958b: *Um Boris Pasternaks Dr. Schiwago*. In: *Merkur*. (Stuttgart) XII, 1211–12.

Holthusen, Johannes 1968: *Russische Gegenwartsliteratur II*. Bern u.a.

Homann, Renate 1999: *Theorie der Lyrik. Heautonome Autopoeisis als Paradigma der Moderne*. Frankfurt a.M.

Hübner, Friedrich 2012: *Russische Literatur des 20. Jahrhunderts in deutschsprachigen Übersetzungen*. Köln u.a.

Hughes, Robert P. 1989: *Nabokov Reading Pasternak*. In: Fleishman, Lazar (Hg.), *Boris Pasternak and his times. Selected papers from the Second International Symposium on Pasternak*. Berkeley, 153–170.

Huppert, Hugo 1958: *„Ma non troppo...". Ein Nachwort zum Fall Pasternak*. In: *Weltbühne* (Berlin) XIII, 1512–17, 1553–59.

Ingarden, Roman 1968: *Vom Erkennen des literarischen Kunstwerks*. Darmstadt.

Ingarden, Roman 1972: *Das literarische Kunstwerk*. Tübingen.

Jakobson, Roman 1971: *Linguistik und Poetik*. In: Ihwe (Hg.), *Literaturwissenschaft und Linguistik. Ergebnisse und Perspektiven*. Bd. II/1 Frankfurt a.M., 142–178.

Jakobson, Roman 1974: *Die zwei Seiten der Sprache und zwei Typen aphatischer Störungen*. In: Ders., *Aufsätze zur Linguistik und Poetik*. München, 117–141.

Jakobson, Roman 1991: *Randbemerkungen zur Prosa des Dichters Pasternak*. [1935] In: Mierau, Fritz (Hg.), *Die Erweckung des Wortes. Essays der russischen Formalen Schule*. Leipzig, 237–257.

Jünger, Harry 1963: *A.N. Tolstoj und die Roman-Epopöe des sozialistischen Realismus*. In: *Zeitschrift für Slawistik*, H.3, 434–450.

Kabasci, Kirstin 2009: *Narration als Werkzeug der Kognition in der frühen Kindheit*. Hamburg.

Kartschoke, Dieter 1984: *Bibelepik*. In: Mertens, Volker; Müller, Ulrich (Hgg.), *Epische Stoffe des Mittelalters*. Stuttgart, 20–39.

Kayser, Wolfgang 1967: *Das sprachliche Kunstwerk*. Bern u.a.

Keil, Rolf-Dietrich 1959: *„Doktor Živago"*. In: *Die Insel. Almanach auf das Jahr 1958*. Hamburg, 75–90.

Kling, Oleg: *Andrej Belyj: Petersburg (Peterburg)*. In: Zelinsky, Bodo (Hg.), *Der russische Roman*. Köln u.a. 2007, 319–338.

KLÈ 8 = *Kratkaja literaturnaja ènciklopedija*. Band 8 Moskau 1975.

Labov, William; Waletzky, Joshua 1973: *Erzählanalyse. Mündliche Versionen persönlicher Erfahrung*. In: Ihwe, Jens (Hg.), *Literaturwissenschaft und Linguistik*. Frankfurt am Main 1973, 78–126.

Lamping, Dieter 2000: *Das lyrische Gedicht*. Göttingen.

Lämmert, Eberhard 1972: *Bauformen des Erzählens*. Stuttgart.

Lekmanov, O. 2004: *Nad strokami odnogo stichotvorenija. Boris Pasternak. Stichi iz romana. „Ty – na kursach, ty rodom iz Kurska"*. In: *Voprosy literatury*. Nr. 5, 251–257.

Lichačev, Dimitrij 1990: *Razmyšlenija nad romanom B.L.Pasternaka*. In: Bachnov 1990, 170–183.

Lipinsky-Gottersdorf, Hans 1959: *Lob des Lebens. Zu Pasternaks „Doktor Schiwago"*. In: *Die Sammlung* (Göttingen) XIV, 218–223.

Livingstone, Angela 1967: *Allegory and christianity in „Doctor Zhivago"*. In: *Melbourne Slavonic Studies*. Bd. 1, 24–33.

Lotman, Jurij M. 1968: *Lektsii po strukturalʼnoi poetike*. [1964] (Reprint) Providence.

Lotman, Jurij M. 1972: *Vorlesungen zu einer strukturalen Poetik*. München.

Ludwig, Nadeshda (Hg.) 1976: *Handbuch der Sowjetliteratur*. Leipzig.

Maatje, Frank C. 1968: *Der Doppelroman. Eine literatursystematische Studie über duplikative Erzählstrukturen*. Groningen.

Masing-Delic, Irene 1982: *Bergsons „Schöpferische Entwicklung" und Pasternaks „Doktor Živago"*. In: Reißner, Eberhard (Hg.), *Literatur- und Sprachentwicklung in Osteuropa im 20. Jahrhundert*. Berlin, 112–130.

Mayer, Hans 1962: *Doktor Schiwago*. In: Ders., *Ansichten zur Literatur der Zeit*. Reinbek, 205–225.

Müller, Ludolf 1963: *Die Gedichte des Doktor Shiwago*. In: *Neue Sammlung. Göttinger Blätter für Kultur und Erziehung*. 3, 1–16.

Müller, Ludolf 1961: *Der Übermensch bei Solovjev*. In: Benz, Ernst (Hg.), *Der Übermensch. Eine Diskussion*. Stuttgart, 163–178.

Nabokov, Vladimir 1993: *Deutliche Worte. Interviews – Leserbriefe – Aufsätze*. Reinbek.

Nilsson, Nils-Åke 1959: *Besuch bei Boris Pasternak. September 1958*. In: Meister, Robert E. (Hg.), *Boris Pasternak. Bescheidenheit und Kühnheit. Gespräche, Dichtungen, Dokumente*. Zürich, 102–113.

Oger, Erik 1991: *Einleitung* zu Henri Bergson, *Materie und Gedächtnis*. Hamburg, IX–LVII.

Ohme, Andreas 2015: *Skaz und unreliable narration. Entwurf einer neuen Typologie des Erzählers*. Berlin etc.

Pasternak, Elena 1993: Pasternak, Elena: *Značenie avtobiografičeskogo momenta v romane „Doktor Živago"*. In: Dorzweiler 1993, 97–106.

Pasternak, Evgenij 1997: *Boris Pasternak. Biografija*. Moskau 1997.

Piaget, Jean 1980: *Die Bildung des Zeitbegriffs beim Kinde*. Stuttgart.

Pis'mo 1958 = *Pis'mo členov redkollegii žurnala „Novyj mir" B. Pasternaku*. [1958] In: Bachnov 1990, 11–41.

Propp, Vladimir 1972: *Morphologie des Märchens*. München.

Rylkova, Galina S. 1998: *Doubling Versus Totality in „Doktor Živago" of B.Pasternak*. In: *Russian, Croatian and Serbian, Czech and Slovak, Polish Literature*. Bd. 43 (4), 495–518.

Sauter, Constantin 1911: *Dantes Gastmahl. Übersetzt und erklärt von Dr. C. Sauter*. Freiburg i.Br.

Schweitzer, Renate 1963: *Freundschaft mit Boris Pasternak*. Wien u.a.

Sendelbach, A.A. 1997: *Mirroring as structure and concept*. [Diss.] Ohio.

Sendich, Munir; Greber, Erika 1985: *Pasternak's Doctor Zhivago. An International Bibliography of Criticism. (1957–1985)*. East Lansing, Michigan.

Slonim, Marc 1959: *„Doctor Zhivago" and „Lolita"*. In: *International Literary Annual*. (London) II (1959), 213–225.

SLT 1974 = *Slovar' literaturovedčeskich terminov*. Moskau.

Smirnov, Igor' 1996: *Roman tajn „Doktor Živago"*. Moskau.

Sologub, Fedor 1980: *Der kleine Dämon*. Leipzig.

Sologub, Fedor 2002: *Tvorimaja legenda*. In: Ders., *Sobranie sočinenij v šesti tomach*. Band 4 Moskau.

Solov'ev, Vladimir 1994: *Čtenija o bogočelovečestve*. In: Ders., *Čtenija o bogočelovečestve. Stat'i. Stichotvorenija i poėmy. Iz „Trech razgovorov". Kratkaja povest' ob Antichriste*. Hg. A. B. Muratov. Sankt Petersburg.

Solowjew, Wladimir 1953a: *Der allgemeine Sinn der Kunst*. In: *Deutsche Gesamtausgabe*. Bd. 7, Freiburg i.Br. 171–189.

Solowjew, Wladimir 1953b: *Lermontow*. In: *Deutsche Gesamtausgabe*. Bd. 7 Freiburg i.Br., 405–418.

Solowjew, Wladimir 1978: *Vorlesungen über das Gottmenschentum*. In: *Deutsche Gesamtausgabe*. Bd. 1 München, 537–727.

Staiger Emil 1972: *Grundbegriffe der Poetik*. München.

Steltner, Ulrich 1993: *Февраль oder Нобелевская премия? Ein subjektiver Diskussionsbeitrag zur Objektivierung von Pasternaks Kunst.* In: Dorzweiler 1993, 173–181.

Steltner, Ulrich 2000: *Das Schattenreich. Sologubs symbolistisches Erzählen.* In: Herkelrath, Rolf (Hg.), *Erzählen in Russland.* Frankfurt a.M., 71–78.

Steltner, Ulrich 2002: *Boris Pasternak, Zerkalo.* In: Zelinsky, Bodo (Hg.), *Die russische Lyrik.* Köln u.a., 243–249.

Steltner, Ulrich 2003: *Przybyszewski und die russischen Mißverständnisse mit seiner Kunst aus dem Geist des „Übermenschen".* In: Heftrich, Urs u.a. (Hgg.), *Vladimir Solov'ev und Friedrich Nietzsche.* Frankfurt a.M., 223–240.

Steltner, Ulrich 2008: *Über Čechov und über die Zeit. Eine literaturwissenschaftliche Erörterung.* In: *Zeitschrift für Slawistik* 53, S. 456–466.

Strindberg, August 1919: *Inferno. Legenden.* München.

Terras, Victor 1968: *Boris Pasternak and Time.* In: *Canadian Slavic Studies.* II, Nr. 2, 264–270.

Tesnière, Lucien 1980: *Grundzüge der strukturalen Syntax.* Stuttgart.

Tetzner, Thomas 2013: *Der kollektive Gott. Zur Ideengeschichte des ‚Neuen Menschen' in Russland.* Göttingen.

Tiupa, Valerii 2012: *Doctor Zhivago: Composition and Architectonics.* In: *Russian Studies in Literature.* 48 Nr. 2, 20–43.

Todorov, Tzvetan 1972: *Die strukturelle Analyse der Erzählung.* In: Ihwe, Jens (Hg.), *Literaturwissenschaft und Linguistik. Ergebnisse und Perspektiven.* Bd. 3: *Zur linguistischen Basis der Literaturwissenschaft, II.* Frankfurt am Main, 265–275.

Tolstoj, Ivan 2009: *Otmytyj roman. „Doktor Živago" meždu KGB i CRU.* Moskau.

Tomaševskij, Boris 1985: *Theorie der Literatur. Poetik.* [1925] Wiesbaden.

Tomaševskij, Boris 2000: *Literatur und Biographie.* In: Jannidis, Fortis u.a. (Hgg.), *Texte zur Theorie der Autorschaft.* Stuttgart, 49–64.

Uhlig, Andrea 2006: *Stichotvorenija Jurija Shiwago. Die Gedichte des Jurij Shiwago; Fassung von 1958.* In: Ibler, Reinhard (Hg.), *Der russische Gedichtzyklus. Ein Handbuch.* Heidelberg 2006, 467–472.

Urnov, Dmitrij 1990: *„Bezumnoe prevyšenie svoich sil".* In: Bachnov 1990, 215–225.

Verbin, V. [Gaev] 1958: *Boris Pasternak und sein „Doktor Živago".* In: *Sowjetstudien.* (München) Nr. 6, 96–112.

Višnjak, Mark 1958: *„Doktor Živago" i ego tolkovateli.* In: *Socialističeskij vestnik.* (Paris) Nr. 12, 246–47.

Vogt, Reinhold 1997: *Boris Pasternaks monadische Poetik.* Frankfurt a.M. u.a.

Voznesenskij, Andrej 1990: *Sveča i metel'*. In: Bachnov 1990, 226–232.

Wedel, Erwin 1978: *Zur Erzähltechnik und Genreproblematik bei L. Tolstoj. „Anna Karenina" als Doppelroman*. In: Holthusen, Johannes (Hg.), *Referate und Beiträge zum VIII. Internationalen Slavistenkongress. Zagreb 1978*. München, 419–451.

Weinrich, Harald 1972: *Die Textpartitur als heuristische Methode*. In: *Der Deutschunterricht*. (Stuttgart) Jg. 24 Heft 4, 43–60.

Werlich, Egon 1979: *Typologie der Texte*. Heidelberg.

Weststeijn, Willem G. 1997: *„Doktor Živago" – poětičeskij tekst*. In: *Russian, Croatian and Serbian, Czech and Slovak, Polish Literature*. 42 (3–4), 477–90.

Wilson, Edmund 1967: *Doctor Life and his Guardian Angel*. [1958] In: Ders., *The Bit between my Teeth*. New York 1967, 420–446.

Vitt, Susanna [Witt, Susanna] 2000a: *Mimikrija v romane „Doktor Živago"*. In: Fleishman, Lazar (Hg.), *V krugu Zhivago: Pasternakovskij sbornik*. Stanford, CA, 87–122.

Witt, Susanna 2000b: *Creating Creation: Readings of Pasternak's Doktor Živago*. Stockholm.

Wolf, Werner 1993: *Ästhetische Illusion und Illusionsdurchbrechung in der Erzählkunst*. Tübingen.

Zehnder, Christian 2015: *Axiome der Dämmerung. Eine Poetik des Lichts bei Boris Pasternak*. Wien u.a.

Namenverzeichnis (ohne Pasternak, Boris)

A

Afanas'ev. A.N. 161
Ajtmatov, Džingiz 120
Apelles 87
Aragon, Louis 74

B

Bachnov, L.V. 66
Baird, Julian M. 103, 127
Barthes, Roland 121
Baudelaire, Charles 76
Bayley, John 125
Beckelmann, Jürgen 65
Beker, Miroslav 12
Belenčikov, Valentin 81
Belinskij, Vissarion 63
Belyj, Andrej 42, 72, 79, 80
Bergson, Henri 36, 80–85, 100,
    104, 153
Berlogin, Michail 63
Bienek, Horst 52, 63
Birnbaum, Henrik 51, 89
Blöcker, Günther 65
Blok, Aleksandr 17, 19, 47, 132, 133, 134
Bodin, Per-Arne 54, 92, 100, 102, 104,
    120, 131, 142
Bollnow, Otto F. 153
Bulgakov, Michail 88, 89, 91, 92, 96, 120
Bunin, Ivan 152
Burdorf, Dieter 121
Bürger, Gottfried August 112

C

Campiotti, Giacomo 11
Čechov, Anton 68
Christie, Julie 39

Chruščev, Nikita 61
Čičerin, A.V. 74, 75
Conquest, Robert 58
Couvée, Petra 58
Čukovskaja, Lidija 51, 58
Cvetaeva, Marina 27

D

Dal', Vladimir 160
Dante Aligheri 64
Davie, Donald 40, 102, 125, 133–136
Deleuze, Gilles 81
Dickens, Charles 17, 19
Döring, Johanna Renate 26
Dostoevskij, Fedor 17, 19, 63, 73, 74,
    100, 152

E

Einstein, Albert 81
Ėjchenbaum, Boris 151
Erb, Elke 24, 25, 28
Erlich, Victor 78
Esenin, Sergej 19

F

Fadeev, Aleksandr 21
Finn, Peter 58
Fischer, Christine 56, 86, 87, 155
Flaubert, Gustave 53
Fleig, Hans 63
Frank, Victor S. 59
Freeborn, Richard 53
Frejdenberg, Ol'ga 17, 20, 23, 29
Freud, Sigmund 79
Friedrich, Hugo 27, 144

G

Galsworthy, John 74
Gasparov, Boris 43, 52, 54
Gasparov, Michail L. 108
Gaumnitz, Hella 78, 85, 102, 111, 125, 136, 141, 143, 148, 149, 155, 176
Gehlen, Arnold 96
Genette, Gérard 72, 75
Ghirlandaio, Domenico 133
Gide, André 105
Gladkov, Aleksandr 16, 20, 21, 29, 43, 152, 153
Gladkov, Fedor 21
Goethe, Johann Wolfgang von 64, 89
Gogol', Nikolaj 45, 73, 74
Gončarov, Ivan 73
Gor'kij, Maksim 26, 27, 46, 68, 72, 74–76, 94, 95, 137
Grigor'ev, Dimitrij 63
Grimmelshausen, H.J.Ch. von 35
Günther, Hans 65, 94, 95

H

Hamburger, Käte 129, 130, 145
Hartmann, Peter Wulf 133
Hauptmann, Gerhard 105
Hegel, Georg Friedrich Wilhelm 71, 148
Helbig, Gerhard 38
Herling, Gustav 66
Hesse, Hermann 69, 151, 152
Hoffmann, E.T.A. 19
Homann, Renate 147, 148
Homer 64
Hübner, Friedrich 57, 155
Hughes, Robert P. 24, 27
Huppert, Hugo 65

I

Ingarden, Roman 13, 25, 60, 128, 142, 143, 151

J

Jacobsen, Jens Peter 19
Jakobson, Roman 44, 85, 86, 111
Joyce, James 153
Jünger, Harry 74

K

Kabasci, Kirstin 36
Kafka, Franz 77
Kartschoke, Dieter 120
Kayser, Wolfgang 49
Keil, Rolf-Dietrich 24, 25, 63–65, 69, 137, 143, 155
Keller, Gottfried 19
Kožinov, V. 74
Kubrick, Stanley 65

L

Labov, William 34
Lämmert, Eberhard 37
Lamping, Dieter 145
Lean, David 11
Lermontov, Michail 76, 97
Lichačev, Dimitrij 60, 62, 73
Lipinsky-Gottersdorf, Hans 65
Livingstone, Angela 54
Lotman, Jurij 146, 147

M

Maatje, Frank C. 87, 88, 90, 92
Majakovskij, Vladimir 18, 19, 58, 68, 78, 118
Mandel'štam, Nadežda 16, 17
Mann, Thomas 88, 89, 105, 120, 146

Masing-Delic, Irene 83, 91, 153
Matheson, Hans 41
Maupassant, Guy de 53
Mayer, Hans 35, 69, 105, 125, 152
Men'šikov, Oleg 41
Müller, Ludolf 97, 111, 139, 148

N

Nabokov, Vladimir 24, 27, 65, 66
Napoleon Bonaparte 80
Nietzsche, Friedrich 96
Nilsson, Nils-Åke 29, 148

O

Oger, Erik 81, 83, 85
Ohme, Andreas 43, 45, 48
Ostrovskij, Aleksandr N. 42
Ostrovskij, Nikolaj 93, 94

P

Pasternak, Elena 23, 48, 148
Pasternak, Evgenij 16, 53
Piaget, Jean 36
Pietraß, Richard 110, 137, 155
Polevoj, Boris 95
Polonskij, Vjačeslav P. 18
Pospelov, G.N. 74
Prišvin, Michail 73
Proškin, Aleksandr 11
Propp, Vladimir 34, 49, 121
Pross-Werth, Heddy 155
Protogenes 87
Proust, Marcel 77, 80, 81
Przybyszewski, Stanisław 96
Pugačëva, Alla 132
Puschkin, Alexander [Puškin, Aleksandr] 16, 54, 63

R

Remizov, Aleksej 43
Rolland, Romain 74, 105
Rylkova, Galina 86

S

Sarraute, Natalie 153
Sauter, Constantin 64
Schnabel, Ernst 57
Schweitzer, Renate 19
Sendelbach, A.A. 87
Shakespeare, William 16, 66
Sharif, Omar 39, 41
Simonov, Konstantin 60, 101
Slonim, Marc 11
Smirnov, Igor' 12
Smirnov, N.P. 14
Sologub, Fedor 55, 79, 88, 91, 92
Solowjew, Wladimir [Solov'ev, Vladimir] 21, 22, 24, 95, 97, 142
Solženicyn, Aleksandr 58
Spender, Stephen 53
Stalin, Josif 32, 66
Steltner, Ulrich 79, 84, 86, 87, 96
Sterne, Lawrence 50
Strindberg, August 77
Struve, Gleb 59, 62

T

Terras, Victor 84
Tesnière, Lucien 37, 38
Tetzner, Thomas 21, 22, 94, 97
Tiupa, Valerii 12
Todorov, Tzvetan 34
Tolstoj, Aleksej N. 74
Tolstoj, Ivan 37, 58, 59, 60, 132
Tolstoj, Lev [Tolstoi, Lew] 19, 42, 50, 53, 57, 59, 63, 73, 74, 80, 91
Tomaševskij, Boris 49, 78

Turgenev, Ivan 63, 73
Tvardovskij, Aleksandr 60
Tynjanov, Jurij 147

U

Uhlig, Andrea 100, 126
Urnov, Dmitrij 66–68, 75

V

Verbin, V. 63, 128
Višnjak, Mark 63
Vogt, Reinhold 50, 78, 80
Voznesenskij, Andrej 68, 69, 118, 143

W

Waletzky, Joshua 34

Walter, Reinhold von 57
Wedel, Erwin 88, 91
Weinrich, Harald 140
Wells, H.G. 92
Werlich, Egon 33, 34
Weststeijn, Willem G. 46
Wilson, Edmund 54, 63
Witt, Susanna [Vitt, Susanna] 12
Wolf, Werner 89
Woolf, Virginia 136

Z

Ždanov, Andrej 17
Zehnder, Christian 12
Zeuxis 87
Zola, Émile 74
Žukovskij, Vasilij 112